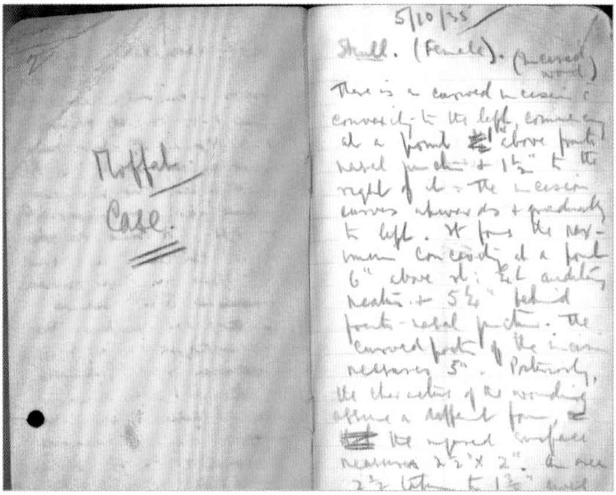

1 巴克．魯克頓一案調查人員之首小約翰．格萊斯特（John Glaister Junior）的犯罪現場筆記。

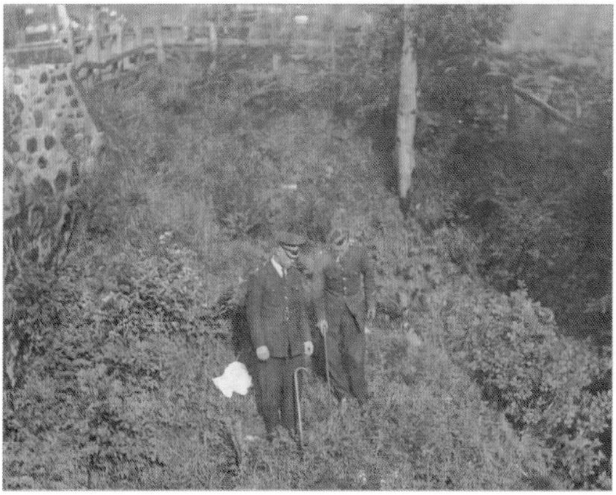

2、3 員警細細搜查伊莎貝拉．魯克頓和她的女僕瑪莉．羅傑森遺體尋獲處。兩具屍體被分裝成三十多包，許多人將本案稱為「拼圖謀殺案」。

4 顯微鏡下看到的蛆蟲頭部。注意嘴邊的兩根鉤子，牠們以此將腐肉刮進嘴裡。

5 腐肉上的綠頭蒼蠅（*Sarcophaga nodosa*）。這種蠅類可以聞到一百公尺外的腐敗氣味，讓牠們成為昆蟲界的「黃金指標」。

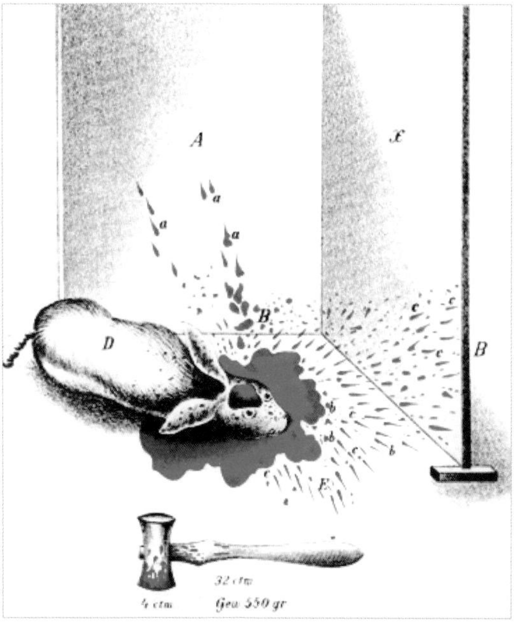

6 艾杜華・皮歐特斯基針對血跡的創新研究之插圖。研究的一個環節是以各種物品敲死動物，觀察血液噴濺痕跡。

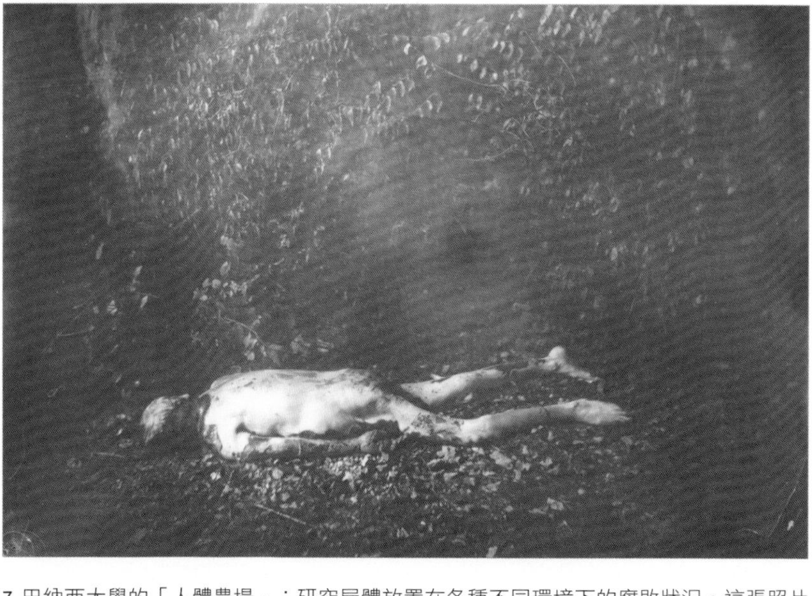

7 田納西大學的「人體農場」：研究屍體放置在各種不同環境下的腐敗狀況。這張照片是攝影師莎莉・曼（Sally Mann）拍攝的「還剩下什麼」系列。摘自《無名》（*Untitled*，二〇〇〇），銀鹽明膠沖印，三〇吋X三八吋，第三版。

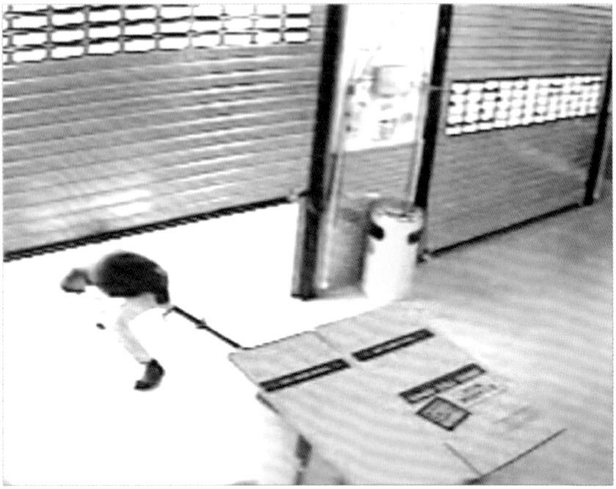

8、9、10 確定謀殺了珍·隆哈斯特的葛拉罕·考茲。監視攝影機拍下他將她的屍體從出租倉庫移出，當時他已經把屍體存放在該處數個星期。

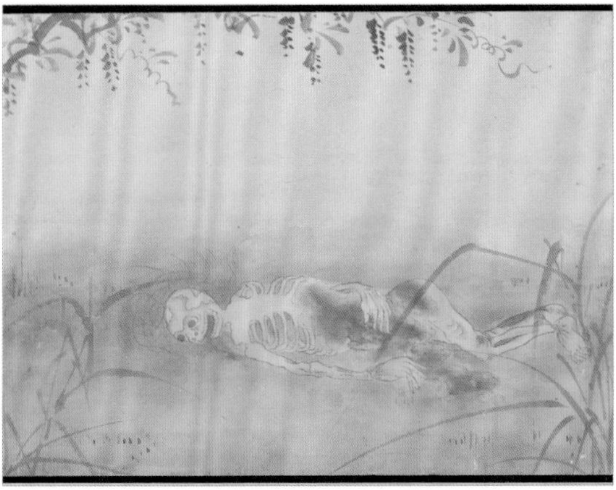

11 貴族女性之死。十八世紀的日本畫描繪死後屍體腐爛九個階段的系列作品，或稱為《九相圖》：正在腐敗的屍體成為腐食鳥類和小動物的大餐。

12 皮肉已消失殆盡，露出骨頭。藤花在她的屍體上方綻放。

13 只剩少部分骨頭，包括頭骨、肋骨、手骨、脊椎。

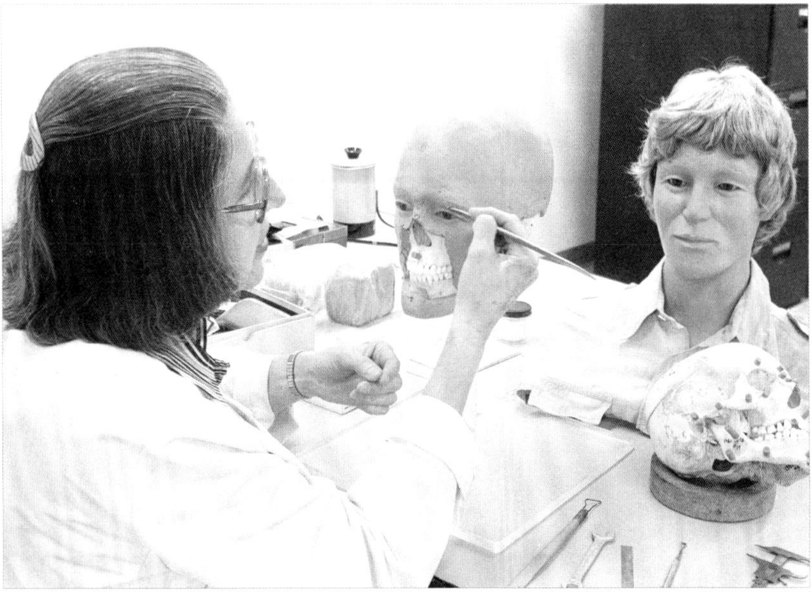

14、15 貝蒂．蓋特利夫在一九八〇年七月重建連續殺人犯小約翰．韋恩．葛西的九名身分不明受害者之一的面孔。重建完畢的頭像照片交給媒體宣傳，藉此找出死者身分。她的右側是重建的成果，以及貼上橡皮塊標記軟組織平均厚度的頭骨。

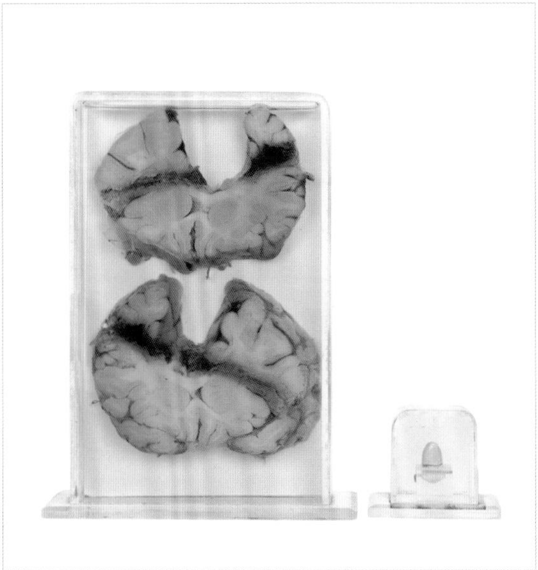

16 槍傷致死者的部分大腦，可以看出破壞的路徑。右邊是奪命子彈。

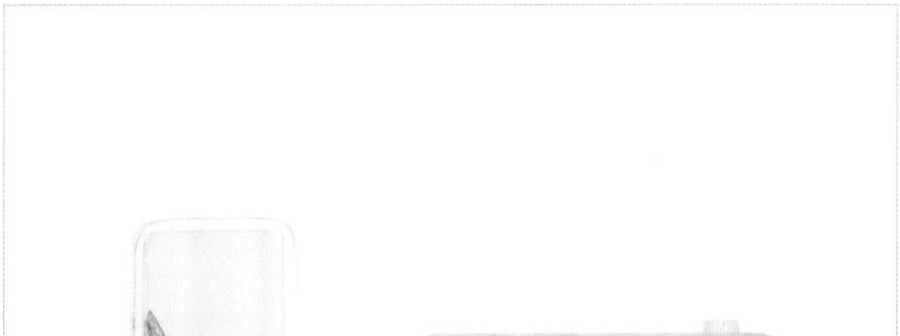

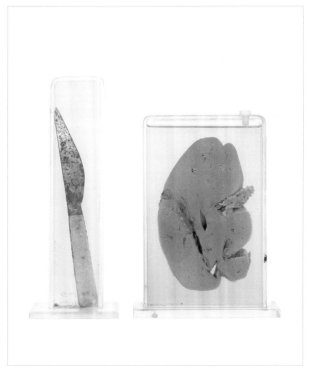

17 肝臟切片，左邊是造成致命傷的凶刀。

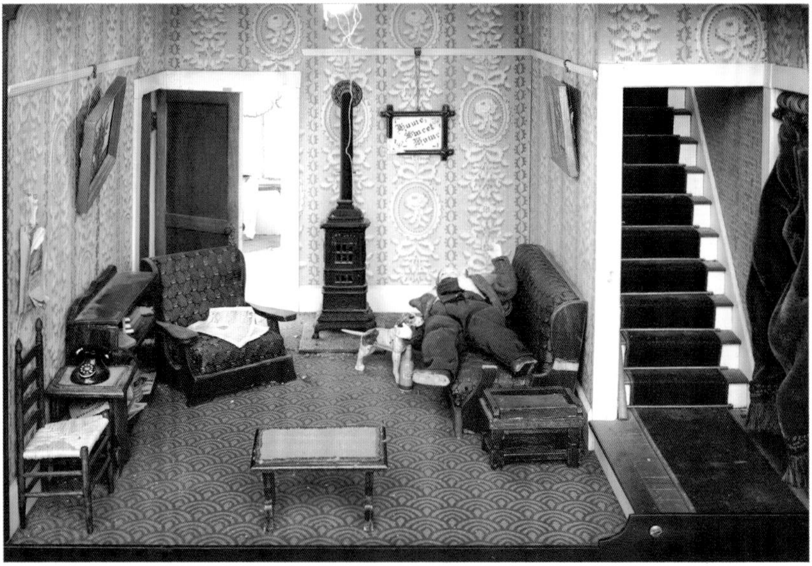

18 法蘭西絲・格雷斯納・李的「死亡之謎的縮影」。她設計這套娃娃屋，協助訓練警方的偵辦能力，其中的假想犯罪現場連最小的細節都力求寫實。

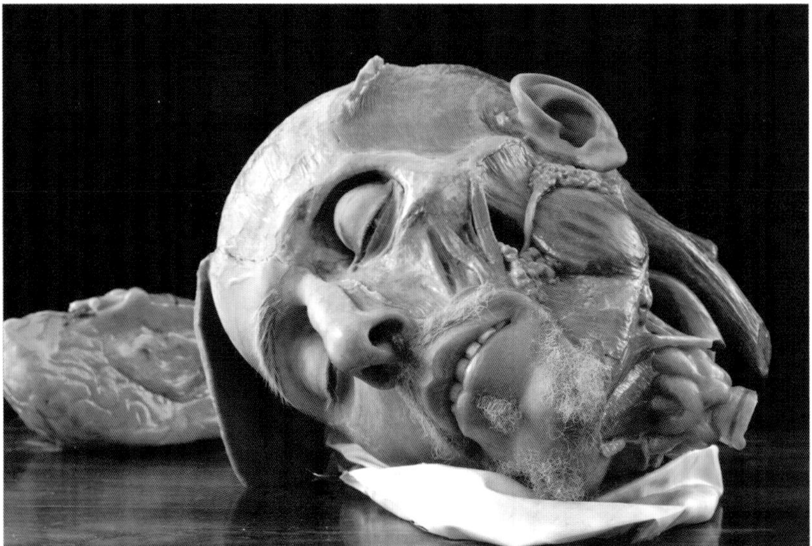

19 十七世紀雕刻家喬里歐・祖伯製作的老人頭部蠟像。祖伯創造出許多精細的解剖模型。這件作品是在真正的頭骨上疊加一層層彩色蠟。

薇兒・麥克德米——著
楊佳蓉——譯

比小說還離奇的12堂犯罪解剖課

F O R E N S I C S

THE ANATOMY OF CRIME

written by

VAL McDERMID

媒體書評推薦

法醫鑑識科學最容易引人入勝的便是那抽絲剝繭的過程，所以本書即是以實際案例的發生導入介紹這團隊合作的過程，更間接引入昆蟲學、復顏重塑等新興技術，且以故事般的陳述過程，對法醫鑑識有興趣的讀者非常值得一讀。

——台大法醫所教授　孫家棟

一般人的印象中，小說家的想像力一定很豐富，遠遠超過現實中的人。其實不然，這本書開宗明義就告訴你：現實總是比小說還離奇。作者在本書中描述的實際案例真的比小說還好看，但這不奇怪；小說家不會被判死刑，但是犯人會！

——推理評論人　杜鵑窩人

本書不但涵蓋豐富的鑑識知識，還具備大量案例，說明各範疇的發展與歷程，實在目不暇給。從現場蒐證、實驗室操作、罪犯側寫到法庭攻防也有包羅，無論是推理作家還是對鑑識科學有興趣的一般讀者，本書都不會令您失望！

——推理作家　陳浩基

從證據指向真相，中途，需要智慧與決心。

在進行電視劇《鑑識英雄》的編劇田野調查時，現場鑑識專業人員曾提到了一個有趣的觀點：「鑑識證據可以告訴你事實，但不見得能告訴你真相」。這個觀點巧妙地點出，在刑事案件調查的過程中，鑑識證據常常只扮演著被動的支持立證角色，若沒有辦案人員的智慧與決心，那被害者是被小刀還是西瓜刀殺害，並不會影響辦案方針，頂多就是報告上的一行敘述而已。

在本書中，作者舉出了許多科學鑑識如何影響辦案方針的真實案例過程，內容深具啟發與知識性，同時過程引人入勝，真是比小說更令讀者驚奇；而本書不是科學教科書，有趣的重點在於，我們可以看到科學鑑識專家，是如何以智慧與決心，一步步將證據指向真相，其中對於人性的描寫，才是與眾不同之處呢！

——電視劇《鑑識英雄》編劇　黑米

吸血蒼蠅、從土裡挖出來的內臟、死後僵硬——薇兒．麥克德米深入鑑識科學的種種神奇法寶，研究它們多年來是如何解開許多凶殺案。

——《衛報》

犯罪小說家麥克德米深受鑑識科學吸引，但她也很清楚，現實生活中的鑑識科學人員不像電視劇中的角色那樣知名——不過他們的工作有趣多了。

——澳洲《布里斯本郵報》

涵蓋了豐富的驚奇資訊……如果麥克德米寫小說遇到瓶頸，她大可直接從本書尋找靈感。

——《獨立報》

薇兒．麥克德米讓我們見識到面對邪惡殺意毫不手軟的專業人士。

——《前鋒報》

透過歷史案例和專家訪談描寫各種領域……極度迷人的作品。

——DIVA 電視網

麥克德米透過生動的現實案例，解析法醫鑑識的歷史。

——《新政治家》

以冷酷又引人入勝的文字來描述犯罪與偵查。

——《觀察家周報》

麥克德米始終沒有失去平實地說出好故事的天分與熱情。

——《泰晤士報》

無比傑出。

——《獨立報》

獻給親愛的卡麥榮：

沒有科學就沒有你；
沒有你，未來的道路必定更加狹窄。
科學是個好東西。

前言

我們今日認知的司法面貌並非總是講求公正。以證據為基礎來審判是個相對新穎的概念。數百年來，許多人遭到控訴、獲判有罪，僅是因為他們地位低下；因為他們不是本地人；因為他們或是他們的妻子抑或他們的母親擅長使用藥草；因為他們的膚色；因為他們與不恰當的對象發生性關係；因為他們在錯誤的時刻出現在錯誤的地點；或者沒有任何理由。

改變這一切的契機是世人愈來愈了解犯罪現場蘊含了各種管用的資訊，出現了許多新興科學幫助科學家解讀這些資訊，將之呈現在法庭上。

十八世紀科學發現的涓涓細流在十九世紀淹起大水，不久，許多實用的分析方法走出了實驗室大門。妥善調查犯罪現場的概念漸漸引領風潮，早年的某些警探老是急著找到證據，為他們手邊案件的推論背書。

鑑識科學——可以視為法定證據的一種樣貌——因此產生，科學家很快就發現許多學科都能支援這項嶄新的調查真相的方法。

某個早期的例子將病理學以及現在稱為文書鑑定的學門融為一體。一七九四年，艾德華・柯蕭（Edward Culshaw）被人往腦袋開了一槍，死於非命。當時的手槍是從槍口填彈，再塞入一團紙球固定槍管裡的子彈與火藥。外科醫師驗屍時，從彈孔中取出那團紙球，攤開來一看，發現是樂譜的一角。

從嫌犯約翰・湯姆斯（John Toms）的口袋裡搜出一張樂譜，撕破的角落與堵住槍管的紙球完全吻合。在蘭卡斯特的法庭上，法官宣判他犯下謀殺罪。

我可以想像因為體驗科學發展讓法律更加正義的人有多興奮，科學家協助法院在審理案件時將合理懷疑變成篤定。

以毒藥作為例子。數百年來，藥物一直是殺人的好方法，可是在缺乏可靠的毒物檢測狀況下，幾乎無法證實。然而，這個情勢即將逆轉。

即便是最早的階段，科學證據的分析仍是懸而未決的問題。十八世紀晚期，有人發明了偵測砷的方法，不過只能驗出大量的砷樣品。之後，這項檢驗經過改良，效果更好，這得要歸功英國化學家詹姆斯・馬許（James Marsh）。

一八三二年，一名男子受控在祖父的咖啡裡加入砷毒，將其謀殺，檢方找來馬許擔任化學的專業證人。他檢驗了懷疑含毒的咖啡，查出其中含有砷。然而等到呈上法庭時，分析的樣品已經變質，因此無法得出明確的分析結果，縱使嫌疑重大，被告依舊逍遙法外。

但這個挫折沒有阻撓追求新知的專家。詹姆斯・馬許是優秀的科學家，他把這次的失敗轉化為成功的動力。在法庭上飽受恥辱的經驗促使他發明出更精良的檢驗方法，最終的成果威力龐大，就連微量的砷都能驗出。這招將許多對鑑識科學一無所知的維多利亞時代囚犯送上絞刑臺，至今仍舊管用。

鑑識科學的故事闡述從犯罪現場到法庭的漫漫長路，是數千犯罪小說的題材。我以此書說明要如何應用科學手法解決犯罪案件，並不是因為鑑識科學人員有多麼慷慨付出時間與知識，而是因為他們的成就扭轉了世界各地法庭的判決。

我們這些犯罪小說家總喜歡宣稱這類作品歷史悠久，早在聖經中就有諸多橋段：伊甸園裡的欺瞞；該隱殺害弟弟亞伯；大衛王謀害烏里亞。我們努力說服自己，莎士比亞是我們的同業。

但事實上，犯罪小說是在以證據為基礎的執法體系建立之後，才逐漸成形。在這個領域擔任先驅者的科學家與警探為我們留下許多贈禮。

從以前開始，科學能幫助法庭，法庭也能把科學家推向更高峰，雙方都是體現正義的關鍵。為了此書，我與頂尖的鑑識科學人員談起這門學科的歷史、現實狀況以及未來展望。我爬上自然史博物館最高的塔上尋找蛆蟲；我回溯親身體驗過的劇烈猝死；我曾經捧起某人的心臟。這段旅程使我敬畏有加，科學家告訴我們從犯罪現場到法庭的路途往往顛簸不已，同時也是各位這輩子看過最迷人的故事。

而且，這明確地提醒我們：現實總是比小說還離奇。

薇兒・麥克德米

二〇一四年五月

第一堂　犯罪現場

現場是沉默的目擊證人。

——彼得・阿諾德（Peter Arnold），犯罪現場鑑識科學人員

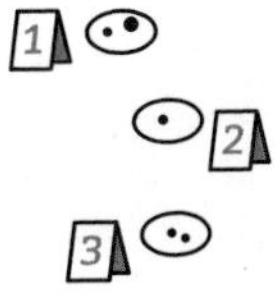

「零號狀況。員警需要協助。」這是每一名警察最害怕的呼叫代號。二〇〇五年十一月某個灰暗午後，布拉福巡警泰瑞莎・密爾本（Teresa Millburn）嘶啞的呼叫透過無線電傳來，在西約克郡警局中控室激起惡寒。她的訊息掀開了觸及全警界的案件序幕。那天下午，縈繞在所有警察心頭的恐懼成為兩名女警的嚴苛現實。

泰瑞莎和剛上任九個月的搭檔巡警雪倫・貝森維斯基（Sharon Beshenivsky）坐在巡邏車上，那天的輪班即將結束。兩人的任務是四處監視，處理小型事故糾紛，讓民眾看到警察的存在。雪倫期待能回家參加小兒子的四歲生日派對。再過不到半小時就能打卡下班，看來她還趕得上蛋糕與派對遊戲。

剛過三點半，無線電接收到訊息，當地的寰宇特急旅行社與警局中控室相連的無聲警鈴

觸動了。兩人心想回警局路上橫豎都會經過那裡，決定接下這個任務。她們把車停在旅行社對街，穿過繁忙的馬路，來到獨棟的一層樓磚房前，觀景窗被一片片垂簾遮住。

抵達店面時，兩人撞上三名持槍搶匪。雪倫被歹徒近距離一槍射中胸口。之後，在殺害雪倫的凶手審判庭上，泰瑞莎說：「我們之間只隔了一步。雪倫走在我前面，接著她停下來。一動也不動。她停得太突然，我煞不住，往前多走了一些。我聽見砰的一聲，雪倫倒在地上。」

沒過多久，泰瑞莎胸口也中了一槍。「我躺在地板上咳血，感覺鮮血從我鼻子流出來，滿臉都是血，我拚命吸氣。」她奮力按下緊急按鈕，向中控室示警，說出事關重大的「零號狀況」。

約克郡與亨伯賽德科技支援服務處的犯罪現場勘察人員（Crime Scene Investigator, CSI）彼得．阿諾德聽見了這則無線電訊息。「我永遠不會忘記，從警局就能看見現場，真的就在眼前。突然間，員警湧出門外，我從沒看過那麼多警察同時狂奔，還以為是警局燒起來了。

「起先我不知道出了什麼事，接著透過無線電得知有人中槍，可能是警察，於是我也跟著跑出去。我是第一個抵達現場的ＣＳＩ。我想支援警察，圍起警戒線，確認現場保存良好，因為當時大家都很情緒化，這點你可以想像得到。我們得要建立一些秩序。

「接下來的兩個星期，我耗費大半時間處理現場。每天的工時都很長，早上七點開工，直到半夜才回家。我還記得事後那股掏空般的疲憊，可是當時我一點都不在乎。那個案子會永遠伴隨著我，我絕對不會忘記現場的情景。並不是因為本案引發高度關注，而是因為它太過切身，因為同僚遭到殺害。雪倫的警察身分使得她彷彿我的家人。認識她的人更加鬱悶，但他們吞下悲傷，繼續執行勤務。

「我們得到的鑑識結果確實讓案情有了進展，除了犯罪現場之外，也包括了周圍區域，比方說歹徒逃離現場的車輛，以及事後他們逃跑的範圍。」

害得雪倫．貝森維斯基的丈夫失去妻子、她的三個孩子失去母親的持槍歹徒稍後受審，獲判終身監禁。定罪的證據大多是由ＣＳＩ與其他鑑識科學人員尋獲、分析，最後送交法官審理。我們將在本書跟著這些證據一同漫遊。

雪倫．貝森維斯基警官，遭到持槍搶匪近距離射擊後死亡。

每個突如其來的暴力致死事件都有不同的故事。解讀線索的調查人員得從兩個主要來源開始——犯罪現場與死者屍體。

理想狀態是在現場找到屍體，調查人員尋找兩者之間的關係，重新建構事件發生順序。可是往往事與願違。在場人員孤注一擲，匆忙將雪倫．貝森維斯基送進醫院，希望能救回她。某些情況是身受致命傷的受害者掙扎離開遇襲處；某些則是凶手移動了屍體，可能是想藏起來，也可能打算故布疑陣。

無論如何，科學家都研發出各種手法，給予辦案人員大量解讀死者遭遇的情報。為了讓這些故事在法庭上具備可信度，檢方必須展現證據有多麼牢靠，沒受到任何汙染。因此，犯罪現場管理成為凶殺案調查的前線任務。誠如彼得．阿諾德所言：「現場是沉默的目擊證人。被害者無從傾訴，嫌犯大概也不打算開口，於是我們必須提出假說，解釋案件的來龍去脈。」

假說的精確程度來自我們能從犯罪現場獲得多少資訊。十九世紀時，雖然以證據為基礎的執法程序成為常態，保存證據的想法卻還沒成熟。世人尚未領悟證據可能受到汙染。當年的科學分析成效極為有限，這還不算多大的問題。等到科學家漸漸活用他們的知識，那些限制就消失了。

幫助科學家了解犯罪現場證據的關鍵人物是法國人愛德蒙．路卡（Edmond Locard）。他曾在里昂學習醫藥與法律，隨後於一九一〇年設立了世界上第一間犯罪調查實驗室。里昂警局編給他兩間閣樓房間和兩名助理，這個簡陋的環境在他手中發展為國際研究中心。路卡年輕時是亞瑟・柯南・道爾（Arthur Conan Doyle）的書迷，深受《血字的研究》（*A Study in Scarlet*，一八八七）影響。在那本小說裡，初次登場的夏洛克・福爾摩斯說：「我特別研

愛德蒙・路卡設立了世界上第一間犯罪調查實驗室，同時也提出鑑識科學人員的定律：「每次接觸都會留下痕跡」。

究過雪茄菸灰——事實上，我以此為題寫過論文。我自認只要瞧一眼，就能從菸灰看出廠牌，無論是雪茄或是菸草。」一九二九年，路卡出版了從犯罪現場的菸灰辨識菸草種類的論文〈分析灰跡〉（The Analysis of Dust Traces）。

他寫出長達七冊的刑事鑑識（criminalistics）教科書，不過他對鑑識科學最大的貢獻，或許是後世稱為路卡交換定律的那句話：「每次接觸都會留下痕跡。」他寫道：「罪犯在行動時不可能沒有留下任何蹤跡，特別是在緊繃的犯案過程之中。」可能是指紋、足跡，來自凶手衣服或周遭環境的纖維、毛髮、皮屑，不慎掉落或是留下的武器等物品。反之亦然，罪行也會在罪犯身上留下痕跡。塵土、來自被害者或是現場的纖維、DNA、鮮血或其他汙漬。路卡在他自己的調查過程中展現這項定律的威力。在某個案件中，他揭發女友遇害時看似擁有不在場證明的凶手。路卡分析嫌犯指甲下的微量粉紅色細粉，證實那是被害者訂做的特殊化妝品。面對如山鐵證，凶手只能俯首認罪。

在實驗室裡奉獻心力的科學家對證物的分析能力突飛猛進。但如果一開始在現場欠缺仔細的程序，科學便無用武之地了。沒有人料想得到法蘭西絲・格雷斯納・李（Frances Glessner Lee）會是解讀犯罪現場的先驅者。這位出身芝加哥的女士繼承了一大筆財產，在一九三一年建立哈佛法醫學院，美國第一間法醫研究單位。李打造出一系列真實犯罪現場的縮小複製品，門窗、櫥櫃、燈光全都能夠開關。她把這些凶案娃娃屋取名為「死亡之謎的縮影」，用在許多分析犯罪現場的研討會中。調查員要在九十分鐘內研究模型，接著寫出結論報告。創作出長壽電視劇藍本《梅森探案》（*Perry Mason*）系列的犯罪小說家厄爾・史丹利・賈德納（Erle Stanley Gardner）寫道：「比起數個月的抽象研究，這些模型可以幫助研究員在一個小時內學到更多間接證據。」五十多年後，馬里蘭州的法醫局依舊採用這十八個模型來訓練新進人員。

儘管法蘭西絲・格雷斯納・李奠定了現代犯罪現場管理的原則，其中有許多她從未接觸過的細節，例如紙製防護裝、合成橡膠手套、防護面罩——這些現代CSI的隨身用品，是早期犯罪調查學家夢寐以求的裝備。這些嚴格的規範與雪倫・貝森維斯基的凶殺現場關係密切，調查員遵循教科書上的每一個步驟得出所有的結論，而警探總是深深仰賴鑑識團隊提出的分析報告。

執行這些程序的前線人員是CSI。他們要在模擬情境之下，學習辨認、收集、保存證據的基本技術。回到派駐單位，他們接受密切的指導，建立實戰經驗，從低階案件開始累積知識與技巧，漸漸接觸更困難的案子。他們每隔一陣子就要遞交證據報告，展現競爭力。

我們在電視上看過許多犯罪現場蒐證的鏡頭，自以為很清楚那是怎麼一回事：身穿白色實驗袍的專業人員拍攝一大堆照片，把重要證據裝袋保存。可是在現實生活中呢？CSI到底都在做什麼？發現屍體後會發生什麼事？

以英國警察系統而言，第一批抵達現場的是制服員警。決定死因是否可疑的人則是警督（Detective Inspector, DI）階級以上的便服警官。只要警督判定這可能是凶殺案，就要為

CSI保護現場。警察退出現場，拿警示膠帶包圍，記錄進出人員，每個人都要留下紀錄，列出任何汙染證據的可能來源。

警方會指派一名資深調查警官（Senior Investigating Officer, SIO）負責調查，所有CSI都要對他彙報，聽從他的指示。地區鑑識管理員（Area Forensic Manager, AFM）是資深調查警官的顧問，統籌團隊需要的資源。

彼得·阿諾德是一名地區鑑識管理員，精力充沛，眼神像野鳥一般銳利，對工作抱持熱情。他的單位為四個不同的警局服務，是倫敦警察廳之外最大的科技支援部門，擁有五百名左右的人員。他們二十四小時輪班，隨時提供各類犯罪案件的調查服務。基地位於維克菲爾德附近的M1公路旁，以DNA鑑識之父亞歷克·傑佛瑞爵士（Sir Alec Jeffreys）為名。研究大樓俯瞰一座人工湖，寧靜的鄉村風光與尖端的科技研究形成強烈對比。

「接到第一通電話後，我立刻著手統整資源。」彼得說：「如果現場在室內，那可以不用太過匆忙，因為不會下雨下雪什麼的；既然是保存良好的乾淨現場，我們就得更加小心翼翼。不過如果是戶外的現場，正值隆冬，隨時都會下起大雨，我就必須馬上派人到現場，在證據遭摧毀殆盡之前收集回來。」

雪倫·貝森維斯基是在繁忙的戶外街道上遭到槍殺，保存證據成了第一要務。這還不是彼得和同僚唯一的顧慮。「一般人想到的是一個犯罪現場，單數。可是凶殺案偵辦到最後，我們往往要處理五、六個相關的現場——遇害地點、嫌犯隨後去的地方、嫌犯搭乘的車輛、嫌犯落網處；要是屍體被移動過，還要加上屍體最後擺放的地點。這些不同的現場必須各自處理。」

ＣＳＩ在這些現場工作時面臨的第一個問題是安全。或許某人遭到槍殺，嫌犯尚未落網，ＣＳＩ身上沒有防護背心，也不會佩帶手槍、電擊槍、手銬。就算他們要料理凶手留下的現場，這些技術人員並沒有受過逮捕凶嫌的訓練。所以在必要時刻，荷槍實彈的員警會配置在現場保護ＣＳＩ。

排除維安問題後，接著要保存證據。彼得解釋道：「我們抵達現場時，或許房屋已經圍起封鎖線，可是嫌犯早就乘車逃逸。假如那條路上還有車輛行駛，它們可能會輾過子彈、血跡、胎痕。最合理的作法是封鎖整條街，直到我們採集完所有證據。」

等到現場封鎖完畢，犯罪現場管理員（Crime Scene Manager, CSM）穿上全套防護裝：白色連身衣、髮網或是帽子、兩雙防護手套（某些液體可能會滲透第一雙）、鞋套。管理員也得戴上醫療級口罩，避免自己的ＤＮＡ汙染現場，同時保護自己免受血液、嘔吐物、排泄物等生物汙染物危害。

接著他踏遍現場，在地上擺放腳踏板來保護表面。第一趟巡視途中要尋找能夠立刻辨認出凶手身分的證據。他會迅速追蹤這類「初步」證據，像是凶手爬出窗外、在窗上留下染血指紋；一路滴出門外、往路上延伸的血跡。是有辦法在九個小時內驗出明確血跡的ＤＮＡ資訊，只不過處理時間愈長，成本就愈低。

彼得必須關注這些細節。全國DNA資料庫在週末沒有全天開放，多花緊急處理的費用是沒有意義的，只能枯等資料庫開啟。最好安排二十四小時的處理時間，以便星期一資料庫一開，工作就能順利銜接。「我們必須思考，得用什麼資源才能得到想要的結果。你們在電視上看過許多次的橋段其實很少發生。那些通常是最終手段。辦案期間，時機是很重要的。鑑識團隊必須好好睡覺，才能正常表現。只要警方一逮捕嫌犯，拘留時間就會無情地流逝，我們得要從初步證據中得出結果，幫助他們對某人提起告訴。我們總是在權衡利益得失。」

管理階層思考決策的同時，現場作業持續不斷。CSI站在每一個角落朝對角拍攝照片，涵蓋房裡的一切，包括地板跟天花板。如此一來，移動證物後，他們還是知道這東西原本放在哪裡。有時候當下看不出任何與案情相關之處，或許十年之後的懸案調查人員會找到關鍵證據。

CSI也可以在房間中央擺放旋轉式相機，拍攝一連串照片然後透過軟體接合，讓執法人員模擬在房間裡走動的實況，觀察特定物件。甚至可以點一下門板，便能移動到隔壁房間。彼得說：「舉個例子吧，假設幾顆子彈透窗而入，射中屋裡的人，你可以掃描整個房間，稍後以虛擬實境的方式回到房裡，就可以看見非常精確的彈道，找出槍手原本站的位置。」如此便可串連兩個關鍵現場——戶外的街道以及發生衝突的室內——幫助法官審判。

同樣的，從案發當天下午開始，布拉福的CSI忙著對付槍手走過的街道，以及旅行社內部員工遭到歹徒持槍恐嚇、綑綁的區域。他們必須拍攝路上的血跡，交由血液噴濺專家分析，對照目擊者的證詞，整理事件的順序。他們以地毯式搜尋找到三枚九公釐手槍子彈彈殼——這是職業罪犯的標準武器之一，可以輕易透過非法手段取得。

在旅行社裡頭，CSI小心翼翼找出幾樣關鍵證據：用來藏槍的電腦包、其中一名歹徒揮舞的刀子、嵌在牆上的一顆子彈。彈道專家認出那顆子彈是來自哪種槍枝。現今的槍管內壁都有稱作「膛線」的螺旋狀紋路，能幫助子彈旋轉，射得更準確。每一種型號的槍枝膛線都略有差異。在布拉福一案中，彈道專家研究了旅行社牆上子彈的缺口跟刮痕，判定它是來自一把MAC-10衝鋒槍。事後他們說明，那把MAC-10大概卡彈了，使得那天下午沒有更多傷亡。

儘管布拉福的專家擁有強大的顯微鏡、龐大的數位資料庫，彈道分析這門鑑識科學的分支卻是源自十九世紀的偵辦行動。當時的子彈是以個別的模具鑄造（通常是槍主的個人物品），沒有什麼大批製造的工廠。一八三五年，弓街捕快（英國的第一支警力）的一員亨利・葛達德（Henry Giddard）被叫進麥克斯威太太位於南罕普頓的宅邸。她的管家約瑟夫・蘭道爾（Joseph Randall）宣稱與搶匪交火，說他拚著性命抵抗歹徒。葛達德觀察到後門有強行進入的痕跡，屋裡亂七八糟，但他還是不敢輕信。他帶走蘭道爾的手槍、子彈、子彈模具，以及射向他的那顆子彈，發現它們全都吻合：那顆子彈上有個小小的圓形突起，蘭道爾的子彈模具上也有相同的小缺口。面對證據，蘭道爾坦承他捏造了整起搶案，期望麥克斯威太太會獎勵他的英勇行為。這是第一次靠鑑識技術以子彈追溯特定槍枝。

現場是犯行的沉默目擊證人，不過活生生的目擊者也能提供線索。在這起案件中，目擊證人透露搶匪是搭乘銀色四輪傳動休旅車逃離，交通警察立刻掃描該區的監視攝影機畫面，很快就找到那輛車，確定是豐田RAV4。如果早個幾個月，故事或許到此為止。但是在二○○五年，布拉福成為英國第一座在市區裝設整圈相機、記錄所有進出車輛的城市。每天拍下高達十萬張照片，全都儲存在名叫「大魚」（Big Fish）的程式裡。

那輛車離開布拉福市中心後便無法追蹤，不過將車牌輸入全國自動車牌辨識系統（Automatic Number Plate Recognition System, ANPR）後，分析人員告訴警探這輛銀色休旅車是在希斯羅機場租來的。不到幾個小時，首都地區警方找到那輛車，逮捕六名嫌犯。

可惜布拉福的警探運氣又用盡了。六名遭到逮捕的男子隨即證明他們與搶案無關，直接釋放，感覺就像是撞進了死巷。

ＣＳＩ再度協助解除危機。那輛RAV4上頭採集到豐富的證據：一盒利賓納果汁、一瓶水、一袋三明治，還有一張發票。那張發票來自里茲南側Ｍ１公路的伍利艾吉休息區，上頭的時間是下午六點，距離搶匪射殺雪倫．貝森維斯基相隔約兩個小時。這些都是經典的初步證據，能在短時間內得出結果。

警方調閱休息區店家的監視攝影內容，揪出有人購買在車上找到的物品。同時，從那些物品上採集的指紋與ＤＮＡ輸入全國資料庫後，得出六名嫌犯的名字，他們都是倫敦某個暴力幫派成員。

現在，逮捕那群罪犯到案只是時間問題了。其中三人負責開車與把風，獲判搶劫和一般殺人罪。兩人犯下謀殺罪，判處無期徒刑。其中一人披上回教徒的長袍，裝成女性逃回祖國索馬利亞。但是西約克郡警方緊咬不放，透過內政部的祕密引渡計畫，終於讓他接受審判，在牢裡待上一輩子。雪倫·貝森維斯基的執法機關夥伴從不放棄，確實將一切的資源投入追尋正義的任務中。

ＣＳＩ團隊不只要經手登上頭條的大案子。在許多案件中（比如說搶案），假如有可能找到鑑識證據、需要辨識罪犯身分，他們就要負責採集並分析ＤＮＡ、指紋、腳印。有時候某個檢驗的結果告訴他們不用執行更複雜的程序。如果他們在拿來捅人的刀子上找到指紋，那就不需要尋找ＤＮＡ蹤跡了。彼得解釋道：「要是更簡單、更便宜的方法就能得出結果，我們根本不需要那些太空時代的技術。」某些熱愛犯罪電視劇的警官偶爾會干涉這個原則。鑑識科學人員薇兒·湯林森（Val Tomlinson）說：「與你接洽的資深調查警官可能沒有多少實務經驗。我記得某次在現場遇到一具呈坐姿的男屍，身上插著一把刀。資深調查警官說：『喔，你會在傷口邊緣做一些金屬分析，確認凶刀就是這一把？』我說：『既然刀子還插在他身上，這或許不是我們的首要任務。』」

不過，後面還會寫到許多案件依然需要仰賴太空時代的尖端技術。彼得特別喜愛英國國家鞋類資料庫，可以透過足跡串連不同的現場。最近他才運用這個資料庫，比對在某個性侵現場找到的罕見鞋印。同樣的鞋印也出現在西約克郡地區的幾個犯罪現場，這個巧合幫助警方鎖定目標，最後讓罪犯俯首認罪。

對彼得而言，成功的案子會在心中盤據最久。「我記得一個很棒的鑑識分析結果，這種好事可不是天天發生。我們的一名ＣＳＩ到加護病房替遭到痛毆的女性拍照，後來受害人傷重不治。ＣＳＩ看到她時，注意到她臉上有幾個古怪的痕跡，於是我們派出專精攝影的人員，用紫外線跟紅外線器材多拍了幾張。從那些照片上，我們清楚看見運動鞋鞋跟的印子。

「之後，我們找到嫌犯的鞋子，上頭不只沾有血跡，我們的鞋類專家還能判定被害人至少被踩過八次，因為他至少找到八組方向不同的鞋印。這項證據明顯指出，被害人遭到長時間攻擊。嫌犯宣稱他應該是『不小心踩到她的臉』。不過我認為，他獲判重刑的原因是沒有任何曖昧空間的鑑識證據。」

漫長的犯罪現場調查的終點就是法庭，彼得與他的同僚收集到的證據要接受律師挑戰，以及法官和陪審團的衡量。這已經超越了科學家所能想像的理智世界，同時也不會偏袒任何一方。

彼得回想道：「我還記得某次在證人席上接受三個小時的交叉詰問。明顯的ＤＮＡ證據指出嫌犯以暴力行搶，但我得說我用了超乎常規的手法尋找這項證據。或許遠遠超出你們的預期。

「ＤＮＡ本身沒有疑點，可是辯方認為我有意栽贓。承受考驗的是我的品行，文書紀錄的重要性就在這裡。我可以提出在我觸碰或移動任何物品前拍攝的照片原檔，讓陪審團看到原始現場。這些照片依序顯示我如何處理每一件證物，最後來到我們採集ＤＮＡ的物品。陪審團可以看見我做的每一件事、我檢驗的順序、那樣物品的特徵。

「接著辯方又質疑是否有人汙染證物。但我記錄了每一道程序，證物的保管鏈相當牢靠。對方還是不斷進擊。最後我穿上防護衣、面罩、手套、髮網，將沒受過汙染的紙張送進法庭。好戲開演，我向陪審團展示那張紙，接著出示我的照片，告訴他們這是一模一樣的程序，用的是相同的指示物。證據通過考驗，我卻見識到被告律師為了替客戶脫罪，會使出多少花招。

「我個人覺得這種事情麻煩死了，但也看出控訴式體系的重要性。我遭受挑戰，最後讓我們的立場更加穩固，因為證據顯然沒有任何問題。我們可不想在十年後被人質疑證物受到汙染。我寧可現在就說清楚、講明白，要挑戰就現在來吧，我們一起面對大眾的檢視。」

科技雖然經過長時間累積，但還有很長的路要走。創造出虛構謀殺案的我們有時只會惹麻煩。彼得說得很篤定：「社會大眾的期望往往會因為電視劇而提高。當我們出面解釋為什麼不能檢驗某樣東西，有時候他們完全不信。最後我們覺得自己很差勁，無法滿足他們的期待。」

彼得指的是「ＣＳＩ效應」，來自知名的美國電視劇《ＣＳＩ犯罪現場》（*CSI: Crime Scene Investigation*），有人認為這部影集扭曲了民眾對於鑑識科學極限的想法。特別是ＤＮＡ

證據，不少陪審員認為這是不可或缺的要素。ＣＳＩ效應延伸出其他論點，有人認為民眾從中獲得了鑑識科學的基礎概念，即使不太完美。專家與法官各司其職，那些電視劇能夠幫助陪審員理解各種證據的特性。

二〇一一年，威爾特郡發生了奇特的案子。一名受害者仿效她在ＣＳＩ影集中看到的技巧，協助鑑識小組調查。幾個月以來，某個男子開車在齊彭勒姆四處徘徊，鎖定女性，戴上黑色頭套跟手套，將對方拖上車，有時候載到廢棄軍營去強暴，事後逼被害者拿毛巾將身體擦乾淨，抹除刑事證據。他會落網是因為最後一名被害者在凶嫌放她離開前扯下自己的頭髮，留在他車上。她跟警方表示，無論自己是否活得下來，她知道一定會有人來調查，這樣就能提供ＤＮＡ證據。「我一直都很迷ＣＳＩ影集，看了那麼多季，知道該怎麼做、鑑識人員會如何調查。」她的頭髮加上她吐在汽車座椅上的口水，逼得一等兵喬納森．海恩斯（Jonathan Haynes）招認犯下六起強暴案。

彼得．阿諾德認為，英國的ＣＳＩ應該要向影集裡的同行看齊。「我們真的需要更好的資料處理系統，到了現場才能獲得更全面的技術支援，記錄各項證據，這樣他們就不用一直回到基地，浪費一堆時間。聽起來很簡單吧？我可以拿著 iPhone 走來走去，手指動一動就能搞定大小事。可是研發與供應軟體才是重點。我們沒有數百萬鎊來寫出供ＣＳＩ使用的應用程式，接下來還有資料安全的問題。

「但如果我們能發展出更先進的鑑識技術，一定會帶來重大改變。某人的住處遭到入

SIO在雪倫・貝森維斯基遇害現場周圍仔細搜尋證據。

侵，我們找到可能的ＤＮＡ證據，還是要請人一路送到實驗室，登記後才能處理。目前我們可以迅速追蹤搶案現場的某些證據，在九個小時內獲得ＤＮＡ分析結果，因為搶案必須優先處理。既然九個小時就有結果，幹嘛還要花兩、三天才能得知搶匪的身分，把他們抓起來、不讓他們繼續犯案？因此，我們只在普通的案件中遵守主要原則。指紋也是一樣。我們真的需要加速，如果能在現場掃描指紋，效率可以更上一層樓。

「各位想像一下。假使我們在一個小時內抵達搶案現場，半小時內完成檢驗，通報搶案後的一個半小時內查出搶匪名字，接著警察出動，上門逮人，贓物還在他們手上。受害人可以取回自己的財產，搶匪漸漸理解自己只是在做白工。」

除了成就感，這份工作也帶來各種身心壓力。我們對執法人員寄予重望，從未顧慮他們為此付出多少。彼得．阿諾德說：「雖然看過人性最惡劣的一面，手邊的案子還是不時令我膽寒。大部分的人晚上回到家，可以跟家人說今天做了什麼，但我們不能。就算說得出口，我還是不想讓家人知道我見識過的某些事物。」

第二堂　火場調查

火場通常又暗又臭，很不舒服，考驗體力。經過漫長的一天，你回到家，累得像條狗，渾身燒過的塑膠味。一點都不光彩。可是很迷人。

——火場調查員妮亞・尼克・戴依德（Niamh Nic Daéid）

一六六六年九月二日星期日，倫敦普丁巷的一名僕役被煙嗆醒，發現樓下店鋪起火了，他猛敲雇主麵包師傅湯馬斯・法里納（Thomas Farriner）的房門。全家上下沿屋頂逃生，只剩下女僕蘿絲（Rose）嚇得無法動彈，被烈焰吞噬。

不久，焰舌舔上附近住戶屋牆，市長湯瑪士・布拉德沃斯爵士（Sir Thomas Bloodworth）被叫到現場，指揮消防隊員拆毀建築，阻止火勢延燒。美夢遭到侵擾的布拉德沃斯怒氣騰騰，不理會消防隊員急切請求採取更進一步的措施。「呸！找個女人來撒泡尿不就沒事了。」說完，他離開現場。

隔天上午，記事員山繆爾・派比（Samuel Pepys）體驗到「狂風大作，將火焰趕入市區，歷經長時間的乾旱，什麼東西都成了可燃物，就連教堂的石牆也不例外」。到了下午，倫敦陷入地獄般的火海，火焰沿著「油、葡萄酒、白蘭地倉庫」、木造建築、稻草屋頂、瀝青、布料、油脂、煤炭、火藥——十七世紀的各種易燃物——呼嘯而過。極度高溫使得空氣迅速膨脹攀升，乘著風勢吸入新鮮空氣，將更多的氧氣捲入煉獄。倫敦大火塑造出專屬的天氣系統。

大火在四天後漸漸平息，摧毀了中世紀倫敦的大半城區，涵蓋一萬三千多棟屋舍、八十七間教堂，以及聖保羅大教堂。城裡八萬居民中約有七萬人在一瞬間流離失所。

灰燼餘溫尚存，種種陰謀論甚囂塵上。大部分的倫敦人無法相信這場火純屬意外，裡頭有太多巧合：起火點是密集的木造建築區；當時大家都在夢鄉之中；那天街上格外冷清，沒有人幫忙滅火；吹起狂風，泰晤士河水位正低。

蓄意犯罪的謠言如雨後春筍般萌生。外科醫師湯瑪士・米斗頓（Thomas Middleton）站在教堂尖頂上，俯瞰火勢從幾處相隔甚遠的個別區域燒起。「這類狀況令我相信這場火的延燒是有人刻意為之。」他如此寫道。

外國人背負最大的嫌疑，在摩爾菲有個法國人差點被打死，因為旁人懷疑他用盒子裝「火球」，之後才發現那是網球。詩歌表達出眾人對起火原因的困惑：

我們仍舊不解一切從何而起；
究竟是地獄、法國、羅馬，還是阿姆斯特丹。
——無名氏〈倫敦焚燒詩〉（*A Poem on the Burning of London*，一六六七）

最高階層掀起對真相的渴求。查爾斯二世（Charles II）在這場火中損失最為慘重。國王授權給國會，設立調查火災起因的委員會。大批目擊證人紛紛站出來，某些人說他們看到有人投擲火球，或是坦承自己正是丟火球的犯人。有個叫愛德華·泰勒（Edward Taylor）的人說，星期六晚上，他跟荷蘭籍的叔叔走到普丁巷，發現湯馬斯·法里納烘焙坊的窗戶開著，往裡頭丟了「兩顆用火藥跟硫磺做的火球」。不過愛德華·泰勒才十歲，他的證詞不被採信。法國鐘錶師之子羅伯特·賀伯特（Robert Hubert）腦袋愚鈍，承認點火的人是他。沒有人真正相信，可是因為他如此堅持，陪審團認定他有罪，把他送上泰伯恩刑場的絞架。

國會委員會成員湯瑪士·奧斯朋爵士（Sir Thomas Osborne）寫下：「所有的論點都瑣碎無比，人民知道此事並非人為就滿足了。」最後，委員會判定這場恐怖的火災是源自「上帝之手、一場狂風，以及極端的乾季」。

委員會做出如此缺乏說服力的結論，其實我們不用意外。評估複雜火場的調查人員需要了解火焰的運作模式。十七世紀在這方面的科學知識少得可憐。直到一八六一年，麥可·法拉第（Michael Faraday）把關於火焰的論述寫進書裡之後，社會大眾才有辦法接觸這類理論。《蠟燭的化學史》（*The Chemical History of a Candle*）書中收錄了六篇他針對年輕聽眾設計的講演內容，是這個主題的關鍵教材。法拉第以蠟燭作為燃燒本質的象徵。在某次關鍵的講座中，他用罐子悶熄蠟燭。「空氣是燃燒的要件。」他解釋道，「更重要的是，我要你們了解新鮮空氣是必要條件。」他口中的「新鮮空氣」其實就是「氧氣」。

法拉第是早期的專業證人，有時將研究結果帶出實驗室這事實行得很徹底。一八一九年，某間在倫敦白教堂區的糖廠於大火中燒毀，老闆告保險公司拒絕理賠一萬五千鎊的保險金。這個案子演變為某項新製程——老闆採用加熱的鯨油，沒有告知保險公司——與起火原因有多大關係。作證之前，法拉第拿鯨油做實驗，加熱到攝氏兩百度，展示「從油生出的蒸氣，除了水以外，全都比熱油本身還要易燃」。在法庭上，一名陪審員不相信這個論點，於是法拉第當場點燃他用試管裝來的蒸餾氣體，「整個法庭瞬間瀰漫最難聞的臭味」。

法拉第最重要的鑑識任務，是一八四四年德罕郡的哈斯威爾礦坑爆炸案，有九十五名男子與男孩身亡。這起爆炸發生在德罕郡礦區勞資糾紛激烈時期。代表悲傷家屬的律師向首相羅伯特・皮爾（Robert Peel）請願，要求政府派出代表調查。法拉第就是其中一人。

這個團隊花了一天實地探訪礦坑，調查裡頭的空氣流向。途中，法拉第發現他坐在一桶火藥上，旁邊就是沒有遮蔽的燭火。他一躍而起，「抗議他們有多不小心」。陪審團判斷這是意外事件，法拉第贊同這個論點。但是調查團回到倫敦後提出報告，指出礦坑裡的灰塵是本次爆炸的重要因素，建議改善通風系統。礦坑主人因為成本考量而回絕。這個風險遭到長達六十年的忽略，直到一九一三年，威爾斯的聖海德礦坑發生類似的意外，奪走四百四十名礦工的性命，釀成英國史上最嚴重的礦災。

在二十世紀，消防單位與科學界聯手研發出火場調查技術，背後的支持者是想要知道究竟有多少火場、起火點以及起火原因的政府機關。六〇與七〇年代的調查行動變得更加文

麥可．法拉第在一八六一年出版的《蠟燭的化學史》為現代火場調查奠定基礎。

明：有固定的流程、能夠驗出複合化學物質——比如，火場裡是否有汽油的蹤跡——的新器材。社會大眾愈來愈了解消防原理，現今的和平時代極少有火災或是爆炸——必定要有火才會引爆——造成大量死傷。要是這類不幸事故真發生了，調查火場的人員絕對是畢生難忘。

新一代火場調查專家中有一對愛爾蘭夫婦，他們的女兒是鄧迪大學畢業的化學鑑識家妮亞．尼克．戴依德，延續了他們的志業，探索隱藏在摧毀殆盡的現場裡的真相。妮亞解釋道：「可以說我繼承到鑑識科學的靈魂，我的雙親都是火場調查員，而我母親至今仍舊在協助火災現場調查，我算是伴隨著火場長大。我跟弟弟曾經靠幫爸媽貼調查報告上的照片賺零用錢。你可以想像晚餐桌上的話題總是少不了火場。」

烈焰或許摧毀了某人的家產、摯親，調查人員則要踏入大自然最暴戾的力量與人類世界衝撞的殘骸之中工作。當我向妮亞問起對她影響最大的火災事故時，不由自主地想起這件事。至於我的提問，她直截了當地回答：「星塵迪斯可舞廳大火。」

一九八一年情人節清晨，我還躺在床上呼呼大睡。當時我是一名年輕記者，在某間週日出刊的全國性報社北方分部服務。我從未寫過重大災難報導，不過那天早上被電話鈴聲吵醒時，我知道這點即將改變。新聞編輯熟悉的粗啞嗓音傳來：「都柏林的迪斯可舞廳發生致命火警。看起來死了幾十個人。妳搭七點的飛機過去。」

抵達曼徹斯特機場時，電臺廣播驗證了我方才得知的情報。一場大火。驚人的死亡人數，那群年輕人想要度過愉快的夜晚，卻永遠回不了家。機場裡，各界記者與攝影師四處流竄，找同業分享自己所知的些許消息，分配抵達現場後的任務。

我自己的隊伍——另外三名記者加上兩名攝影師——移動到酒吧角落，我面前放了雙份威士忌。即使在報社服務期間我的酒量不小，仍不太習慣以這種方式開啟新的一天。「喝下去吧。」一名同事堅持勸酒。「相信我，在今天的工作結束之前，妳需要這個。」

他說得對。我們降落在都柏林時，愛爾蘭的記者同仁帶來可怕的消息。死者超過四十人。因為我是女性，也因為他們認為我擅長壓抑悲傷、同時能堅持達成任務，於是最要命的工作落到我頭上——採訪痛失親人的家屬，以深刻的言論和死者照片為我們的報導增色。

那天我待在庫洛克公共住宅區，許多死在星塵舞廳的年輕人生前都住在這裡。家屬深受打擊，卻又詭異地感激有人關注他們過世的孩子。在新聞界期間，我不曾度過如此心痛的一天。我只是個旁觀者，光想像那些家屬的感受就讓我覺得心都空了。

第一次截稿期限過後，我到火場與組員碰面。建築物正面平凡無奇，只破了幾扇窗戶，上半片牆面被煙燻黑。除了哽在氣管裡的燒焦臭味，難以相信四十八個人死在此處，另外還有兩百四十多人受傷。建築物的內裝被大火摧毀，外側只有大量的消防車跟警車顯示這裡出了大事。

妮亞・尼克・戴依德的母親是負責釐清星塵舞廳那一夜發生什麼事情的人員之一。

星塵舞廳的情人夜舞會有許多值得一提的特點。八百四十一人（大多是將近二十歲的青少年）支付三鎊入場費，換到香腸、薯片、跳舞到凌晨兩點的資格，這要歸功於特別的夜間營業執照。

打烊前二十分鐘，ＤＪ公布最佳舞者獎的贏家。下一刻，幾名舞客瞄到舞池左側的捲簾後方飄出煙霧。許多人以為是舞池的特殊效果，沒有理會，繼續跳舞。

捲簾後方設置五排劇院座椅，有些舞客往後查看，發現後排的幾張椅子燒了起來。聚氨酯材質的填充物已經冒出含有劇毒氰化氫的黑煙。一開始燒得不大，還在控制範圍內，但火勢很快就竄起。員工將所有的消防用水倒向火苗，毫無助益。不到五分鐘，熔化的塑膠滴到舞池裡的客人頭上，天花板坍了一半，濃密的毒煙填滿整間舞廳。倖存者驚恐地描述事情發生得多麼突然。

人一慌亂，就會直覺地順著原路離開建築物，通往主要出口的狹窄走廊立刻堵死。衝到門邊的舞客發現門上鎖，經理花了好幾分鐘才帶著鑰匙擠過人群。

災難應該還是可以避免。星塵舞廳有六個緊急逃生出口。可是老闆伊蒙・巴特利（Eamon Butterly）擔心有人從外頭開門、沒付錢就溜進來跳舞，所以一個出口上了鎖，另外五個用鏈條封死。驚慌失措的舞客使盡全力，終於踢開那些門。另一個逃生出口兩側被桌椅堵住，還有一扇門外擋著垃圾子車。

凌晨一點四十五分，舞池天花板坍塌，電力中斷，將近五百人還在屋內。灼熱的火焰是

星塵舞廳大火現場的火場調查員。這場火奪走了四十八條人命，造成兩百四十多人受傷。

唯一的光源，原本播放的「亞當和螞蟻樂團」唱片被恐慌的慘叫聲取代。觸發火災警報後的九分鐘內，星塵舞廳陷入火海——座椅、牆壁、天花板、地板、桌子，連金屬菸灰缸都燒了起來。

有些人情急之下逃進廁所。舞會前六個星期，巴特利聽說有顧客試著透過廁所窗戶夾帶酒精飲料，於是他從內側裝上金屬板，搭配外側原本的鐵窗防堵。火焰開始竄燒後過了十一分鐘，消防隊員抵達現場，他們用車上的纜繩綁住鐵窗，加速行駛，可惜只讓鐵桿稍微彎曲而已。廁所裡的舞客困在火焰與煙霧的煉獄之中。

鄰近的藍領階級社區，像是艾塔涅、凱摩、庫洛克等地，每個人都認識受到那場悲劇影響的人們。全愛爾蘭為四十八名死者哀悼。其中五人燒得面目全非，無法辨識身分。（二〇〇七年，他們的屍體從共同墓穴裡挖出，以便分別進行ＤＮＡ分析。）

情人節早上八點三十五分，西謬司．昆恩警探（Seamus Quinn）檢視了內部燒光的星塵舞廳。他花費五個小時探查火場，一開始發現起火的地方並沒有找到任何助燃劑或是電路問題。他把點燃的香菸丟到類似的座椅上，觀察到非易燃物質的ＰＶＣ外皮沒有著火。難道是有人割開椅墊，刻意點燃裡面的聚氨酯填充物？

英國火災調查站位在貝德福郡卡丁頓的大倉庫裡，依照原尺寸重建最早起火的區域。調查員比爾．馬霍特拉（Bill Malhotra）靠著割開椅墊以及在椅子下塞幾張報紙，成功點燃座椅。火焰捲上低矮的天花板，燒熔合成地毯，熔化的塑膠滴到其他椅子上。這些座椅擺得很近，溫度迅速升高，滾燙的熔化塑膠足以破壞ＰＶＣ外皮。等到後排五張座椅被火焰吞噬後，前排也起火了。根據經驗，昆恩跟馬霍特拉都認為這是縱火案。

星塵大火過後十八個月，到了一九八二年六月，愛爾蘭政府公布起火原因的公開調查報告。關於為何會起火，報告內容有些曖昧，某段提到「這場火大概是人為所致」，在另一段則變成「起火原因不明，或許永遠無法釐清。沒有意外起火的證據，同樣沒有人為縱火的證據」。提出證據的鑑識專家意見分歧。昆恩、馬霍特拉以及另一人覺得縱火的可能性很大，其他兩人則認為不能排除電路起火的可能性。

這份報告將幾項過錯歸到伊蒙．巴特利身上，包括沒有遵循電路安全標準作業、不是派人守門而是直接將門上鎖。額外雇用看門員工的成本是五十鎊——每條人命可以分到一鎊多。關於宛如銅牆鐵壁的廁所窗戶，報告指出：「雖然原本的用途是通風，在緊急時刻，窗戶應當要能讓人鑽過。」即便有這麼多的缺失，報告仍免除了巴特利的法律責任，因為這場火「有可能是人為縱火」。因此在一九八三年，政府支付巴特利五十萬鎊的賠償金。在一九八五年，每個有罹難者的家庭平均只收到一萬兩千鎊。

家屬對錢的興趣遠遠低於親人喪命的真相。許許多多可能成為證據的事物都燒成灰燼，感覺不太可能得到答案，但他們沒有因此放棄。二〇〇六年，星塵受害者委員會出錢招募了一群鑑識專家，重新進行公開調查。這些專家指出，卡丁頓倉庫裡的複製模型花費十三分鐘燒光座椅，而且無法衝出屋頂，然而當年有人發現座椅起火後五分鐘內，也就是凌晨一點四十一分，火焰就已燒穿屋頂。有些事情兜不攏。

專家也注意到許多支持這個論點的證詞。建築物外的目擊證人說他們在凌晨一點四十一分的前幾分鐘，就看到火焰竄上屋頂。情人節前幾個星期，在起火座椅旁主吧檯上方的燈光室，星塵舞廳的員工看到類似煙霧的物質以及「火星」冒出。情人節當天，琳達．畢雪（Linda Bishop）和朋友坐在天花板的金屬格架下方，聽DJ播放老歌〈生來自由〉，這時他們感覺到室溫急速上升。琳達低頭看了去年聖誕節收到的數位手錶，螢幕上顯示「一點三十三分」。情人節當天奮力滅火的調酒師說他「覺得高溫從天花板傳來，可以肯定火是從天花板開始燒的」。

星塵受害者委員會的專家得出結論：火從天花板延燒到座椅，而不是由下往上燒。他們相信屋頂燈光室裡的電路出問題（裡頭有投射燈和塑膠椅），點燃天花板。燈光室隔壁就是儲藏室，專家認為當時儲藏室內物品的清單有些誤導之處。伊蒙．巴特利的律師提供了「儲藏物品概略清單」，上頭有「漂白水、家具蠟、噴霧、以汽油為主成分的地板蠟」，卻漏掉了極度易燃的「一桶桶烹飪用油」。

火災動力學教授麥克．戴利薛西歐斯（Michael Delichatsios）推論，如果燈光室傳來高溫，儲藏室裡極度易燃的物品就會自動燃燒。如此便能解釋火焰異常的蔓延速度、燒熔的塑膠灑在舞池客人頭頂的現象，以及為何整片天花板會塌落。二〇〇九年，星塵受害者委員會要求再次公開調查，政府委任資深法律顧問保羅．柯菲（Paul Coffey）評估提案。他發現原始調查報告中「大概是人為所致」這句話的措辭「很可能會帶來錯誤的印象……讓人以為起火原因是奠基於人為縱火的證據之上，而非以假設推論出的解釋」。他建議不用進行第二次調查，同時認為政府應當修改公開紀錄，明確表示起火原因不明。就這樣，在愛爾蘭史上奪走最多人命火災的二十七年後，政府正式澄清起火原因不明。燈光室已經「完全燒毀」，八百名目擊者和眾多公正的鑑識科學人員永遠無法得知該處究竟是不是起火點。那場大火的祕密隨著舞廳灰飛煙滅，這是火場調查常見的困難之處。

火災現場的複雜程度不一，即便是相對單純的火場也能為難調查人員，他們得要努力重建一連串致命的連鎖事件。舉個典型情節當例子，路人看到一棟屋子起火，打電話給消防隊，消防隊員將火勢撲滅。結構工程師判定建築物可以進入，妮亞・尼克・戴依德這類的火場調查員抵達，研究起火點、起火原因與延燒途徑。

首先，妮亞・尼克・戴依德有時會詢問目擊者，對鑑識人員而言，這是少見的作法。他們究竟是看到火從哪裡燒出來？是汽油燃燒的黃色火焰加白煙，還是橡膠燃燒的濃密黑煙？從目擊者口中問出最多情報需要技巧。妮亞面對的往往是接近崩潰的民眾，因為他們的世界中心燒毀了。偶爾，火場調查員得要「中止談話，告訴警方這個人可能是嫌犯」。有個廣為人知的潛規則：經商環境不佳時，工廠火災發生率就會上升；某些公司認為成功的保險申請比賠錢的工廠有利可圖。撇開縱火不談，碰上意外的人說話可能會格外小心。當妮亞問起辦公室起火前員工在哪裡抽菸時，他們通常會說是在規定地點。不過經驗顯示，「下雨天的時候，人們往往會在堆垃圾的後門旁抽菸。」

聊完之後，妮亞在建築物外圍走動，觀察周遭環境。牆上有煙燻痕跡嗎？哪些窗戶破了？庭院裡是否有可疑物品，像是汽油罐或是四散的菸屁股？接著她走進建築物，「雙手插在口袋裡，什麼都不撿」，尋找不尋常的地方。之後，現在的她已經準備好弄髒雙手。她先對付剛才看到的汽油罐和菸屁股，「拍攝原本的擺放方式，可能的話旁邊放個比例尺，在平面圖上標出位置，裝袋，加上適當的標籤。」進到屋子，重頭戲來了——她接近最有可能的起火點，依照特定模式從損壞最輕的區域移動到最嚴重的區域，一路上不斷記錄、拍照。

從起火點延燒時，火焰會散發更多熱能，點燃更多物品，進入燃料與氧氣自給自足的連鎖反應。等到燃燒停止，天花板與牆面通常已經崩塌，成為下方物體的遮蔽。只要消防隊員將上萬公升的水噴進火場，解讀現場的難度就大幅提升。「於是你手邊有一棟燒成空殼的房屋，建材覆蓋其上。為了深入起火點，必須要像考古般一層層挖開。」如同病理學家鋸開肋骨進行解剖，妮亞在獲得答案前必須破壞更多。她從損壞最輕的區域往內移動，因為「假設角落的漆黑窟窿是汽油灑落的地方，如果直接走過去，在旁邊採證，就會造成現場的交叉汙染」。在極端的案例中，調查人員會用膠帶劃分出網格，每個格子都有編號，用桶子裝起所有的東西，篩出可能遺留下來的證據。

火焰通常會往上燒、朝側邊擴散，有時會在起火點留下V字型焦黑線條。要是縱火犯在屋內各處倒汽油，狀況就沒這麼單純了。地面上出現嚴重燒灼的細線，周圍的損害比較輕微，代表這是汽油延伸的路徑，可是沿這條路徑燒起的火焰速度極快，要找出單一起火點幾乎是不可能的任務。要是找出幾個隔了一段距離、同樣燒得厲害的點，這也是縱火的跡象；屋裡兩處同時發生互不相關的意外起火，可能性可說是微乎其微。

一找到最有可能的起火點（或是許多起火點），妮亞接著要尋找點火的物品——火柴、打火機、蠟燭；還有燃料——電視機、報紙、垃圾桶。縱火犯往往會留下火柴，以為它們會跟著燒成灰燼。可是呢，火柴頭的成分包括名為「矽藻」的單細胞藻類化石。構成矽藻外殼的矽石表面粗糙，有助於點燃火柴，硬度也足以抵擋極度高溫。目前已知的八千種矽藻都擁有個別的外殼構造，在顯微鏡下一覽無遺。不同品牌的火柴從不同的礦坑採集原料，只要鑑識科學人員找到矽藻，就能辨認火柴品牌。接著，搜查嫌犯的口袋或是當地商店的監視影像，就有機會找到定罪的證據。

妮亞在腦海中想像起火時現場的擺設，盡量將之完整重建。火場調查員在這個階段不一定能重建出正確的情景。妮亞有一次就遇上可疑的住家火災，起火點是一張書桌，警方要求火場調查員把燒焦的物品放回桌上原本的位置。妮亞被找來檢視這個現場，她認為自己最好先重建當時狀況，再跟先前的調查結果比較。

「其他調查員並沒有依獲得的實際證據行事，沒注意到某處受杯子遮蔽而出現一圈沒被燻黑的區塊。他們把物品放在錯誤的位置，拍下照片，創造出錯誤的情境。當我把物品放回正確的地方，起火當下的狀況全都活起來了。」二〇一二年，妮亞在蘇格蘭主持一系列火場鑑識工作坊，得到的結論是：儘管許多調查人員能力足夠，「蘇格蘭有百分之九十七的火場是由僅受過相關訓練不到一週的人員負責」。雖然火災的成因相對單純，妥當的訓練還是有其必要性。受過訓練的火場調查員是判定起火點、起火原因的關鍵，除此之外還有一個重點：「在不幸的火災中，調查員不只要為受害者負責，也有義務要向死者家屬說明他們為何會被燒死。」

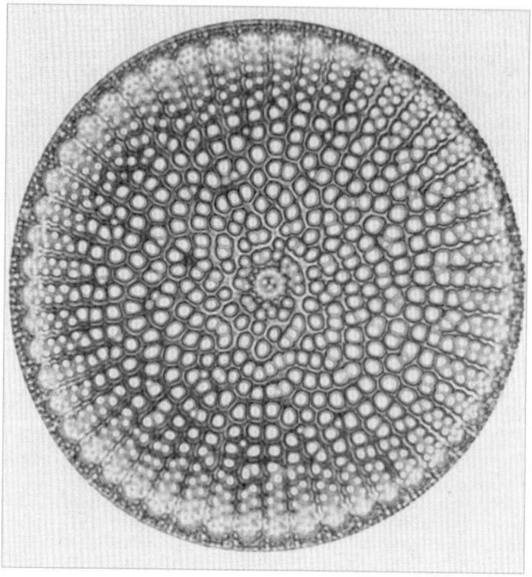

透過顯微鏡看到的單細胞生物矽藻化石。

胡亂處理證據會造成混亂，在法庭上呈現相互矛盾的解釋。第一次就搞對非常重要，主因是線索往往相當脆弱。可以採到指紋嗎？可以弄到ＤＮＡ嗎？可以從熔化的電腦裡取得硬碟資料嗎？「答案都是肯定的，前提是你夠小心，沒有狠狠踩過已經受損的證物。」

穿上鋼頭工作靴、安全帽、防護裝，輕手輕腳一點都不容易。妮亞踏入的火災現場裡可能有尚未斷電的電線、碎玻璃、部分坍塌的牆壁。「火場通常又暗又臭，很不舒服，考驗體力。經過漫長的一天，你回到家，累得像條狗，渾身燒過的塑膠味。一點都不光彩。可是很迷人。」

在可疑的起火點，妮亞收集瓦礫，並進行手動過篩。「殘留的東西會讓你大開眼界。火焰的殺傷力很大，不過通常會留下不少好東西。鈕釦、打火機、瓶子、啤酒罐，任何金屬物質相對來說能保存得比較完整。塑膠物品有可能一側熔了另一側還算完整，所以你有辦法從電視遙控器底側採到指紋。」

電路可以成為火場調查的好朋友，提供與起火原因相關的實際鐵證。像妮亞這樣的火場調查員，拿鉗子在滿地狼藉中緩緩行進，把電線當成希臘神話裡幫助雅莉雅德涅穿過迷宮的那條線來追蹤。「許多火場調查員不懂電路的好處。這是很累、很花時間的差事，可是用處極大，因為這是銅牆鐵壁般的證據，比任人解讀的燃燒痕跡厲害太多了。」

妮亞辦公室牆上掛著兩張照片，都是倫敦地鐵皮卡迪利線旁的一幢十二層建築物。上面七層樓被大火摧毀，損失高達一千兩百萬鎊。調查人員剛抵達現場時，和通報看見某層樓照明系統燒起來（火勢還不大）的清潔工談過。她的證詞給予調查人員一個大方向，不過找出如此嚴重的火災確實起因仍舊困難重重。妮亞和同事在大樓裡花了兩天時間，才追查出是飲水冷卻器電線走火。「這場火很有意思，我們幾乎是靠著電路系統確認起火點。為了記住如此珍貴的經驗，我把照片掛在牆上。」

有些火災的起因是電路問題，不過其他案例可就沒這麼單純了。火場調查員有時要動用嗅覺超越人類兩百倍的探測犬，找出像是汽油、石蠟、石油精這類液體助燃劑。英國大約有二十組擅長嗅聞碳氫化合物的探測犬隊伍，許多狗兒穿上小靴子保護腳掌（也保護現場不受汙染）。「我看過出勤的探測犬，天啊，牠們太厲害了。一聞到蛛絲馬跡，牠們就會坐下來。」妮亞說。

只要狗兒找出碳氫化合物的蹤跡，火場調查員便開始採集證物。塑膠袋會與汽油這類碳氫化合物起反應，於是他們把可疑的物品裝進尼龍袋，送回鑑識實驗室分析。假如證物是一小片地毯之類的東西，調查員會試著取下另一片沒被燒過的地毯作為對照。實驗室裡的化學鑑識人員會分析送來的火場瓦礫，透過各種技術萃取可能的化學助燃物質，包括「頂空萃取法」。最普遍的作法是將樣本放在密閉容器，加熱讓蒸氣升起，接著以吸收劑採集，再拿化學溶劑萃取。化學鑑識從氣體中努力辨識出特定化合物，通常會使用氣相色層分析法。這種複雜的檢驗方式能讓氣體中的化學分子依尺寸大小分離。妮亞解釋道：「想像你把糖蜜倒進三公尺長的排水管，管壁被糖蜜包覆，接著拿出大小不同的彈珠，全部倒進去，小彈珠黏在管壁上的時間比大彈珠久，於是大彈珠先滾出來，接著才是小彈珠。簡單來說，這就是氣相色層分析法的原理。這是陪審團能夠想像的畫面，他們會說：『喔，我懂了。』」

如果檢驗結果顯示是汽油，下一步可以進行「汽油廠牌辨識」（依照案子而異）。整罐汽油裡大部分的分子會在室溫下揮發（所以我們才聞得到汽油味），廠商會加入不揮發的添加物。這些添加物讓汽車引擎的運作更有效率，同時能耐得住高溫。不同的廠牌使用特定的添加物，它們相當穩定，除非用清潔劑沖洗，否則它們會存留在衣物布料上。

在近年來最慘痛的住家火災案例中，汽油廠牌辨識成了定罪的關鍵。二〇一二年五月十一日清晨四點，德比郡阿倫頓市維克多路十八號的住家玄關起火。兩分鐘後，火勢蔓延到鋪設地毯的樓梯，沒有門板遮擋，直接燒進睡滿孩子的臥室。他們的父親米克・菲爾波特（Mick Philpott）撥打九九九：「救命！我的寶貝困在屋子裡！」五到十歲的五個孩子潔德、約翰、傑克、潔西、傑登（Jade, John, Jack, Jesse and Jayden）當場死亡，十三歲的杜威登（Duwayne）稍後死在醫院裡，死因都是吸入太多濃煙。

滅火後過了幾個小時，德比郡消防隊的麥特・李（Matt Lee）抵達現場，他的同僚在維克多路附近找到一個空汽油罐跟一只手套，李因此提高警戒，猜測這是一起縱火案。他搬開前門門板下的上層瓦礫，碳氫化合物探測犬開始狂吠。李採集這個區塊的灰燼，送交化學鑑識人員蕾貝卡・傑威（Rebecca Jewell）分析。

火災之後過了五天，過世孩子的雙親米克和梅里德（Mairead）召開記者會，感謝親朋好友的支持。然而他們的舉止讓警方起了疑心。警察局副局長史蒂夫．柯特李爾（Steve Cotterill）覺得米克的表現如同「興奮的孩子」，而不是悲痛無比的父親。「我以為他會完完全全地崩潰。在我看來，他的行為太可恥了。」稍後他如此表示。

警方派人二十四小時暗地監視菲爾波特夫婦。旅館房間的監聽器錄到米克告訴妻子：「妳一定要照著劇本做。」還有，「他們不會找到任何證據吧？妳懂我的意思嗎？」五月二十九日，菲爾波特夫婦因謀殺罪遭到逮捕起訴（稍後降級為過失殺人）。

接下來的六個月內，蕾貝卡．傑威收到現場以及被告衣物上的諸多樣本。在廢棄的塑膠水槽裡，她找到幾種混在一起的添加物，包括殼牌汽油。她在屋子門下的地毯找到汽油的痕跡，可是鋪在下方毯子的化學物質汙染了樣本，無法驗出是哪個牌子的汽油。她在米克的四角褲跟右邊運動鞋上找到殼牌汽油的添加物；在梅里德的內搭褲、皮帶、一隻涼鞋上，以及保羅．莫斯里（Paul Mosley）的衣服上找到道達爾汽油的添加物（保羅也遭到協助菲爾波特夫婦點火的控訴）。

二〇一三年二月開始審判，法官認為菲爾波特夫婦跟莫斯里想要嫁禍給麗莎．威利斯（Lisa Willis）。麗莎是米克．菲爾波特過去的情婦，曾在那棟屋子裡跟米克、他們的四個孩子、她跟之前的男人生下的第五個孩子、梅里德母子一起住了十年，最近搬離該處，帶著她的孩子去投靠姊姊。火災當天上午安排了監護權聽證會，米克．菲爾波特想把縱火罪行推到麗莎頭上，阻止她取得監護權、帶走他們的孩子。米克跟梅里德帶所有的孩子睡在同一間臥室，窗外放了梯子，計畫讓米克爬上去救他們，給予他受害者與英雄的形象。但火勢延燒得太快，沒機會爬進窗戶救孩子。法院裁定三名被告犯下一般殺人罪；梅里德跟莫斯里判處十七年徒刑，米克則為終生監禁。菲爾波特家火災的報導占據媒體版面好幾個星期，《每日郵報》的標題是「米克・菲爾波特：英國福利政策的劣質產物」。有人懷疑菲爾波特夫婦是否想利用孩子賺取每週十三鎊的育兒津貼，然而妮亞・尼克・戴依德的思路卻完全不同。「為什麼煙霧偵測器沒有驚醒孩子？」

她的一名碩士班學生參與過那場火災的調查。兩人決定他在碩士論文進行煙霧偵測器是否能叫醒孩童的研究。他們請三十名小孩的家長在夜裡的任意時刻觸發家中的煙霧偵測器。「百分之八十的孩子沒有醒來，即使警鈴就設在他們的臥室裡。」針對熟睡孩子設計的多頻偵測器派上用場的機率很低。可以讓為人母親自行錄製警示的幾款警鈴最有效。「母親說：『快起床！』孩子會對她尖銳急促的音調起反應。」現在他們的挑戰，是從火場調查員研究中學習教訓——妮亞的研究團隊正在和煙霧偵測器製造商打交道。

爭取監護權的欲望可能是縱火的獨特動機。另外還有更多普通的動機，包括復仇、騙取保險金、掩飾搶案，甚至是掩飾謀殺。不過試圖靠燒毀房屋來擺脫屍體，或是直接在屍體上點火（像是謀殺珍・隆哈斯特的凶手，見二四二頁）的犯人往往難以如願。任何一名火場調查員都會學到分辨人體單純被火燒過的痕跡，或是遭受到更惡劣對待的跡象。起火之後，無論被害者是否還活著，高溫都會導致肌肉緊縮，使得手腳彎曲成經典的「拳擊手姿勢」。失去水分的四肢變短，屍體重量降低百分之六十。臉部肌肉扭曲，四肢和軀幹的皮膚爆開，撕裂的痕跡會讓缺乏經驗的調查員誤以為那是死前的創傷。暴露在高溫中的骨頭會變脆，常在屍體從現場移往停屍間途中折斷。不過呢，就算屍體表面嚴重燒焦，體內的保存狀況往往出奇良好。接受火葬的屍體在攝氏八百一十五度的高溫下，經過兩個小時左右燒成灰燼。雖說火場溫度可達攝氏一千一百度，通常無法維持到足以湮滅犯行證據的程度。

有些人就是熱愛火焰，生火不需要特別的動機。他們是純粹的縱火狂，這種癮頭起初不太嚴重，但會漸漸加劇，難以克服。通常會跟性慾掛勾，成癮性變得更強。

一名極端的連續縱火犯從一九八四年開始，在加州不斷犯案，直到一九九一年落網才罷手。聯邦探員估計他在這七年間縱火超過兩千次。約瑟夫．溫伯（Joseph Wambaugh）以他為題材寫出《愛火者》（*Fire Lover*，二〇〇二）一書，HBO也在同一年拍攝過劇情片《浴火狂徒》（*Point of Origin*）。

這個故事要從一九八七年開始，貝克斯菲爾德消防隊的馬文．凱西隊長（Marvin Casey）到一間布料行救火，才剛抵達現場，他又被呼叫到城裡另一處起火的藝品店。第二起火災在整幢建築物燒垮前撲滅，因此凱西發現了延後時間的點火裝置——點燃的香菸與三根火柴一起裹在黃色筆記本紙張內，用橡皮筋固定。縱火犯將香菸稍稍抽起，底部與火柴頭相觸，在香菸燒完、引燃大火前，他有十五分鐘的時間可以開溜。

接下來幾個小時內，凱西聽說在佛雷斯諾發生了兩起火警（這座城市在九十九號公路另一端，離貝克斯菲爾德有一百六十公里遠）。感覺實在是太巧了，凱西懷疑是同一名連續縱火犯的傑作。有趣的是，火災之前佛雷斯諾才剛舉辦過一場縱火案件調查的研討會。

凱西將藝品店的點火裝置送去驗指紋，檢驗人員從黃色紙張上採集到完整的左手無名指指紋。他把這項資訊輸入全州與全國犯罪紀錄資料庫，沒找到相符的資料。

他開始天馬行空地思考。是不是參加研討會的哪個火場調查員回家前順便放了把火？他發現與會的兩百四十二名警官之中，有五十五人沿著九十九號公路獨自開車往南離開。他決定請聯邦調查局協助，打電話給佛雷斯諾的特別探員查克．葛連（Chuck Galyan）。「五十五名堂堂正正的縱火案調查員名字？我想馬文．凱西一定是腦袋哪裡不對勁。」葛連說道。案子就此走進死胡同。

兩年後，太平洋叢林市又舉辦了一場縱火案件調查研討會，幾乎在同時爆發一連串的火災，這回是沿著一〇一號公路延燒，從洛杉磯一路燒往舊金山。凱西難以置信。他查出參加過兩場研討會、同時又開車往南回家的警官只有十人。這回查克．葛連同意請指紋專家在公共安全人員的州立資料庫尋找相關指紋。經過資深專家比對，沒有符合的結果。

一九九〇年十月到一九九一年三月之間，大洛杉磯地區爆發新一波的連續火災，苦主都是連鎖零售商店，像是瑟瑞夫提藥局和建材大賣場。洛杉磯市立消防隊的葛林．盧瑟洛

（Glen Lucero）說：「這次的案件全都發生在上班時間。一般的縱火犯會以黑夜作為掩護。這是很不尋常的舉動，顯示犯人擁有高度勇氣與自信。」

到了三月底，火災達到最高峰。光是一天就有五間商店受害，某間中型藝品店的員工在火勢延燒前將之撲滅。調查員找到保存狀況良好的點火裝置，與凱西四年前在貝克斯菲爾德發現的一模一樣。之後又找到六組裝置，其中不少放在枕頭裡，讓縱火犯多了個暱稱：「枕頭縱火狂」。

調查人員知道他們面對的是聰明、經驗豐富、極度危險的犯人。他很清楚要在店鋪的什麼地方點火，提高延燒效率。店裡的人陷入高度危機，正如一九八四年南帕薩迪納市困在歐力五金行的人們。爆炸性的火焰從PU商品區燒起，創造出燒著藍色烈焰、嘶嘶作響的煉獄。當溫度超過攝氏五百度，可燃物又位於密閉空間，一陣閃燃便會引發爆炸，將嚴重燒毀的屍體炸出屋外。這場火造成四人死亡，包括一名中年婦女與她兩歲大的孫兒。

一九九一年四月，二十幾名警官組成「枕頭縱火狂緝捕小組」，負責串連加州各地的警察局追蹤這名縱火犯。三名調查員到貝克斯菲爾德探訪馬文．凱西，他連忙送上一九八七年採集到的指紋照片。這枚指紋已經過專家澄清沒有問題，調查員沒抱持太大的希望，不過枕頭縱火狂可能在過去四年間犯下其他罪行，於是他們將指紋送到洛杉磯治安官署給朗．喬治（Ron Goerge）。

治安官署的資料庫內有大量指紋，包括罪犯、郡內所有警官，以及任何應徵過警察的人。這回檢驗人員找到一筆相符的資料——在格蘭道爾消防隊服務二十年的縱火調查員約翰・奧爾隊長（John Orr）。起初調查小組不敢相信他是犯人，認定這枚指紋一定是交叉汙染的產物。四月十七日，朗・喬治打電話到枕頭縱火狂緝捕小組，對一名探員說：「是約翰・奧爾的指紋。他太粗心了。叫那個白痴別再經手證物。」

奧爾的指紋從一九七一年應徵洛杉磯警局警官時便登錄在資料庫裡。他的指紋沒有問題，可是前一份工作的推薦函就不太妙了。那份文件描述他「自命不凡、不負責任、不夠成熟」。進一步的心理測驗顯示他無法勝任這個職位，於是警局隨隨便便將他打發。不過約翰・奧爾接下來在消防隊的工作表現相當傑出：他一個人就指導超過一千兩百名消防員，籌辦火場調查研討會，還替《美國消防期刊》（*American Fire Journal*）寫過不少文章。奇怪的是，約翰・奧爾怎麼會接觸到遠在一百六十公里外的貝克斯菲爾德火場證物呢？

只有一個眾人難以接受的答案。緝捕小組開始監視奧爾，找他的同僚私下談話。其中一人曾經懷疑過幾次。他發覺奧爾擁有比任何人還要早抵達火場、迅速找到起火點的神祕能力（妮亞・尼克・戴依德前面解釋過，調查人員以系統性的方式檢查現場，最後才接近最可疑的區域）。可是奧爾的同僚大多無法相信此事。沒錯，談起他的調查成效時，他確實不怎麼謙虛，但他的調查技術了得，是他們的兄弟。

另一場研討會即將在聖路易斯－奧比斯保市舉辦。緝捕小組猜想奧爾可能會再次出手，想當場逮住他。週末兩天內，探員緊緊盯住他，一分一秒都不放過，可是他沒有跑去縱火，彷彿察覺到監視的視線。

到最後，是奧爾的虛榮心害了他。他寫了本小說，寄給出版社，附上令人印象深刻的自薦信。「我的小說《浴火狂徒》是以現實事件為藍本，依循一名真正縱火犯的犯案模式寫成。過去八年來，他在加州連續縱火，沒有人認出他的身分，或是發覺他的所作所為，未來應該也不可能。與真實案件一樣，我小說裡的縱火犯是一名消防員。」調查人員取得這封信時，他們無法相信自己看到了什麼。

手稿裡的縱火案件與枕頭縱火狂的許多犯行一致，連最小的細節也不放過，只有人名換了。主角是追蹤連續縱火犯艾隆的火場調查員。他拿犯案時機和消防員的班表比對，發現只有艾隆有辦法下手。

一九九一年十二月四日早上，探員來到約翰．奧爾家，從他車子駕駛座的腳踏墊下取出一本黃色筆記本，在一個黑色帆布包裡找到一包沒有濾嘴的駱駝牌香菸、兩排火柴、幾條橡皮筋以及一只打火機。

奧爾落網隔天，緝捕小組的麥克．馬塔沙（Mike Matassa）打電話聯絡一年來合作過的人士，其中一人是他的朋友縱火調查員吉姆．愛倫（Jim Allen）。吉姆曾對馬塔沙說：「你應該要查一查歐力的案子。你知道一九八四年十月，發生在南帕薩迪納那間歐力居家五金行的案子吧？約翰對那件事相當執著。他們判定是意外起火時，他氣瘋了。」掛斷電話後，馬塔沙靈光一閃。他跟小組成員都讀過《浴火狂徒》影本，記得第六章裡有一場火災發生在

「卡爾五金行」，死了五個人，包括一個小男孩。沒有人將這場火「歸功」於艾隆，於是他在附近五金行的聚苯乙烯商品上放火，暴露調查人員的無知。相互映照的事件太詭異了。

光是《浴火狂徒》的書稿還不足以定罪，但是加上其他證據——指紋、他車子儀表板下的追蹤裝置——約翰・奧爾犯下二十九起縱火罪、四起謀殺罪，被判終生監禁，不得假釋。他從未承認任何一樁罪行，不過《浴火狂徒》裡頭的火場調查員說得好：「連續縱火犯的契機通常是小時候的經驗，假如沒有及早防治，他們會不斷放火。等到他們長大，又多了性慾的色彩。告訴你，他們缺乏安全感，無法與人建立直接的、一對一的關係，火焰成了他們的朋友、導師，有時候更是他們的情人。準確來說，是性伴侶。」

第三堂　昆蟲學

狡詐凶手
將因鴉鵲的玄奧線索
事跡敗露。
——《馬克白》（*Macbeth*），第三幕第四場

想了解死者是如何踏上絕路，這並不是近年才掀起的風潮。超過七百五十年前的一二四七年，中國官員宋慈撰寫了法醫手冊《洗冤集錄》，書中收錄了史上第一個刑事昆蟲學——也就是使用昆蟲來解決案件的科學——的案例。

被害人在路邊遭人捅死，法醫查驗死者身上的傷痕，拿牛的屍體來測試各種刀具，得出凶刀是鐮刀的結論。然而，傷口的成因與辨認揮刀人身分還有很長的距離，於是法醫轉為研究可能的動機。被害人身上的財物完好如初，搶劫不是殺人目的。根據遺孀的證詞，他與人無冤無仇，可能性最高的動機是死者無法擺平最近來找他討債的債主。

法醫將矛頭指向債主，對方堅稱凶殺案與他無關。可是法醫就和電視上的警探一樣不屈不撓，他命令這一帶的七十名成年人排成一行，自己的鐮刀放在腳邊。每一把鐮刀上都看不見血跡，但不到幾秒鐘，一隻蒼蠅被些微血跡引來，直直落在債主的刀刃上。第二隻、第三隻蒼蠅也來了。法醫再次逼問，債主「叩首伏罪」，將實情全盤托出。儘管他努力清洗刀刃，掩飾罪行的如意算盤全被在他腳邊嗡嗡飛行的告密蟲搞砸了。

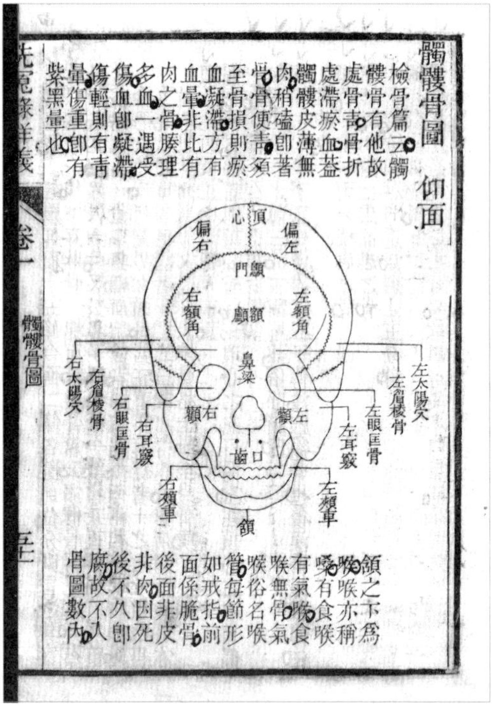

十九世紀版的《洗冤集錄》內頁，這是中國的法醫學教科書，最早的版本由宋慈於十三世紀編纂。數百年來，這本書一直是東亞驗屍的指南標準。

《洗冤集錄》是全世界最早的法醫專書，七百多年來不斷更新、改版，直到上個世紀，中國官員還是會帶這本書到犯罪現場查閱。十六世紀初，第一批葡萄牙商人抵達中國，當地衙門在完成繁複的調查前不會輕易定罪的作法令他們深感敬佩。現代的刑事昆蟲學家靠的是更廣泛深入的專業知識，但這則案例仍舊是當年震撼了葡萄牙商人的仔細辨案縮影。

犯罪調查過程中，刑事昆蟲學的主要用處往往是估測死亡時間，這是檢視嫌犯的不在場證明、判斷他們是否有罪時的關鍵資訊。這項程序奠基於一個噁心的事實：屍體是一頓美味大餐。

法醫病理學家（見第四堂）檢視屍體時，他們會先藉由死後僵硬、屍體溫度變化、器官腐敗程度來判斷死亡時間。過了四十八至七十二小時，這些指標會失準，不過現場昆蟲提供的時間紀錄可以持續更久。不同的昆蟲不會同時來用餐；牠們抵達的順序自有一套規則。昆蟲學家被找來運用他們的學識，透過這套程序來估計死亡時間，昆蟲王國在不知不覺間幫助死者提出極具說服力的證據，逮到殺害他們的凶手。

大部分的刑事昆蟲學家並非秉持著獻身司法的熱情入行，他們的焦點是昆蟲的生態。要花上許多年才能學會解讀昆蟲世界的專業能力，在法庭上提出堅不可摧的罪案證據。不過呢，熱情昆蟲學家的目的——挑選適當的對象，仔細分類，揭露某些特殊行為的原因，發現證明理論的證據——與健康的法律體系不謀而合。

尚・皮耶・麥格寧（Jean Pierre Megnin）是現代刑事昆蟲學發展的關鍵人物。他和宋慈相同，寫了一本出奇熱門的作品《屍體上的動物》（*Les Faune des cadavres*），於一八九三年出版。麥格寧是法軍的獸醫，這是個完美的職位，讓他得以記錄昆蟲在死者身上開疆闢土的固定程序，辨識出數百種受到動物屍體吸引的蟲子（稍早出版的著作《墓穴裡的動物》〔*Faune des Tombeaux*〕中有詳細敘述）。他畫出許多物種，特別是蟎類和蠅類從幼蟲到成蟲的各個發育階段，將他的圖稿公開出版。

麥格寧仔細觀察，檢視昆蟲隨著時間所發生的變化，這些作法成為萌芽時期的刑事昆蟲學原則。極度謹慎的態度給予昆蟲與死者關係空前的法律地位；麥格寧在法國曾經以專家證人的身分參加十九個案子的審判。可是，昆蟲學依舊被旁人當成鑑識學中的雕蟲小技、旁門左道。最大的問題在於昆蟲學家必須考量許多變因——氣溫、屍體的姿勢、土壤成分、氣候和植被，而且十九世紀也缺乏適當的研究工具。即便如此，麥格寧給予歐美科學家莫大的啟發，他們一路努力至今，就為了辨識出更精確的昆蟲種類，更深入了解牠們的成長階段。

一九八六年，倫敦自然史博物館的昆蟲學家肯・史密斯（Ken Smith）將自己的著作《刑事昆蟲學手冊》（*A Manual of Forensic Entomology*）獻給尚・皮耶・麥格寧。這本書可說是扭轉乾坤的鉅作。史密斯整合了所有熱愛腐肉的昆蟲資訊（特別是蠅類），提出比以往還要精確的推測死亡時間方式。這本手冊相當實用，適合帶到調查現場查閱。書中描述下葬的、暴露在外的、水中的各種屍體，會依序遇上哪些昆蟲。史密斯也是傑出的分類學家，他提出的辨識法則沿用至今。將手冊與法則相互搭配，便能判斷蒼蠅一開始是在何處找到屍體，即使屍體在那之後換了位置。

肯．史密斯在自然史博物館的後繼者是馬丁．哈爾（Martin Hall），這位高大的學者大步走過博物館展覽室，熱情又有趣的評論源源不絕。他對於館內三千萬件昆蟲標本的熱愛顯而易見，在言談之間感染旁人。

博物館的勤務與刑事昆蟲學家的任務相互交錯。他的手機隨時會收到警方求援，要他拋下手邊工作，衝到犯罪現場。他說：「從屍體上採集昆蟲不是什麼愉快的體驗，可是專業領域的興致會奇蹟似地克服一切。」

馬丁從小便對昆蟲燃起愛火，他在東非的尚西巴島上長大。在那裡，他學到懸在床上的蚊帳功能不是阻擋蚊蟲，而是把蟲子關在他的世界裡。每天晚上睡去時，竹節蟲、螳螂，甚至偶爾還有蝙蝠客串，或爬或飛地掠過他的昏沉腦海。

他到英國讀書後，又回到非洲研究采采蠅生態七年。某天，他在草原上看到一具成象的龐大屍體，血肉間爬滿無數的蛆蟲。過了一個星期，他繞回原處，發現只剩下空蕩蕩的骨架。又過了一個星期，大群綠頭蒼蠅如同雲雨般聚集在骨架上頭。「太不可思議了。雖然還有其他如鬣狗、禿鷹之類的腐食動物，但蛆蟲大概啃掉了四到五成的大量象肉。」一頭大象變成一百萬隻蒼蠅，一名初出茅廬的昆蟲學家即將走上碩彥坦途。

現在，他對研究的熱情將他遇到的每一個人緊緊相繫。去博物館拜訪他時，他帶我繞到後場，爬到能夠俯瞰倫敦市區的哥德風高塔頂上。不過我不是上去看風景的。馬丁要我瞧瞧他和研究團隊設計的實驗，他們想要拓展知識的領域。在那個世界裡，熟悉的事物被賦予了完全不同的意義。豬頭裝進手提行李箱，探究哪種蒼蠅會穿過拉鍊隙縫產卵。狗籠關著腐敗的小豬屍體。三明治保鮮盒盛滿要保存的蛆蟲。侷促不安還不足以形容當下的感覺。大家應該不會意外事後我婉拒了他送上的三明治……

博物館的昆蟲收藏品之中，有幾件富含歷史意義。馬丁拿了個標本罐給我看，壓低嗓音跟我說：「這些蛆來頭不小。是從巴克．魯克頓（Buck Ruxton）的案子留下來的。」

巴克．魯克頓是英國犯罪史上惡名昭彰的罪犯。該案為鑑識科學的許多層面立下里程碑，不過要像馬丁．哈爾這樣的刑事昆蟲學家，才知道那是英國第一起昆蟲真正立下破案大功的案件。如此撼動人心的案件占據了一九三五年秋季報刊的每一個版面。

巴克．魯克頓具有拜火教徒與法國混血兒身分，在孟買取得醫師執照，之後到北英格蘭安頓下來。他與名叫伊莎貝拉（Isabella）的蘇格蘭女子（外人稱她「魯克頓太太」）以及他們的三名年幼子女同居，是蘭卡斯特第一位非白種人的開業醫師，非常受歡迎，貧困的病患特別喜愛他。

某個星期日早晨，魯克頓醫師打開前門，一個瘦巴巴的九歲男孩站在門外，他背後的母親一臉期盼，摟著他遮擋秋季寒風。「抱歉，今天我不能動手術。」醫師說：「我太太去蘇格蘭了，這裡只有我跟我們家小女僕，現在正忙著拆掉地毯，等裝潢工人早上過來施工。你們看我的手有多髒。」母子倆悶悶不樂地轉身離開，作母親的心下納悶為何醫師伸出的那隻手看起來如此乾淨。

魯克頓家中有個十九歲女僕瑪莉・羅傑森（Mary Rogerson）。那對母子來醫師家門口求診後過了幾天，她的家人通報她失蹤。警方來拜訪魯克頓醫師，他宣稱妻子帶著女僕去黑潭，還有他懷疑伊莎貝拉在外頭有了新歡。這些證詞與伊莎貝拉最後的目擊紀錄相符，有人看她跟朋友聚會後，在深夜十一點半開車離開黑潭。她喜愛玩樂的個性在魯克頓夫婦之間引起激烈爭執，魯克頓醫師不斷指責妻子不貞，瑪莉不時看見他忌妒發怒。

警方第二次上門時，魯克頓宣稱伊莎貝拉跟瑪莉去愛丁堡了，可是他無法阻擋蘭卡斯特人們的流言蜚語。雖說魯克頓在那一帶廣受敬重，可是謠言指出他與妻子的爭執在那年夏季愈演愈烈，兩人的失蹤背後或許存有不祥的氣息。

接著，到了九月二日，一名女性從卡萊爾走向愛丁堡，越過莫佛特附近的一座橋時，她驚駭地發現有一根人類手臂從橋下的河岸豎起。警方抵達現場，他們找到三十個用報紙包裹的人體殘片。接下來的幾天內，警察和協助搜尋的義工找到其他身體部位。最後總共有七十塊碎片，來自兩具屍體。它們被切得這麼碎，幾乎可以判定是為了避免身分被認出——指尖都切掉了——動手的人對人體解剖頗有心得。

警方發現有些蛆蟲正在吃腐敗的肉塊，然後將牠們送去愛丁堡大學。昆蟲學家判斷牠們是某個種類的綠頭蒼蠅，縮短了死亡時間範圍（原本只能判斷是在十至十二天前棄屍），於是警方把這些屍塊與伊莎貝拉和瑪莉的失蹤連結起來。

這個案子的開端很驚悚，不過對巴克．魯克頓不利的證據不只是這些蛆蟲。來自格拉斯哥大學與愛丁堡大學的解剖學家和法醫病理學家費了一番工夫拼湊受害者的屍體，他們拿伊莎貝拉生前的照片與其中一顆頭顱重疊比對，結果是吻合的。某些屍塊包在《週日畫報》的特別版面內，這份報紙只在九月十五日的蘭卡斯特／莫克姆地區販售。某些部位是用魯克頓家孩子的衣物包裹。

魯克頓顯然沒有他預期的那樣冷靜。他匆忙離開那條河，開車回蘭卡斯特的路上撞倒一名腳踏車騎士。對方抄下車牌號碼，讓警方直接找到巴克．魯克頓名下的車輛。那場意外的日期與蛆蟲和《週日畫報》這些證據配合得天衣無縫。

最後一片拼圖是當地的地形。那條河曾在九月十九日淹大水，屍塊一定是在那之前棄置於河邊，因為某些部位——比如說插在岸上的恐怖手臂——散在河水淹過的區域邊緣。

巴克．魯克頓遭到逮捕，判決犯下謀殺罪。犯案後過了九個月，他在曼徹斯特的斯傳吉威監獄吊死。我們永遠無法釐清一名醫師成為「拼圖殺手」的情境，不過根據驗屍報告，魯克頓很有可能徒手勒死妻子，女僕則是喉嚨被割斷，也許是想在她撞見犯案現場後要她安靜閉嘴。

昆蟲證據只是拼出凶手罪行的馬賽克圖案中的一片瓷磚，可是魯克頓一案成功結合了各個領域，增加社會大眾與專業人士對鑑識科學效能的信任，刑事昆蟲學便是其中之一。人們學到，即使巴克．魯克頓不用當地報紙、改拿白色紙袋包裹屍塊，即使他的車沒有撞上腳踏車，即使河水沒有淹上岸邊，那些蛆蟲也會讓辦案的矛頭指向他。許多人就此受到了昆蟲學吸引。

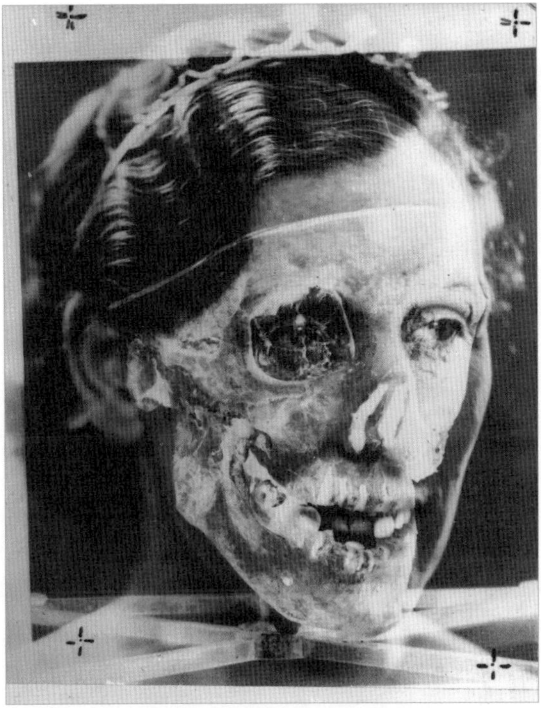

伊莎貝拉．魯克頓的臉與河邊找到的顱骨重疊比對，讓巴克．魯克頓啞口無言。

馬丁・哈爾大半人生奉獻給綠頭蒼蠅，這是最常與屍體掛勾的昆蟲類別，目前已知有超過一千種。馬丁認為綠頭蒼蠅是鑑識界的「黃金標準指標」，原因如下：牠們嗅覺敏銳，可以在一百多公尺外捕捉到最小滴的鮮血，或是最淡的腐敗氣味；牠們能比其他昆蟲還迅速地住進屍體；牠們的成長階段已經受到全面研究與記錄，通常可以提供最精確的死亡時間；因為英國境內有許多地域性物種，能用牠們來標記謀殺案的地點，即使是在別處尋獲屍體。

其他昆蟲原本只使用嗅覺，等到接近食物時切換成視覺，綠頭蒼蠅可不一樣，牠們在踏上目標前都會努力嗅聞，因此要瞞過綠頭蒼蠅棄屍是相當困難的一件事。比如說，有具屍體藏在地板下，腐敗的氣味將會漸漸滲過空心磚，蒼蠅鑽過磚縫，找到屍體。

就算屍體完全密封，棄屍地的指標依舊清晰無比。美國印地安納州警方幾年前在尋找失蹤者途中，發覺有一群摸不著腦的蒼蠅盤旋在一座掩蓋的井上。失蹤者遭到謀殺，凶手把遺體丟進井裡，封好井口，阻止蟲子進入，卻擋不住一絲腐臭飄出。蒼蠅的行為有如可動式墓碑，受到人類鼻子完全聞不到的氣味吸引。

歐巴馬二〇〇九年入主白宮後不久，一場由CNBC電視臺現場轉播的訪談上，一隻綠頭蒼蠅在他的腦袋周圍盤旋，最後落在他的左手背，他馬上揮起右手拍死蒼蠅。「大家一定忘不了這一幕。我做掉了這個混帳。」他說。到了二〇一三年，另一隻蒼蠅也在他身上落腳，這回選中了他的兩眼之間，被記者拍成絕妙的畫面。不過呢，馬丁・哈爾看到這類情景時，他的腦袋轉個不停，思考假如總統沒有打死蒼蠅，接下來會發生什麼事。「牠們會繼續探索他的身體，如果是肚子裡一堆蛋的母蒼蠅，便會尋找合適的產卵處，通常是頭上的孔竅，鼻子、眼睛、嘴巴之類的地方，在那裡產卵。」

然後就熱鬧了。一七六七年，現代生物分類學之父卡爾·林奈（Carl Linnaeus）觀察到「三隻蒼蠅吃光一具馬屍的速度堪比獅子」。他會見識到這幅驚人景象，要歸功於法蘭西斯科·雷狄（Fancesco Redi）替他打先鋒。一六六八年，這位義大利科學家藉由一系列的實驗證明蛆是來自蒼蠅卵。在他之前，人們以為屍體上自然會長出蛆蟲。

一隻母蒼蠅產卵後，生物時鐘開始走動。盛夏時節，一顆典型的英國綠頭蒼蠅卵放個十五天就會變成蒼蠅。經過一天，卵孵化成蛆，用嘴裡的兩根鉤子撕碎扒動腐肉。蛆的進食和呼吸器官位於身體的相反兩側，牠可以二十四小時不斷同時進食與呼吸。孵化後的四天內，牠狼吞虎嚥，身體成長十倍，從兩公釐長到兩公分。

這隻肥嘟嘟的蛆蠕動離開屍體，找個不容易遭到腐食鳥類或狐狸吃掉的陰暗處躲好。如果牠美味的育嬰室位於戶外，牠就往土裡鑽個十五公分；如果是室內的話，衣櫃底下或是樓板間的隙縫也不錯。在安穩的黑暗中，蛆變成蛹，第三層與最外層的皮硬化成殼。十天後，成熟的蒼蠅破蛹而出，假如是室外，牠得要爬回地表，投奔自由。這只是小事一樁，蒼蠅讓頭部的囊充滿血液，這個氣球狀的硬塊內外震動就能鬆開土壤。一碰到空氣，蒼蠅抖開縐巴巴的翅膀，幾乎馬上就能交配。出生兩天的母蒼蠅可以產卵，有時候就是生在養育她的那具屍體上——不過蛆會在一個星期內吃掉百分之六十的人類屍體，這個時候大概已經沒剩多少好料了。

警方會找馬丁・哈爾到各種地方，無論是林地、臥室、巷道、海灘，他都會遇見一群群嗡嗡飛舞的蒼蠅，能看到、聞到毋庸置疑的類別。「有時候會看到像是『甜美的腐朽味』這樣的描述，那確實可能是無法抵禦的香甜氣味。我曾經遇過一個案子，死者露出睡袋的上半身完全化為白骨，下半身則看起來剛死沒多久。接近現場時還沒有那麼難耐，可是一拉開睡袋，那股氣味排山倒海朝你襲來。不只是屍體，還要加上大快朵頤的蛆蟲。牠們會製造出同樣難聞的強烈阿摩尼亞氣味。」

犯罪現場勘察人員有時會從屍體上採集昆蟲標本，送交昆蟲學家檢驗。馬丁・哈爾偏好親自拜訪現場，如此一來便能確保標本和現場資訊在法庭都派得上用場，也有機會搜索其他人可能會漏掉、或是完全沒想到的地方。他在屍體各處尋找蛆蟲，往土裡挖掘蟲蛹。他想找到在場最久的樣本，牠們能揭露蒼蠅最早找到屍體的時間，由此推算這個人至少死了多久。馬丁將一些蛆丟進滾水，以酒精保存，其他的留下活口。愈是溫暖、蛆就長得愈快，所以馬丁在現場放置氣溫觀測箱，記錄接下來十天內每個小時的溫度變化。他還查閱過去兩、三個星期內現場附近的氣象站紀錄，這樣就能大致知道蛆蟲生長時的氣溫。

回到實驗室，馬丁得要辨識採集的蛆蟲種類，這是一大關鍵。「就算是相當接近的物種，發育的速度也不同，如果弄錯了，就會給予警方錯誤的資訊。」他培育活下來的蛆，直到牠們長成蒼蠅，印證他原本的判斷。他仔細觀察蛆蟲的外觀，評估牠們的生長階段。將評估結果加上氣溫資料，他往回推算蒼蠅媽媽產卵的時間點，通常這是關鍵情報，也是昆蟲學家對鑑識謎團最有價值的貢獻。

假如屍體已經擱置超過七天，蛆蟲都已結成了蛹的話，該怎麼辦？昆蟲學家可以回溯到一個星期以上的時間嗎？昆蟲學家正在拓展對昆蟲的了解，漸漸學會要如何讀懂蛹身上的生物時鐘。

蛹要花十天化為成蠅，這個變化的過程正是過去人們覺得昆蟲神祕之處，數百年來激發無數詩人與昆蟲學家的靈感。因為過去無法穿過不透明的外殼親眼看見蛹的變化，不過現在有了Ｘ光和迷你ＣＴ掃描器，馬丁跟他在自然史博物館的研究團隊正在扭轉這個劣勢。他曾經協助判定許多種類的綠頭蒼蠅幼蟲的成長速率，現在注意力移到蛹的成長上頭：「在第三十小時的時候，我拍攝樣本的Ｘ光影像，裡面還是幼蟲組織。才過了三個小時，我去喝杯茶回來，樣本已經完全變形了。先前整條分不出部位的幼蟲，現在可以看見清晰的頭、胸、腹，以及正在發育的腿跟翅膀。」

擁有如此厲害的技術撐腰，刑事昆蟲學家可以面對現今凡事追求精確的潮流，這是個很誘人的想法。可是陪審員和昆蟲學的學生不該受到誘惑。一九九四年，ＢＢＣ節目《目擊證蠅》（*The Witness was a Fly*）裡有一段卡通，夏洛克．福爾摩斯會用的放大鏡懸在一隻蛆上方。那隻蛆舉起大字報，上頭印著「星期五下午三點，謀殺」。那段卡通確實讓人印象深刻，只不過它也誤導了觀眾。蛆無法告訴我們謀殺案發生的時間，只能透過牠們推測出蒼蠅何時在屍體上產卵，代表在那個時間點受害人已經死了。在溫暖的夏季，或許有可能縮小範圍到星期五之類的；現在技術愈來愈進步，也可能進一步將範圍縮到星期五下午。但是期待昆蟲學家能提出精確的死亡時間，就像是要求氣象預報員在十一月就咬定聖誕節會下雪。有諸多變數會影響精確度。

其中一個變數是源自蛆蟲的群聚特性。牠們喜歡成群取食，構成一團熱呼呼的搖滾區，也就是所謂的「蛆團」。牠們四處爬行時會留下鹼性分泌物，將組織拆解成含氨黏液。牠們的消化活動旺盛，使得屍體溫度升高，有時甚至高達攝氏五十度。這對綠頭蒼蠅而言再好不過了，溫暖的環境能加速牠們的生長，但同時也讓昆蟲學家頭痛不已，難以記錄牠們的活動軌跡。不過，蛆蟲要到生長階段後期才會散發高溫，因此昆蟲學家愈早取得蛆，蛆團的影響就愈小。

如果找不到年紀最大的蛆（因為牠們已經長成蒼蠅了），昆蟲學家還可以參考尚．皮耶．麥格寧在十九世紀提出的理論：昆蟲入住屍體後的行為是可以預測的。當屍體開始乾燥，不同的蠅類，像是酪蠅、肉蠅、蚤蠅，就會前來居住。要是屍體乾到蛆蟲嘴裡的鉤子耙不動，就換擁有強力口器的甲蟲上陣，牠們吃乾肉、皮膚、韌帶。最後，蛾的幼蟲和蟎類前來料理毛髮，只留下象徵生命曾經存在的骨骸。這些昆蟲有自己的時刻表，供昆蟲學家運用，估測死亡後過了多久。

一八五〇年，一名巴黎的鍍金工人在爐架後方找到木乃伊化的孩童屍體。警方原本懷疑住在該處的年輕夫婦，不過等到貝格瑞特．亞伯斯博士（Bergeret d'Arbois）檢查昆蟲證據時，他提出異議，說那具屍體曾在一八四八年遭到肉蠅「開採」（這種蒼蠅和大部分的蠅類不同，屬卵胎生——也就是說，牠們會在屍體或開放性傷口內生下孵化的蛆，而不是卵），蛾類在一八四九年到乾燥的屍體上產卵。於是嫌犯換成前任住戶，他們遭到逮捕並定罪。

在某些案例中，調查人員面對的難題不是死亡時間。莫西塞德郡最近有一件案子，警方搜查嫌犯屋子時收集到大量蛹殼。他們猜想是來自閣樓裡的死鴿子，可是數量大到讓人起疑。那些深棕色蛹殼無法接受審訊，查不出它們是何時被新生的蒼蠅鑽破。這時有人靈機一動，把蛹殼送去做毒物檢驗，結果讓人大吃一驚，裡頭竟然含有少許海洛因代謝物。還沒有聽說過哪隻鴿子會嗑藥，於是上級下令深入檢驗。馬丁解釋道：「蛆蟲是在整鍋ＤＮＡ裡頭進食，牠們的身軀沾上死者的組織。蛹殼等於蛆的老舊外皮，或許還留有人類組織。」經過進一步的檢驗，蛹殼上驗出少許人類ＤＮＡ，與一名通報失蹤的毒蟲相符，加上其他證據，屋主確定犯下謀殺罪，獲判終生監禁。他有辦法丟棄屍體，卻無法要求目擊證蟲閉嘴。

刑事昆蟲學最常見的用途是提出左右審判結果的死亡時間。某天在公園裡，十歲英國女孩莎曼珊（Samantha）遇到一名三十歲左右的男子。他給她一些零食，跟她交朋友。她回到家，告訴母親這件事，她母親似乎不太在意女兒的新朋友。過了一陣子，莎曼珊又遇到那名男子，這回他邀請她到家裡玩。沒有發生任何壞事。兩人固定見面，出門散步、看看電視，有時還有男子的男性和女性朋友在場。不久，莎曼珊的母親跟男子開始交往，幾個星期後，他開始性虐待莎曼珊。屋裡充滿尖酸的怨恨，三人展開激烈爭執，然後，莎曼珊失蹤了。

警方展開搜索，最後在某間醫院的工地裡找到埋在瓦礫碎磚中的女孩屍體。她的頭顱左側遭沉重鈍物狠狠撞擊，知名刑事昆蟲學家薩卡利亞・厄金里歐魯（Zakaria Erzinçlioğlu）受託到現場勘驗。他發現一些剛產下的卵以及細小的綠頭蒼蠅蛆，證明女孩在最後一次旁人看到她跟男子共處之後隨即遇害。男子在法庭上辯稱無罪，但是在辯答過程中，專家證人提出蛆蟲證據後，男子頓時崩潰認罪。他是在爭吵中為了讓女孩閉嘴才動手，因為她威脅要向母親告狀，說出他的惡行。

薩卡・厄金里歐魯在三十年鑑識生涯中協助破了兩百起凶殺案，寫過更多調查報告，筆鋒詼諧的回憶錄《蛆蟲、謀殺、人類》（*Maggots, Murder and Men*，二〇〇〇）比書名還要精采。舉例來說，他記錄了芬蘭的一起事件。某天早上，一名政府官員踏進辦公室，發現地毯邊緣下有好幾隻肥大的蛆。他找來清潔人員，問她上回清掃辦公室是何時。聽到她說「昨晚」，他勃然大怒，指控她撒謊。他怎麼也無法相信這麼大的「蟲子」能在一夜之間冒出來。他當場將她解雇。

該名官員秉持著官僚作風，保留幾隻蛆蟲，趁機亮給一名赫爾辛基大學的教授看。他認出那是遊蕩期的綠頭蒼蠅幼蟲。牠們已經吃飽（食物可能是死在屋內某處的老鼠），蠕動著尋找結蛹的好地方，牠們確實能在一夜之間爬進官員的辦公室。官員懊悔又自責，聯絡他的前員工，請她回到原本的職位。

到頭來，重點是如何讓科學為正義效勞；如何讓在實驗室的抽象世界裡費盡千辛萬苦才得出的真理，套用在犯罪現場黑白分明的真實世界。「在學術環境中，不會遇到這種事情。」馬丁解釋道：「不過，如果我對昆蟲的認識可以幫助警方確認死亡時間，那就真的是太爽快了。不只是昆蟲學家，許多科學家埋頭研究多年，卻看不到自己的所作所為得出任何結果；而我能夠在一、兩個月內得知自己真的有所貢獻。」

馬丁也想起了約克郡的某個案子，老先生賤價賣光上好的古董家具，陌生買家靠一張嘴進了他家。那個騙子一口咬定家具長滿蛀蟲，指著地板上的蛆蟲說是證據，就這樣帶走戰利品。老先生心煩不已，找上鄰居，對方看到那些蛆還在地上，裝起來送交警方，最後落到馬丁手上。他立刻認出那是俗名叫做長腿叔叔的大蚊幼蟲，牠們喜歡吃草根，對木頭毫無興趣。

馬丁說：「幸好騙走家具的傢伙逮到了，物歸原主。說起老先生重獲家財的興奮模樣，就連粗獷的約克郡警察也真情流露。」所以說，快樂結局奠基在正確的知識上頭。不過昆蟲學的證據有時很難掌握，特別是在針鋒相對的法庭上。

二〇〇二年二月一日星期五，在加州的聖地牙哥，布蘭達・凡・丹姆（Brenda Van Dam）跟兩個朋友上酒吧，留她丈夫照顧三個孩子。布蘭達凌晨兩點回到家，隔天早上想去叫孩子起床時，發現七歲大的女兒丹妮兒（Danielle）從臥室裡消失無蹤。她陷入恐慌。她是在昨晚見到丹妮兒最後一面，當時女兒正在寫日記，她父親和兄弟則是在打電動。

警方詢問鄰居，發現與凡・丹姆家隔了兩棟房子的工程師大衛・威斯特菲德（David Westerfield）週末曾經開露營車出門。附近幾戶人家都沒有外出。警方進一步了解丹妮兒和她母親幾天前曾到威斯特菲德家門口賣女童軍餅乾。二月四日起，警方安排二十四小時警力監視他，也調查他的露營車，找到兒童色情影片，一些丹妮兒的毛髮、指紋、一灘她的血液。經過數百名義工的協助之下，丹妮兒赤裸的屍身在二月二十七日尋獲，地點是路旁乾燥的灌木叢。她的皮膚萎縮變硬，幾乎完全木乃伊化。

昆蟲證據成為審判庭上的關鍵，還史無前例地傳喚四名昆蟲學家出庭。丹妮兒體內只找到幾隻蛆蟲，被告聘請的昆蟲學家說蒼蠅一定是在二月中產下卵。被告律師表示，到了那一週，威斯特菲德已經遭到警方監視，不可能跑去棄屍。控方律師則是指控被告方的昆蟲學家用了錯誤的天氣資料。他輕蔑地問他拿了多少錢，暗示他是「打手」，引發對方痛罵，法官宣布提早休庭。

控方找來的昆蟲學家推測，綠頭蒼蠅是在二月九日到十四日之間接觸屍體，距離威斯特菲德遭到監視的二月四日還是有一段差距。可是他們主張，或許有其他要素能夠解釋蒼蠅延後抵達，以及屍體上的昆蟲數量為何如此之少。極度乾燥的天氣——一百多年來最乾的一季——抽乾了丹妮兒身上的水分，破壞蛆蟲的胃口。說不定她身上原本蓋著毯子，之後被野狗叼走了。說不定螞蟻搬走最早落在屍體上的蒼蠅卵和蛆。這些說法都遭到被告方的昆蟲學家反駁。

大衛・威斯特菲德被判犯下綁架與謀殺罪，成為死刑犯。在加州，宣判與處刑之間的平均等待時間是十六年。直到今天，他仍舊不斷主張自己無罪。二〇一三年，他正式要求重新開庭，目前最高法院尚未受理。（編按：本書出版時間為二〇一四年。）

二〇〇二年二月，聖地牙哥高等法院答辯聽證會上的大衛・威斯特菲德。他聲明否認謀殺七歲大鄰居丹妮兒・凡・丹姆的指控。

威斯特菲德一案中四名專家相互矛盾的結論確實影響到刑事昆蟲學的名聲。無法證明其中有人是「打手」。他們同樣面對難度極高的環境與變數：僅有少許蛆蟲樣本、極端天氣的資料充滿出入、媒體緊迫盯人。只有一名昆蟲學家真正有機會到現場檢驗屍體。合作通常是實踐科學的最佳途徑。假如那些科學家能夠在沒有壓力的環境之下，比對彼此的發現——現在在英國體系中是常見的狀況——他們估算的棄屍時間範圍很可能會縮小。

從巴克．魯克頓一九三五年的「拼圖謀殺案」開始，英國社會大眾對刑事昆蟲學的信心穩定成長。現在還要感謝全球熱賣的電視劇，像是《CSI犯罪現場》中主要角色吉爾．葛瑞森就不時利用昆蟲來破案，目前刑事昆蟲學的能見度已經比過去還要高了。現實生活中的昆蟲學家不斷摸索其他驚為天人的技術，運用專業知識萃取出鑑識證據。美國最近的某個案子裡，是靠著黏在擋風玻璃上的昆蟲來釐清嫌犯的動向。

然而這些突破性的技術並非常態。刑事昆蟲學家的武器多半還是經過統合的大量詳細資訊，以及分辨在大多數人眼中長得一模一樣的昆蟲的能力。支援鑑識的昆蟲學家踏入了充滿情緒、複雜知識的領域。他們將知識和技術延展到極限，努力解讀顯微鏡下的生物時鐘。無論物種為何，要求線民吐出祕密絕非易事。

第四堂 病理學

想剝奪死亡最大的優勢，我們得要與普通人恰恰相反；讓我們剝奪死亡的陌生；讓我們與它熟悉，讓我們習慣它，讓我們心中時時刻刻掛記著死亡。

——《隨筆集》（*Essais*），米歇爾·德·蒙田（Michel de Montaigne），一五八〇

詩人約翰·鄧恩（John Donne）提醒我們：「任何人的死亡都令我削減，因為我是人類之中的一分子。」儘管這番話蘊含道德教訓的意味，我們不能否認突如其來的悽慘死亡若是與自己有些關聯（無論關係有多遠），都會令我們深受影響。跟我讀同一間牛津大學裡的女子學院大學生瑞秋·麥可林（Rachel McLean）便是如此。雖說我根本不認識她，卻還是無法擺脫那股遠親一般的連結感。

瑞秋·麥可林就讀聖希爾達學院，她在十九歲那年成為約翰·譚納（John Tanner）的女

友。兩人交往十個月後，譚納在一九九一年四月十三日向她求婚，任何一個女孩子都會想跟身旁朋友提起如此重大的事件。可是在接下來的幾天內，她在聖希爾達學院，甚至是整間大學內的朋友都沒有見到她。瑞秋是個認真學習、友善坦率的女孩，沒有人相信她會這樣不告而別。譚納打電話到她的住處，說他想跟她聊聊，但是跟她分租房子的朋友說她也不知道瑞秋去哪了。

過了眾人憂心忡忡的五天，學院高層向警方通報瑞秋失蹤。他們聯絡在諾丁漢大學念書的譚納，他說最後一次見到瑞秋是在一九九一年四月十四日晚上，當時開往諾丁漢的火車要發車了，她在牛津站月臺上向車廂裡的他揮手道別。他們在車站賣店遇到的長髮年輕男子答應開車送她回亞皆老街的住處。

譚納完全配合警方，協助搜索，參加他離開牛津站之後的監視錄影重建行動，試著勾起可能看過瑞秋的人的回憶。他應該是第一個連錄影行動都參加的殺人凶手。在「真情流露」的記者會上，他對朋友和記者表示他跟瑞秋深愛彼此，準備要結婚了。

但警方懷疑譚納有所隱瞞，於是請記者提出關鍵疑問，像是「你有沒有殺害瑞秋」。他缺乏情緒、硬擠出微笑的表現，使得警方更確信他知道的遠超出他願意透露的部分。

他們搜索了亞皆老街上瑞秋跟朋友合租的房子。所有東西都擺得整整齊齊，地板沒有損壞，毫無半點可疑的跡象。警探拚命想找到足以逮捕譚納的證據，或者至少對他施加一些壓力。潛水夫搜查徹維爾河，其他員警翻找附近的灌木叢。

他們聯繫當地自治會，確認那棟房子是否曾經有地窖。自治會回應雖然沒有地下室，但那條街上有些屋子進行過墊高工程，也就是說地板下會多出一些空間。

有了這項情報，警方在五月二日再度搜索屋子。這回他們從樓梯下找出瑞秋部分木乃伊化的屍體。譚納把她擠過樓梯下櫥櫃底部二十公分寬的縫隙，塞進地板下。雖然她已經死了十八天，身體幾乎沒有腐敗；溫暖乾燥的空氣透過空心磚流入，風乾她的皮膚。

找到屍體是謀殺案調查第一階段的結尾，同時也是法醫病理學為了對抗被告、替建構案件全貌貢獻心力的開始。在瑞秋．麥克林一案中，這個重責大任落到蓋伊醫院法醫部部長伊安．魏斯特（Iain West）頭上。解剖過程中，他在瑞秋喉頭左側找到一個一公分寬的瘀青，右側則有四個同樣的瘀青。他拍下瘀青和她臉上和眼中細小點狀出血的瘀斑照片。內部檢查顯示喉頭軟骨碎裂。這些傷勢全都指向勒殺。她頭上也少了一縷髮絲，魏斯特相信這是瑞秋拚命想減輕頸子上的壓力時，在絕望之中扯下的。

警方帶著伊安．魏斯特取得的證據質問約翰．譚納，他崩潰了，承認殺害瑞秋。在審判庭上他說道：「我憤怒地撲向她，雙手掐住她的脖子。我想我一定是失去控制了，因為對於之後的時間流逝，我只有模糊的印象。」他宣稱是在瑞秋承認劈腿後殺了她。之後他整晚躺在她毫無生機的身軀旁。到了早上，他尋找合適的藏屍處，把她塞進櫥櫃的縫隙，趕上回諾丁漢的火車。譚納獲判終生監禁，二〇〇三年假釋出獄後，回到故鄉紐西蘭。

法醫病理學跟拼圖很像。病理學家得要將屍體內外不尋常的因素分門別類，從這些片段的資訊中試圖重建過去。有史以來，人類一直都想搞清楚他們重視的人為何會喪命。「解剖」（autopsy）這個字來自古希臘文，意思就是「親眼看見」。解剖是滿足這份深奧好奇心的醫療行為。

目前已知最早的鑑識解剖發生在西元前四十四年，凱撒大帝的醫師報告他身上的二十三道刀傷中，只有刺入他第一根與第二根肋骨間那一刀是致命傷。過了一、兩百年，希臘醫師蓋倫（Galen）提出幾份極具影響力的報告，內容主要是記錄他解剖的猴子跟豬。儘管研究素材不夠成熟，他對人類身體結構的理論直到十六世紀才遭到挑戰。安卓亞斯・維薩里（Andreas Vesalius）開始比對正常與不正常的解剖紀錄，為研究疾病的現代病理學奠定基礎。

維薩里在一五四三年出版的《論人體結構》（*De Humani Carporis Fabrica*）可說是解剖學的里程碑，他將此書獻給神聖羅馬帝國的皇帝查爾斯五世（Charles V），這位帝王統治期間也立下法醫學的另一個里程碑。神聖羅馬帝國史上頭一遭頒布了偵查案件的流程法規，制定哪些罪行應當屬於重罪、允許人們燒死女巫，同時給予法院下令調查與審訊重罪嫌犯的權力。這套法規稱為加洛林法典（Carolina Code），要求法官在審理疑似謀殺的案件時找醫師當顧問，是法醫學發展的關鍵。

歐陸許多國家採納了加洛林法典，醫學書籍作者擠破頭，想在法庭上展現他們的專業素養。包括兼職當外科醫師的法國理髮師安布羅斯・帕雷（Ambroise Paré，有時也稱為法醫病理學之父）。他寫過暴力致死對體內器官的影響，解釋雷擊而死、溺死、悶死、毒死、中風死亡、嬰孩死亡的各種徵兆，展示如何分辨傷口是在死前或死後造成。

我們愈來愈了解人體的運作方式，病理學的內容也愈來愈精深。十九世紀，艾佛瑞德．史文．泰勒（Alfred Swaine Taylor）撰寫大量法醫病理學的文章，使得英國和其他國家的病理學更加現代化。他最重要的教科書《醫療法律手冊》（*A Manual of Medical Jurisprudence*，一八三一）在他有生之年出到十版。到了一八五〇年代中期，泰勒已經擔任超過五百個鑑識案件的顧問，但是他的經驗告訴我們，這位鑑識科學人員跟任何人一樣容易犯錯。

一八五九年，湯瑪士．史麥瑟斯特醫師（Thomas Smethurst）在老貝利法院受審，罪名是毒殺他的情婦伊莎貝拉．班克斯（Isabella Bankes）。法庭上，史文．泰勒作證史麥瑟斯特持有的一個瓶子裡驗出砷，以此證明他有罪。法官判定史麥瑟斯特有罪，判處死刑。後來大家發現史文．泰勒的檢驗不夠周全，那個瓶子裡沒有半點砷。伊莎貝拉．班克斯生前病了很久，很可能是自然死亡。史麥瑟斯特獲得赦免，只要為重婚罪服一年徒刑。醫學期刊《柳葉刀》（*Lancet*）和《泰晤士報》鄭重譴責史文．泰勒以及謀殺罪的審判，法醫病理學成為社會大眾心目中的「野蠻科學」。這個案子令法醫病理學蒙上多年陰影。

英國法庭系統中雙方對質程序充滿戲劇性，這項科學若想洗刷汙名，得要靠洋溢個人魅力、器量不凡的人士。這樣的特質出現在貝納德．史皮斯貝里（Bernard Spilsbury）身上。他樣貌俊朗，說起話來頭頭是道，出門必定穿戴高禮帽、燕尾服（翻領上有個鈕眼）、靴套。

他的能力明眼人都看得出來，靈巧的雙手在屍體上迅速而精準地穿梭。他還能以平易近人的清楚言詞發表自己的發現。

陪審團跟社會大眾都熱愛史皮斯貝里。媒體將他描繪成司法用來擊潰萬惡凶手謊言的巨石。他在一九四七年過世，《柳葉刀》說他是「我們最偉大的法醫專家，屹立不搖」。史皮斯貝里曾替皇家檢控署的兩百多件謀殺案操刀。

他第一次引起公眾注意，是在一九一〇年哈雷・哈維・克里朋醫師（Hawley Harvey Crippen）駭人聽聞的案子中，以專家證人的身分登場。克里朋是來自美國的同類療法醫師兼專利藥物推銷員，他和身為歌廳歌手（藝名貝拉・艾爾莫〔Belle Elmore〕）的妻子柯拉（Cora）住在康登鎮。這段婚姻陷入危機；接著，柯拉的朋友一直沒有見到她。克里朋醫師的說詞反反覆覆，一會說她死了，一會說她去美國拚事業。他們起了疑心，向警方求助，警察訊問克里朋，也搜查過他的屋子，什麼都沒找到。不過調查行動令克里朋驚慌失措，帶著他的少女情人艾瑟兒・勒・涅維（Ethel Le Neve）搭上航向加拿大的輪船蒙特羅斯號。勒・涅維打扮成小男生，假裝是他的兒子。

兩人的逃亡重新引發警方懷疑，他們再次搜查他家，仍舊一無所獲。但是警方沒有放棄，在第三次搜查時挖開地窖的磚塊地板。這回他們找到應該是人類軀幹的遺骸，用男性睡衣的上衣包裹。

同時，蒙特羅斯號的船長發覺船上有兩名古怪的乘客，在船隻駛離電波範圍前，他發出

哈雷・克里朋醫師和他的情人艾瑟兒・勒・涅維在老貝利被告席上。克里朋將被宣告犯下謀殺罪，判處死刑；勒・涅維則是無罪釋放。

無線電報通知英國當局：「強烈懷疑倫敦地窖殺人犯克里朋和同夥在船上。刮掉小鬍子，留了絡腮鬍。同夥假扮成男孩。動作與身形絕對是女性。」倫敦警察廳的總督察迪烏（Dew）搭上快船，趕在那兩人之前登陸加拿大，等蒙特羅斯號一靠岸便戲劇性地逮捕他們——第一次藉由無線通訊達成的逮捕行動。

警方找來倫敦聖瑪莉醫院的外科醫師驗屍，他派年輕的史皮斯貝里負責這個案子。史皮斯貝里仔細觀察柯拉．克里朋的醫療紀錄，注意到她的腹部曾經開過刀。從驗屍無法看出屍體的性別，可是史皮斯貝里找到了混合的毒物殘留。

在克里朋受審時，史皮斯貝里呈上一片泡在福馬林裡、帶著彎曲疤痕的皮膚，那是從警方相信屬於柯拉．克里朋的軀幹上割下的。他以玻璃碟子盛裝證物，讓陪審團傳遞，還在隔壁房間設置顯微鏡，給他們細看組織玻片。儘管被告方的病理學家主張那片皮膚上長著毛囊，一定是皮膚的皺摺，而不是疤痕組織，但陪審團相信史皮斯貝里的證詞。克里朋因為對妻子下藥謀殺宣判有罪，在倫敦的潘頓維爾監獄吊死，依照他的遺言，將他跟勒．涅維的照片一起下葬。勒．涅維被控身為案發後的共犯，但最後獲判無罪釋放。

克里朋太太的皮膚玻片還留著，就存放在皇家倫敦醫院裡。二〇〇二年，貝納德．耐特教授（Bernard Knight）重新檢驗，看不出疤痕組織的絕對跡象。近年的ＤＮＡ檢測也發現，皮膚樣本的ＤＮＡ和柯拉．克里朋的後代子孫並不相配，甚至性別還是男性而非女性。說來也真是諷刺，讓史皮斯貝里成為眾人心目中法醫病理學標竿的案件，很可能是他犯下的天大錯誤。

克里朋吊死後過了五年，史皮斯貝里又涉入了另一起不尋常的案子，他沒有DNA檢驗技術或是其他現代鑑識工具助陣。一九一五年一月三日星期日，白金漢郡的一名果農查爾斯・邦漢（Charles Burnham）端著一杯茶坐下來，翻開《世界新聞報》。第三版的某則新聞標題刺入他心中：「死在浴缸裡——婚禮隔天的新娘悲劇」。這篇簡短的報導說明北倫敦有個瑪格莉特・洛伊德（Margaret Lloyd）被人發現陳屍家中。結論是：「醫學證據指出，流行

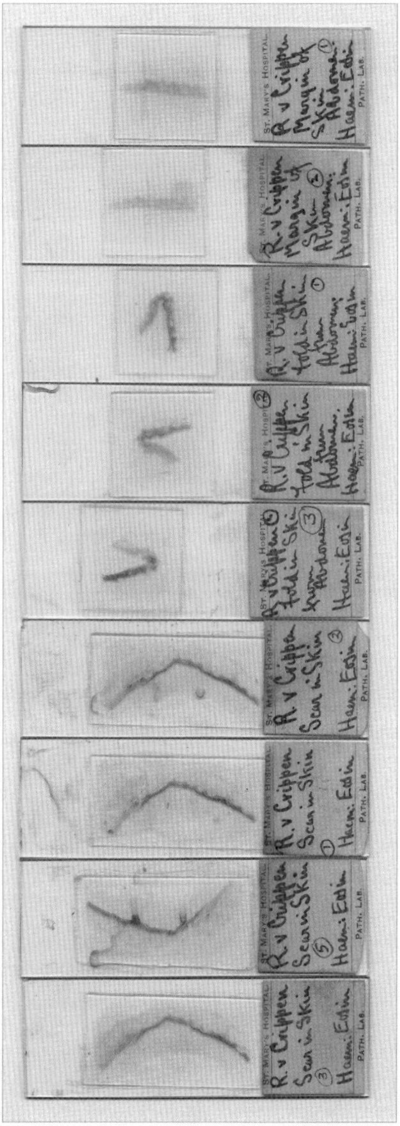

史皮斯貝里展示的一系列玻片，來源是地窖下屍體軀幹上的疤痕。他認為這證明了軀幹屬於柯拉・克里朋，可是其他人與他意見相左。

性感冒患者洗熱水澡可能會導致昏迷。」幾乎整整一年前，查爾斯・邦漢嫁到黑潭的女兒也是婚後不久死在浴缸裡。邦漢聯絡警方，發現瑪格莉特・洛伊德的丈夫是喬治・約瑟夫・史密斯（George Joseph Smith），正是之前娶了他女兒愛麗絲・邦漢（Alice Burnham）的男人。

警方聯絡史皮斯貝里來替瑪格莉特・洛伊德驗屍，接著他移動到黑潭替愛麗絲・邦漢驗屍。警方順著這條線索挖掘下去，找到第三名女性，同樣嫁給喬治・史密斯的貝西・威廉斯（Bessie Williams），在一九一二年七月十三日死於極度相似的情境。

替前兩人解剖的法醫判定是意外溺死，不過警方深入調查後，發現史密斯從過世的妻子身上獲利：瑪格莉特和愛麗絲的壽險各帶給他七百鎊跟五百零六鎊；貝西的信託基金則高達兩千五百鎊（大約等同今日的十九萬鎊）。看出犯案模式之後，警方立刻逮捕史密斯。

從瑪格莉特和愛麗絲的屍體上，史皮斯貝里找不出任何暴力、毒藥、心臟病的跡象。貝西的大腿出現「雞皮疙瘩」，有時這是溺斃導致（雖然也可能與屍體腐敗有關）。史皮斯貝里讀過第一個看到貝西屍體的家庭醫師紀錄，注意到她手中握著一塊肥皂。

他要警方把三個浴缸帶回肯提許鎮警局，排在眼前仔細檢查。貝西・威廉斯的案子最讓他摸不著腦，在她死前不久，史密斯帶她去看醫師，討論她的癲癇症狀。史密斯跟貝西說她是癲癇發作，但她不記得自己得過癲癇，家族裡也沒有相關病史。史皮斯貝里對這一連串的事件抱持懷疑。貝西身材高大肥胖，身高有一百七十公分，但她陳屍的浴缸最長只有一百五十公分，靠頭的那一側往內傾斜。史皮斯貝里很清楚癲癇發作的第一個階段是身體完全僵硬，依照貝西的身材和浴缸形狀，她要是發作，腦袋只會往上挺起，而不是落入水中。

如果說貝西的死因與癲癇無關，那會是什麼？史皮斯貝里繼續探索，得知突如其來湧入口鼻的水流會抑止攸關生死的腦神經、迷走神經，導致突然間失去意識，死亡緊接在後。這個罕見的狀況有個特徵，那就是瞬間發生的死後僵硬——史皮斯貝里認為，這可以解釋貝西緊緊握住肥皂的行為。

喬治・史密斯與貝西・威廉斯結婚當天拍攝的照片。之後，她成了他的第一個手下亡魂。

艾佛瑞德・史文・泰勒（Alfred Swaine Taylor）在一八五三年明確表示，成年人如是溺斃，將不會留下任何瘀青，因為他們忙著掙扎求生，這個理論從未遭到推翻。尼爾警督（Neil）決定在開庭前進行一系列實驗，測試史皮斯貝里關於這位女性受害者死因的理論。他找到女性志願者，她們答應在沉入浴缸時試著掙扎。第一名志願者披著浴袍，踏入裝滿水的浴缸，抓住浴缸側邊努力掙扎。可是當尼爾握住她的腳踝，突然拉起她的雙腿，她滑入水面下，失去意識。醫師花了幾分鐘才救醒她，幸好她平安無事。這個實驗不是出自史皮斯貝里的授意，但他知道這件事，顯然實驗結果令他的評價上升不少。

喬治・史密斯因謀殺貝西・威廉斯遭到起訴，審判庭上，史皮斯貝里滿懷專業風範，輕輕鬆鬆擄獲陪審員的心。他們考慮了二十分鐘，判定史密斯有罪。他在梅德史通監獄吊死。

史密斯是個巧舌如簧的騙子，早在九歲便於倫敦東區犯下他的第一起竊案。長大以後，他戴上金戒指、鮮艷的領結，吸引女性青睞，從她們身上榨取金錢。因為一次世界大戰的早期效應，也因為當時許多英國小夥子搬去殖民地了，在一九一五年，英國有五十萬女性找不到另一半，帶給史密斯源源不絕的肥羊。社會大眾受到報紙的煽動，極度關注被稱為「浴缸新娘謀殺案」的消息。一群群記者急於提出「科學家阻止連續殺人犯」的頭版標題，在調查期間不斷找上史皮斯貝里。他的聲勢從未下降過。

許多史皮斯貝里經手的案子都涉及丈夫受控謀殺妻子。在科學進步到足以揭開那些女性死亡之謎以前，有多少人逍遙法外？光想就覺得毛骨悚然。媒體刊登史皮斯貝里的照片，把他當成英雄，說他奉獻生命、解讀沉默死者留下的奧祕線索，不讓邪惡的凶手逃離法網或是再度犯案。一九二三年，他的形象多了騎士封號撐腰。一年後，另一起案件再次鞏固了他的名望。

十二月五日，住在北倫敦的艾爾希・卡麥隆（Elsie Cameron）離家去拜訪未婚夫，住在薩塞克斯郡克羅柏勒的雞農諾曼・索恩（Norman Thorne）。他們已經訂婚兩年，可是索恩最近開始和其他女性交往。

一九二五年一月十五日，警方找到埋在雞舍活動區地下、遭到肢解的艾爾希，她的腦袋塞在餅乾罐裡。索恩一開始說她根本沒來，屍體尋獲之後，他改變說詞，表示她過來說她懷孕了，想要跟他完婚。他說之後他出門了，兩個小時後回來發現她吊在屋梁上。他猜她是上吊自殺，決定藏好屍體，剁成四塊，埋了起來。

史皮斯貝里在一月十七日完成解剖，呈交法醫的報告中指出艾爾希是遭到凶狠殺害，死前可能被毆打一頓。他找到八處瘀青，其中一處是在她的太陽穴，表面上看不出來，翻開皮膚才發現。他沒有找到代表吊死的繩子勒痕，因此他沒有採集脖頸的皮膚。他注意到她的脖子上有兩塊痕跡，認為那只是自然皺摺。法醫詢問史皮斯貝里為何能夠檢驗死亡六週的屍體，但他篤定地說腐爛不是問題。被告諾曼・索恩質疑那份報告，因為屍體表面沒有瘀青痕跡，他成功申請到第二次驗屍機會。

貝納德・史皮斯貝里，深得民心的知名病理學家。他的證詞協助檢方將數百名罪犯定罪，雖然他的某些論點事後遭到挑戰。

羅伯特・布朗蒂（Robert Bronte）在二月二十四日打開艾爾希的棺木執行驗屍，史皮斯貝里從旁觀察。死後的檢驗應當要在明亮的日光下或是點亮電燈的停屍間實行。艾爾希的屍體在半夜出土，抬進陰暗的墓地禮拜堂，驗屍持續到隔天上午九點，旁邊圍繞一大群觀眾和記者。棺材裡灌滿水，距離史皮斯貝里驗屍後又過了一個月，不過布朗蒂看見頸子上的痕跡，取下樣本進一步檢驗。

諾曼・索恩的審判持續了五天。被告的病理學家不贊同報告上關於瘀青的紀錄。檢察官問起屍體上有沒有外傷，史皮斯貝里回道：「完全沒有。」被告的病理學家J. D.卡瑟爾斯（Cassels）主張索恩將艾爾希・卡麥隆從梁上放下來時她還活著，那些瘀青是她摔落地面導致，十到十五分鐘後，她休克而死。如此便能解釋為何缺少繩子勒頸的痕跡：被血液循環沖散了。他批評史皮斯貝里沒有仔細檢驗頸部。

史皮斯貝里聲明，她臉上的兩處瘀青是最後受的傷，她是被現場附近找到的某種印度棍棒打死。他在法庭上維持一貫堅定的作風，拒絕承認結論中有任何不夠篤定的項目。雖然兩年前他曾在課堂上講到，如果醫學證據受到交叉檢驗的嚴格挑戰，「這時醫師要體悟到自己的失敗」。

審判期間，法官總是把史皮斯貝里視為「當代最偉大的病理學家」，向陪審團說史皮斯貝里「毋庸置疑，他給予我們最優秀的意見」。陪審團不到半個小時便提出「有罪」的決議。有些人認為他們沒有搞懂病理學家提出的複雜證據，特別是艾爾希・卡麥隆身上沒有暴力致死跡象這件事。有些人相當關切陪審團接受史皮斯貝里充滿自信的結論，其中包括了亞瑟・柯南・道爾爵士，他住在諾曼・索恩家附近，在《法律期刊》（*Law Journal*）中寫道：「陪審員對貝納德爵士絕對不會失敗的信心，已經超出他們對教皇的信賴，這一定讓他有些忸怩不安。」

諾曼・索恩以謀殺艾爾希・卡麥隆的罪名，在溫德沃斯監獄吊死，儘管他臨死前依舊聲稱自己是無辜的。處刑前夕，他寫了一封有名的信給他父親，裡頭提到：「別在意，爸爸，別擔心。我是史皮斯貝里主義的犧牲者。」

根據歷史學家伊安・巴尼（Ian Burney）和尼爾・潘柏頓（Neil Pemberton）的看法，索恩一案的審判庭上出現病理學的兩個對立派別：像史皮斯貝里這樣的知名病理學家，在法庭上做出戲劇化的表演，靠解剖刀與直覺作證；以及布朗蒂這類以實驗結果為基礎、仰賴最新鑑識技術的病理學家。他們主張史皮斯貝里在停屍間與法庭上的「鑑定眼光」，可能會「動搖法醫病理學這項客觀的現代專業基礎」。

安德魯・羅斯（Andrew Rose）在二〇〇七年出版的《致命目擊者》（*Lethal Witness*）書中認為史皮斯貝里至少造成了兩起誤判，以及幾次讓人不安的裁決。有時僅靠薄弱的證據就能夠定罪——只要貝納德・史皮斯貝里爵士說被告有罪，陪審團便會相信他必定有罪。在超過兩萬份的驗屍報告中，偶爾會發現他忽視不符合自己論點的證據。

舉例來說，一九二三年有個年輕士兵艾伯特・迪恩利（Albert Dearnley），史皮斯貝里提出的證據認定他將摯友綁起來悶死。宣告犯下謀殺罪以後，在上絞架前兩天，典獄長讀了迪恩利過去寫給一名女性朋友的信件，內容令他擔憂，於是他說服內政部延後處決日期。

真相及時曝光：這不是謀殺案，僅是同性戀性虐遊戲中無意造成的缺氧窒息。史皮斯貝里的恐同心態人盡皆知，他曾經猜到實情，卻沒有提出意見，因為他相信那名士兵是性變態，吊死也是罪有應得。

儘管如此，史皮斯貝里因為長期對抗憂鬱和惡劣健康，一九四七年在倫敦大學學院自己的實驗室裡引毒氣自殺時，除了《柳葉刀》，還有許多人士把他譽為當代最偉大的病理學家。歌功頌德完全淹沒了反對聲浪，他的形象在過世後才漸漸染上汙點。到了一九五九年，與他共事過的法醫病理學家西德尼・史密斯（Sydney Smith）終於能夠寫下：「我們應當要期盼再也不會有第二個貝納德・史皮斯貝里。」

今日英國的頂尖法醫病理學家狄克・薛賀德（Dick Shepherd）堅稱他不是法庭上的知名演員，也不想套上這種形象，即使他經手的幾個解剖案確實相當引人注目。從戴安娜王妃（Princess Diana）、女主播吉兒・丹道（Jill Dando），到九一一恐怖攻擊的受害者，他調查過近年來幾樁罪大惡極的謀殺案件。對他而言，每個案子都一樣：解剖應該「不帶批判，以科學手法得出種種事實」，無論死者是誰。

狄克・薛賀德每天努力服務的對象是生者，不是死者。「我深深愛上與各界人士接觸的感覺——和警方、法庭、各式各樣的人合作。看到疑問之後，理解、解讀、將資訊轉告其他人。我必須從毀壞遺體的行為中抽離自我，牢牢記住這麼做是為了死者的家屬。理解死亡的真相對他們沒有任何實質幫助，但或許這個真相可以讓他們安心，獲得解脫。如果背離事實，甚至為了悲痛的家屬隱瞞事實，鑑識科學就走上岔路了。這樣絕對行不通。」

在首度檢驗屍體前，病理學家對案件的了解程度端賴警方的通知。通知內容要拿捏得當，假如病理學家知道太多，他或許會在驗屍時抱持偏見；知道得太少又可能錯過重要細節。狄克．薛賀德解釋道：「經過旁人篩選的資訊可能會漏掉關鍵。等到那個情報在法庭上突然冒出來，就會陷入『天啊，我真是瞎了狗眼！』的時刻。律師會問：『如果你事先得知這件事，會不會得出不同的結論？』『是的，有可能。』『喔，謝謝你，薛賀德博士。』律師掛著得意的笑容坐下。」檢察官就要擺臭臉了。

史皮斯貝里極少看到被告律師得意的表情，原因之一是他總是對手邊案子背景知之甚詳。現在，狄克．薛賀德接到警方或是法醫的來電時，他很少被帶去現場，通常是直奔停屍間。其他專業領域（比如說血液噴濺、ＤＮＡ分析）的科學家能夠在犯罪現場收集大量證據，法醫病理學家也應該要這麼做。在死亡現場，資淺的ＣＳＩ裝起屍體，不讓微物證據遺落，像是毛髮、纖維、塵土，同時保護證據免受汙染。

當他去了現場——「有時候真的很有幫助，並不是做了什麼特別的檢驗，而是能夠解讀現場情境」——狄克觀察屍體的姿勢、屍體旁的證據，凶器、指紋、凶手出入途徑等等。他必須萬分留神，不能遺漏或是汙染證據，若非絕對必要，他不會觸碰或移動屍體。最近有個案子是警方認為死者摔落自家樓梯，狄克前往現場，觀察「她躺在哪裡，以什麼姿勢躺著，是否曾經遭到移動。驗屍時，我找到應該是跌落途中撞到東西的傷痕。我曾經去過現場，事後才能解釋她身側的一條條刮痕是在樓梯轉角處留下的」。

警探總是想得知死亡時間，他們能靠這個資訊動搖、破除或證實嫌犯的不在場證明。人死了愈久，就愈難推測準確的死亡時間；估計的範圍愈小，對於調查就愈有幫助。

像狄克．薛賀德這樣的病理學家驗屍時，第一件事是測量直腸溫度，假如懷疑死者曾遭性侵，那就將溫度計插入死者腹部。過去的理論是屍體的溫度每小時下降一度，直到與周遭環境同溫。舉例來說，某個人死在室溫攝氏二十度的房間裡，以平均體溫三十七度來算，在十七個小時內的死亡時間都能大致估算。然而近年的研究顯示出各種變因：瘦子比胖子容易降溫；表面積愈大，降溫就愈快；屍體是攤平或蜷曲也有影響；衣著會干擾降溫速度；有無遮蔭；泡在淺水裡還是河岸上。就算是這樣，若能及早謹慎檢查現場，多少可以幫上忙，病理學家採計各種變數，像是環境溫度、屍體重量，套入稱為「列線圖解」的多軸線圖表。

接下來，引起狄克關注的現象是死後僵硬——這就是為什麼我們會說屍體是「硬邦邦」的。對病理學家而言，死後僵硬能在死亡兩天內派上用場，因為屍體會依循固定的模式變化。一開始，屍體完全放鬆，經過三到四個小時，眼皮、臉部、頸部的小肌肉開始僵硬。僵化範圍一路往下延伸，從頭到腳，從小肌肉到大肌肉。十二個小時後，屍體完全僵硬，會維持死亡時的姿勢大約二十四個小時。接著肌肉漸漸鬆開，照著僵硬開始的順序解除，從小肌肉到大肌肉。再過十二個小時左右，所有的肌肉再次完全放鬆。

不過呢，就算是死後僵硬這種資料豐富的現象，仍舊不是死亡時間的完美指標。周遭環境愈熱，這個循環就會跑得愈快。同樣的，彎曲伸展屍體會扯斷肌肉纖維，減少僵硬產生，許多凶手利用這個現象來擾亂調查。

接在死後僵硬後頭的，是人體在這個世界上最不光彩的階段——「腐敗」。這或許不是個人見人愛的現象，但法醫病理學家必須與它親近，才能達成任務。首先是腹部周圍的皮膚變綠，因為下腸道裡的細菌開始「自我消化」。等到細菌長滿全身，把蛋白質分解成胺基酸，它們便釋放出氣體，使得屍體膨脹——從五官開始，眼珠和舌頭開始突出。接下來，紅血球崩解，釋放出血紅素，血管構成的網狀圖案浮現在皮膚上。氣體繼續填入腹部，直到有管道宣洩，有時候會伴隨著炸裂，惡臭冒出。到了這個階段，屍體已經變成黑綠色，液體從口鼻流出，皮膚塌陷，有如「腐敗中的巨大番茄」。

同時，藉由「自我消化」的幫助，內臟已經液化，從消化器官到肺臟，接著是大腦。蒼蠅在屍體有開口的地方產卵，像是嘴巴和開放性傷口，蛆蟲不斷撕扯腐肉。

科學家持續研究，修正各種計算死亡時間的方式。不過法醫人類學家蘇．布雷克（Sue Black）解釋案情不一定會因此簡化。「我們獲得愈多的資訊，就愈是了解這個案子有多棘手。沒有兩具屍體能以同樣的方式、同樣的速度腐敗。你可以找來兩具同樣一百八十多公分的屍體，它們能以完全不同的方式腐敗。可能是受體內的脂肪量影響，可能是他們生前服用的藥物或接受過的醫療照顧，可能是他們身上的衣服，可能是其中一人散發出更吸引蒼蠅的氣味。什麼都有可能。」

若想戰勝這些讓人頭痛的變數，他們必須試著研發新工具。因此田納西大學的人類學研究機構多年來努力不懈。更為人所知的名稱是一九八一年設置的「人體農場」，發起人威廉・巴斯（William Bass）的用意是鑽研腐敗的過程。這是第一個針對人體腐敗、屍體與環境交互作用的系統性研究而成立的機構。每年有超過一百人捐贈大體給農場，研究機構會將它們放置在各種情境下等待腐壞。研究人員得出一條黃金原則：暴露在外一個星期的屍體腐敗程度等同埋在土裡的八倍、泡在水裡的兩倍。

田納西大學法醫人類學系助理教授艾波德・華斯（Arpad Vass）正在研發估算死亡時間的新方法。他期待能利用「腐敗氣味分析」來辨識屍體在腐敗的各個階段散發出的四百多種氣體。只要搞清楚某種氣體是在什麼時機、什麼情境下流出，檢測屍體周圍的空氣，有機會獲得比現行技術還要準確的死亡時間。

人體農場這類研究機構的成果透過期刊、論文滲入鑑識科學實務單位，提供病理學家找出更好證據的武器。病理學家大多是在停屍間或是醫院大展身手，全神貫注於緊湊的驗屍程序中，探討這個人是怎麼死的？為什麼？是自殺、謀殺、意外、衰老，還是無法辨識？直截了當的答案少之又少。一顆子彈可能是因為自殺、他殺、意外，穿過某人的腦袋。踏入停屍間後，法醫病理學家得要對萬事抱持好奇心，將焦點漸漸聚集到幾個細節，接著再次擴大，以所有的細節組合為結論。從上個世紀初開始，解剖的基本步驟沒有改變多少。

屍體抵達停屍間時，狄克・薛賀德已經準備好拍照。助理往運輸用的屍袋裡面尋找微物證據。狄克脫下死者的衣物，拍照，裝袋，登記。然後採集生物樣本，拔下毛髮、削下指甲，用棉花棒拭過性器官。到這個階段才小心翼翼地按下指紋；撬開死後僵硬的手指可能會損壞微物證據。

接著，狄克清洗屍體，記錄他找到的每一道疤痕、胎記、刺青、不尋常的外貌特徵。「每一名病理學家的路線都不一樣。」狄克說：「我從頭開始，而且一定是從屍體的左邊開始。頭、胸、腹、背、左手、右手、左腿、右腿。巡過一圈之後，死者身上的傷口都記錄完畢、拍好照片。如果是酒吧鬥毆的犧牲者，身上有九百七十個兩公分大的瘀血，我心都涼了半截。不能只寫『腿上有很多瘀血』嗎？不行。」在比較複雜的案子裡，精確記錄是無價之寶，比如說另一個死在浴缸裡的英國太太。

一九五七年五月三日深夜十一點，布瑞德福的一名護理師肯尼斯・巴洛（Kenneth Barlow）撥打九九九，說他發現妻子倒在浴缸裡，意識不清。他解釋自己把妻子拉出來，花了很多時間做心肺復甦術，那天晚上她不斷嘔吐，發了高燒。調查人員在廚房找到兩根使用過的注射針筒，起了疑心。肯尼斯說他用了盤尼西林治療身上的膿瘡。檢驗證明針筒裡原本裝的是盤尼西林。

可是病理學家大衛・普萊斯（David Price）仍舊存疑。解剖過程中，他拿放大鏡觀察巴洛太太的每一吋皮膚。最後他找到兩個符合注射針孔的小洞，分別位於她的左右臀。肯尼斯表示他太太罹患低血糖症，於是大衛・普萊斯懷疑他替妻子注射了致死劑量的胰島素。當時沒有檢驗胰島素的技術，因此普萊斯取下巴洛太太臀部針孔周圍的組織，注射到老鼠身上，牠們很快就因低血糖而死。巴洛被判犯下謀殺罪，終身監禁。

經過鉅細靡遺的外觀檢查，接下來輪到內臟檢查了。病理學家同時尋找內傷痕跡，以及任何讓這個人自然死亡的病症。狄克・薛賀德從屍體的雙肩開始，往下劃出Y字形刀口，一路切到鼠蹊部，鋸開肋骨和鎖骨，移開胸腔前側皮肉，露出心臟和肺臟。他檢查頸部，看看有沒有斷裂的舌骨（勒殺的跡象）。然後他掏出內臟，有的個別摘取（像是肝臟），有的是整組取出（像是心臟和肺臟），檢查表面，切開來檢查內部。他保存每個器官的樣本。「現在內政部堅持我們要用顯微鏡觀察每個案件死者的每個主要器官。就算是被球棒敲爛腦袋的十八歲青少年也一樣。」多注意一些總有好處，我們得要慶幸有這樣的政策。接著他把樣本送去實驗室。下一步，狄克一刀割開雙耳之間的頭頂，往後剝下頭皮。現在他可以鋸開顱骨，看看腦子原本的模樣，再取出仔細檢查。

最後，狄克縫合被他割開的器官，小心翼翼地放回身體內，縫起他一開始劃下的Y字開口。之後，他與警探和其他鑑識科學人員討論，集思廣益，尋找疑點或是需要追蹤的細節，回報給調查人員。通常還會有第二次解剖，這樣另一名病理學家就能確認狄克的發現。等到其他專家交上報告——骨科病理學家、神經病理學家、兒科放射學家——狄克便開始撰寫報告，交給法醫。

在某些極端案例中，不只執行了兩次解剖。二〇一〇年八月二十三日，警方在倫敦皮立可區一棟公寓的浴缸裡找到紅色North Face袋子，物主是葛瑞斯・威廉斯（Gareth Williams），出身威爾斯的數學天才，軍情六處解碼員。袋子拉鍊用一個彈簧鎖從外側固定。警方撬開彈簧鎖，發現三十一歲的葛瑞斯渾身赤裸，被人折起來塞在袋裡，屍體已經開始腐敗。

警方認為死因不單純。威廉斯曾加入FBI的行動小組，試圖滲透駭客社群，他的家屬相信軍情六處或其他特務單位與此案有關。

狄克・薛賀德是三名參與解剖的病理學家之一，三人都認同威廉斯已經死了七天左右，同時也沒有找到勒殺、外傷的痕跡，屍體腐敗得太快，難以判定死因——當時正值夏季，屋裡的暖氣全都開到最大。毒物學家找不到毒殺的跡象，不過屍體處於這種狀況，也不能完全排除。窒息的可能性似乎最大。

解剖時，在威廉斯雙肘尖端找到小片擦傷，可能是他試圖掙脫時移動手臂傷到的。狄克・薛賀德整理手邊的證據，「彈簧鎖扣上後，他完全無法逃出袋子。問題在於：上鎖的人是他自己，還是其他人？」

退役後備軍人彼得・佛丁（Peter Faulding）擅長從封閉空間解救受困的人，調查人員向他請教時，他說他曾在二〇〇一年五月嘗試把自己鎖進一模一樣的袋子（長八十一公分，寬四十八公分），試了三百次都無法成功。他說，就算是逃脫大師胡迪尼「也要費一番工夫才能把自己鎖進去」。另一名專家試了一百次也是以失敗告終。

可是狄克・薛賀德認為威廉斯是窒息而死，進入袋子時「極有可能還活著」。他提出的理論是威廉斯的屍體縮成一小團，死後僵硬發生前的屍體是「軟綿綿的」，要把剛死不久的他塞進袋子裡可不容易。沒有專家能替他測試這個想法。同時也得知，第一次解剖前採集到威廉斯手指上的ＤＮＡ，並不屬於警方追查了一年的神祕地中海夫婦。鑑識公司ＬＧＣ負責分析樣本的員工將錯誤的ＤＮＡ細節輸入資料庫，其實那些ＤＮＡ是來自現場的某位ＣＳＩ人員。捅出漏子的ＬＧＣ只對威廉斯的家屬說了聲「深表遺憾」。

從威廉斯的公寓找到價值兩萬鎊的設計師款式女性衣物，還有女鞋、假髮。調查人員同時找到扮裝皇后的照片，以及他在過世前幾天瀏覽過自我綁縛和密閉愛好的網站紀錄。法醫菲歐娜・威寇克斯（Fiona Wilcox）歸納出結論：雖然沒有足夠證據來證明這是非法殺人案件，但威廉斯可能不是自然死亡，而是有人將他鎖在袋子裡，放進浴缸，那時他還活著。她補充，沒有證據暗示威廉斯有女裝癖，或是對這種事情感興趣。

得出結論後的幾天內，一名十六歲少女和二十三歲記者分別試圖把自己鎖進同樣的

North Face袋子：她們鑽進袋裡，縮起雙腿，拉鍊拉到接近密閉，從縫隙伸出手指扣上彈簧鎖，接著繃緊身體，拉鍊自動關緊。那名記者的身材與葛瑞斯·威廉斯相近，重複練習好幾次，最後能在三分鐘內達陣。

彼得·佛丁對這種雕蟲小技毫不在意。「我的結論沒有問題。無論如何，小女生拉上袋子拉鍊的把戲並不會影響調查。我們都知道有各種鎖好袋子的手法，但不管是她還是任何人，都無法不留下自己的DNA或是在浴缸留下任何痕跡，這才是重點。」

狄克·薛賀德依舊持反對意見。「我說服不了法醫，她對我暴跳如雷；『白熱化』這個詞跳入我的腦海。讓我覺得他獨自死去的跡象是他自己一個人住，打扮成女人，凝神工作，還身為數學怪才——別管病理學了，他的心理狀態有問題。」

二〇一三年，倫敦警察廳進行內部調查，因為法醫指出軍情六處的人員可能涉入此案。同年十一月，倫敦警察廳提出結論：威廉斯大概是獨自死去，死因是不慎把自己鎖在袋子裡。狄克·薛賀德的觀點獲得證實。

神祕的案件往往要靠想像力來破解：把女性臀部組織注射到老鼠身上的病理學家，打敗軍事專家、把自己鎖進小袋子的女記者。這些人的目標是遵循「解剖」這個詞的希臘文原意，想要「親眼看見」。我們的好奇心隨著實際測試過的新技術不斷成長。科技發展幫助病理學家往人體深處看得更清楚，甚至不用捲起袖子。虛擬解剖檯（Virtual Autopsy, VA）是瑞士研發的虛擬實境醫學工具，結合了ＣＴ和ＭＲＩ掃描，將屍體影像轉化成立體電腦影像。德國的病理學家用這項技術找到傳統解剖無法發現的骨折和出血。ＶＡ還加上一套高解析掃描器，可以把皮膚影像放大，更容易看出瘀傷或是惡意注射針孔這些細節，不願讓深愛的親人屍體受到褻瀆的家屬也不會更加悲痛。

某些傳統鑑識科學人員認為ＶＡ的效能未經證實，虛華無用。然而在高科技環境中成長的新一代踏入病理學實驗室之後，他們只得開始裝設新的機具。截至二〇一三年一月，三十五間德國大學的鑑識科學研究所之中，有三間採用了ＶＡ技術。法醫病理學家還是把它們當成傳統解剖的輔助。不過支持ＶＡ的證據愈來愈多。在一樁瑞士阿爾卑斯山登山客摔死的案子裡，刀子還沒割開皮肉，他粉碎的顱骨、折斷的腰椎、骨折的小腿全都一覽無遺。

ＶＡ技術的另一項優勢是它建立的立體影像能輕易交給多名病理學家分別檢驗，儲存備用，在法庭上開給陪審員和法官親眼見識。史皮斯貝里或許不會喜歡這個概念，但他的犧牲者一定是樂不可支。

第五堂　毒物學

這嬌弱花朵的無辜外表
竟蘊含劇毒與療癒奇效。
——《羅密歐與朱麗葉》（*Romeo and Juliet*）第二幕第三場

藥物的功效模稜兩可，令人畏懼。少量的毛地黃能舒緩心律，用得太多卻會引發反胃嘔吐，使得心跳劇烈加速致死。現代毒物學的開山祖師帕拉賽爾蘇斯（Paracelsus）在一五三八年的著作中簡潔地傳達了這個概念：「劑量決定毒性」。

毒物是人類最早用來對付彼此的武器之一。隨著科學發展，毒物學家的工作轉變為辨識致命成分，尋找解毒劑。這個領域在馬希優．歐菲拉（Mathieu Orfila）手中大幅度地系統化，他是十九世紀早期的學者，曾在瓦倫西亞和巴塞隆納學習，之後搬到巴黎鑽研醫學。為了探索毒物的效果，歐菲拉花了三年在幾千條狗身上測試，牠們遭受極大的痛苦。（麻醉劑到一八四〇年代才出現，即便如此，額外的藥物也會影響他的實驗。）出版內容包羅萬象的

《毒物學一般系統》（*General System of Toxicology*，又稱《毒物論》〔*A treatise on Poisons*〕，約於一八一三年出版），當時他才二十六歲。該書將一切已知的礦物、植物、動物毒分門別類。一本一千三百頁的鉅作在四十年間一直是毒物學的標竿參考資料。

在《毒物論》的關鍵段落中，歐菲拉描述他改良了某種毒物的檢驗技術，那種毒物代表了我們對於十九世紀毒藥的想像——砷。歐菲拉發覺，只要吐個幾次，就能清除胃裡的砷毒。檢驗被他下毒的犬隻內臟後，他得知血液會把砷輸送到全身。他也證明了下葬的屍體有辦法從周圍土壤吸收砷，讓人以為死者是在活著的時候被人下藥。《毒物論》出版後，只要挖出屍體，毒物學家就會檢測周圍的土壤。

一八一八年，歐菲拉出版了《服毒者治療指南；附加酒內毒物和添加物之檢驗法，以及分辨死亡真相》（*Directions for the treatment of persons who have taken poison; together with the means of detecting poisons and adulterations in wine; also, of distinguishing real from apparent death*），目的是「提供我的《毒物論》中最重要的資訊」。人們漸漸了解誤食毒物的時候，有什麼急救方法可以把傷害降到最低。歐菲拉極度關切社會大眾的無知，也發覺這個嶄新的科學領域隱藏商機。他在作品導論中寫道：認識毒物，是「牧師、行政長官、大型商家領導人、一家之主、全國居民最重要的事」。該書被譯成許多版本，賣到德國、西班牙、義大利、丹麥、葡萄牙與英國，歐菲拉的聲望堅不可摧。如果律師需要毒物學家出庭作證，歐菲拉是他們的首選，特別是在他成為路易十八（Louis XVIII）的御醫之後。

一八四〇年，歐菲拉涉入一場知名訟案，纖弱高雅的女繼承人瑪莉－佛杜涅・拉法基（Marie-Fortunée Lafarge）被控殺夫，全歐洲都在關注她的命運。

瑪莉出身巴黎的貴族家庭，看著同學紛紛嫁入豪門，她也深深嚮往這樣的人生。二十三歲那年，她的叔叔為了實現她強烈的願望，找來專業婚姻仲介人。這個任務不難解決，畢竟瑪莉年輕貌美，還帶著十萬法郎的嫁妝。仲介人找上查爾斯・拉法基（Charles Lafarge），他在法國中部的利穆贊地區擁有一座十三世紀建造的修道院。

拉法基家族持有的屋舍漸漸老朽，但查爾斯決意重現舊日榮景。他設立一座鐵工廠，研發出新的冶煉技術，投資大筆金錢，可惜事業撐不下去，最後不得不關閉熔爐。一八三九年，他幾乎破產，唯一的解救之道便是找個有錢的女人。查爾斯聯繫遠在巴黎的婚姻仲介人，沒有提到自己的財務狀況，只強調他的地產價值二十萬法郎，還附上修道院神父寫的精美推薦信。

瑪莉第一眼就對查爾斯抱持反感。她認為他粗鄙無文，在日記裡寫到「他的臉跟身形簡直就是個工人」。但她喜歡他擁有的寬廣土地，想像可以靠在奢華的沙發上，到開滿鮮花的庭院裡散步。擁有古老修道院的人靈魂裡一定藏著浪漫情懷吧？

見面四天後，兩人結為連理，一起搭馬車回利穆贊。看查爾斯徒手吃烤雞、灌下整瓶波爾多紅酒，瑪莉選擇跟駕駛一起坐在前方。抵達查爾斯家時，她遇上更大的衝擊。她的姻親穿著打扮「像是最低俗的鄉下人」，家具「破破爛爛，過時落伍到難以想像的地步」，到處都是老鼠。一八三九年八月十三日，搬入新居的第一天晚上，瑪莉把自己鎖在房間裡，寫了封火藥味十足的信給丈夫，請求讓她從婚姻中解脫。「不然我就要吞下身上攜帶的砷毒……我可以奉上性命，可是絕對不會接受你的擁抱。」

冷靜之後，瑪莉答應留在查爾斯身邊，不過有一個條件：取得足以整修屋舍的資金前，他們不能圓房。在屋裡其他人眼中，這對夫婦處得很好。瑪莉喜歡在歌德風教堂和修道院的廢墟間漫步。她寫信給以前的同學，描述美好的家庭生活。然而她並沒有提到必須買砷毒來驅蟲。

接著，瑪莉向丈夫提議寫遺囑將她擁有的一切留給他，條件是他也寫下同樣的遺囑——甜蜜新婚夫婦的標準行為。但查爾斯奸詐地擬定第二份祕密遺囑，把一切留給他母親。

結婚後過了四個月，查爾斯到巴黎出差，以聖誕節的名義籌措資金。他不在身邊時，瑪莉寄了封深情款款的信，表達她的思念，附上親手做的聖誕蛋糕。查爾斯才吃了一塊，馬上就大吐特吐。他籌到一些錢，回到利穆贊，覺得還是有些反胃。瑪莉對他百般關切，認為他得要馬上臥床休息，還端上松露與野味。可是他的病情惡化，家庭醫師前來看診。醫師擔心是霍亂，害得全家上下陷入恐慌。

隔天早上，查爾斯雙腿嚴重抽筋，拉個不停。無論喝下多少水都無法留在體內。他們找來第二名醫師，他也認定查爾斯罹患霍亂，建議他喝蛋酒維持體力。可是，拉法基家雇來照顧查爾斯的女傭安娜發覺，瑪莉事先把白色粉末加入蛋酒。當她向瑪莉問起此事，瑪莉回答那是「橙花糖粉」，不過安娜對此存疑，把蛋酒藏在櫃子裡。一八四〇年一月十三日下午，查爾斯・拉法基過世。這時安娜對大宅裡其他人說出她的疑慮。起初，瑪莉面對丈夫過世的平靜態度看起來是高尚的表現，但眾人愈來愈覺得奇怪。隔天，瑪莉帶著她相信是查爾斯遺囑的文件去找公證人。

同時，查爾斯的哥哥跑去報警。查爾斯死後兩天，法院審判員找上門來，逮捕瑪莉，展開調查。當地醫師檢驗查爾斯的蛋酒、胃內容物與嘔吐物。他們在蛋酒跟胃裡驗出砷毒，可是嘔吐物沒有異狀。

瑪莉的前景一片黑暗，不過她的律師想出妙計。「我知道歐菲拉先生是這種案件在科學層面上的王者」，他寫信求助。歐菲拉回信解釋當地醫師用的是十七世紀的檢驗技術，現在他們需要的是四年前英國科學家詹姆斯・馬許的成果，而且還經過他的改良。馬許在倫敦的《藥學期刊》（*Phaemaceutical Journal*）上公開極度靈敏的砷檢驗方法，寫下滿懷熱情的評語：「如今，死者成為下毒犯人最恐懼的目擊證人。」馬許試砷法有些不夠完備之處，歐菲拉已經解決了大半。兩年後，雨果・萊因許（Hugo Reinsch）研發的配套檢驗技術使得馬許試砷法屹立不搖，直到一九七〇年代出現氣相色層分析法、光譜學這些更複雜的技術為止。律師帶著歐菲拉的回信，對原本的測試提出異議，法官命令當地醫師以更先進、歐菲拉修正的砷檢驗法重新測試。

醫師們檢驗了查爾斯・拉法基的胃、嘔吐物、蛋酒。這次什麼都沒驗出。

到了這一步，原告律師取得歐菲拉的《毒物論》，仔細閱讀，得知劇烈嘔吐可以清除胃中所有的砷毒。除此之外，經過胃部的血流能將砷帶到其他器官。他跟法官說有必要挖起查爾斯的屍體，檢驗他的內臟。法官同意了，當地醫師在大批旁觀者面前又做了一次馬許試砷法，那股「惡臭氣體」把一些人薰昏了。這次還是沒有驗出砷。在法庭上聽到這個消息，拉法基夫人喜極而泣。

檢察官孤注一擲，詢問當地醫師這輩子實行過幾次馬許試砷法。他們承認過去從沒做過。檢察官向法官懇求，主張本案極為重要，不能靠幾個鄉下醫師決定一切。他認為唯一能勝任此事的，是世界頂尖的毒物學家馬希優．歐菲拉醫師本人。歐菲拉搭特快車抵達後立刻開工，檢驗剩餘的器官：「肝臟、一部分心臟、足量的腸道、部分大腦」。這回，歐菲拉版的馬許試砷法得出陽性結果。歐菲拉還表示，砷毒並非來自查爾斯棺材周圍的土壤。

拉法基夫人被判終身監禁與勞役。一八四一年，她在獄中出版回憶錄，為自己的清白辯護，在三十六歲因肺結核過世前，她一直堅持自己是無辜的。

歐菲拉實行的馬許試砷法被視為對抗毒殺的分水嶺——為法醫毒物學加了不少分數。然而在審判之後，社會大眾頭昏眼花，無法判定法醫毒物學究竟是一門科學、一種藝術，還是一場遊戲。某份報紙總結一切：「在短短兩天內，被告的罪名被科學洗刷，現在她又被同樣的科學定罪。」讓法醫毒物學家參與可疑案件，這場大戰只贏了一半。接下來還得要培育出合適的法醫毒物學家。

瑪莉·拉法基是十九世紀許多以砷毒當工具的凶手之一，其他犯人的動機可能是金錢、復仇、自衛，甚至是嗜虐。法國人將最熱門的動機化為砷的別名：*poudre de succession*（繼承粉末）。一八四〇年到五〇年間，海峽另一側的英國和威爾斯有九十八件毒殺案。或許各位會納悶，一八三八年馬許試砷法問世後，怎麼還會出現如此惡毒的十年。事實上，在檢驗法出現前，法醫常常把砷毒歸為「自然死亡」。

瑪莉·拉法基，法院認定她在蛋酒裡下砷毒，謀殺丈夫查爾斯。

證明被害人死於砷毒是非常困難的。砷沒有味道——還有人說它帶了點甜味——聞不出來，能在各種商店便宜入手。人體無法排出這種重金屬，毒性便累積在受害者體內，導致身體漸漸惡化，呈現類似自然死亡的病程。服下砷之後，會出現程度不一的多種症狀：過度分泌唾液、腹痛、嘔吐、下痢、脫水、黃疸，全都是砷毒的成果。各個受害者出現的反應差異甚大，凶手可以多次下毒，不會引起醫師懷疑，他們只會依照最明顯的症狀，判定是霍亂、痢疾或胃熱病。聰明的砷毒殺手通常會長時間少量下毒，而非一次大量使用，避免導致目標暴斃、引起懷疑。

為此，一八五一年英國國會通過砷毒法案，提高取得砷的難度。販售者必須登記在案，購買者得要簽名並提出購買原因。除非是用於醫療或農業，所有的砷都要染成黑色或深藍色，跟糖粉或麵粉有些差異。

不過砷毒法案和馬許試砷法難以制止所有凶手。一八三二年，瑪莉．安．卡頓（Mary Ann Cotton，本姓羅賓森〔Robinson〕）在英國東北部杜倫附近的村子誕生。她九歲那年，父親摔落礦坑通風井過世，家計陷入困難。瑪莉．安天性聰穎，十多歲就在當地的衛理公會派主日學校教書。

到了十九歲，瑪莉．安懷上礦工威廉．莫布雷（William Mowbray）的孩子，兩人到全國各地找工作。瑪莉．安在流浪期間生下五個孩子，其中四人沒活下來，可能是自然死亡。一八五六年，這對夫婦搬回北方，瑪莉．安又替莫布雷生了三個孩子，全都死於下痢。

儘管悲痛萬分，她沒有放棄三人的人壽保險金。接著，莫布雷在礦坑出意外傷了腿，得在家裡休養。他很快就生病，醫師診斷是「胃熱病」，在一八六五年一月死亡。瑪莉到保德信保險公司的辦公室領取三十鎊，那是她最近慫恿莫布雷買的保單身故理賠金。

十多年來，瑪莉・安成為英國史上業績最好的女性連續殺手。無法得知她究竟用砷毒死多少人，但她很可能謀殺了自己的母親、四任丈夫中的三人（另一人拒買壽險保單）、一名情夫、十二個小孩中的八個，以及七名繼子女——至少二十個人。

一八七二年，瑪莉・安打起理查・奎克－曼（Richard Quick-Mann）的主意，這個海關貨物稅官員顯然比過去那些工人丈夫還要有錢。這回她七歲的繼子查爾斯・卡頓（Charles Cotton）成了絆腳石。她原本想讓查爾斯的叔叔領養他，但沒有成功。於是她把他送進當地的收容所，所長說除非瑪莉・安也一起接受收容，否則他不能接受查爾斯。她說這個男孩病了，如果所長不改變心意，他很快就會「像卡頓家其他人一樣」死去。

別無選擇的瑪莉・安下手毒死查爾斯，所長聽聞男孩猝死的消息，向警方報告。查爾斯死前治療他的醫師執行解剖工作，沒有找到中毒的跡象，於是法醫判定這是自然死亡。不過醫師保留了查爾斯的胃和腸道，事後他使用萊因許試砷法，發現了致命的毒藥。

警方對最後幾名死在瑪莉・安手上的被害人開棺驗屍，從屍體上驗出大量的砷。她的辯護律師主張，查爾斯是吸入房間壁紙上綠色油漆滲出的含砷氣體。不過驗屍報告鐵證如山，再加上其他證詞，瑪莉・安因為謀殺罪宣判死刑。現在看來，竟然沒有人懷疑過她，實在是太匪夷所思，不過在她毒死查爾斯之前，她一直都很謹慎、伶俐、惹人憐愛，不斷改名，到處搬家，沒有人逮得到她。而且她活在工人階級孩童高達百分之五十的時代。

上了絞刑臺之後，她的惡名眾所皆知。號外小報編出打油詩，開頭是「瑪莉．安．卡頓——她死了，她腐爛」，她的故事占據報紙幾個月的版面。她只是為了錢？還是有更邪惡的意圖？這種慘案還會發生嗎？為什麼過那麼多年才逮到她？下毒殺人有可能平安脫身嗎？

維多利亞時代的人深受女性毒殺凶手吸引，她們甜美可愛，往丈夫茶杯裡多加一匙糖，調出劇毒飲料。蛇蠍美人的形象令讀者著迷、恐懼、興奮不已。事實上，十九世紀英國謀殺配偶的凶手超過九成是男性。不過男人偏好捅死或是勒死他們的妻子，以迂迴手段毒害另一半的妻子人數是作丈夫的兩倍。

這種案子難以直接偵破。砷瀰漫在日常生活中。含砷油漆塗上小孩玩具、床邊故事書封面、綠色壁紙和窗簾；化妝品公司在美容產品裡添加砷；它還是壯陽藥、面皰藥膏、便宜啤酒的成分之一。因此，遇上了出乎意料的死亡事件，毒物學家必須對屍體上的砷含量相當敏銳，避免誤將無辜者打成殺人犯。

多年以來，各種產業使用各式各樣的有毒成分，有時是單純的無知，有時是希望其他人無知到底。二十世紀早期，兩名紐約醫師立下大功，讓粗心大意的公司和凶手無所遁形。

一九一八年，查爾斯．諾里斯（Charles Norris）當上紐約市的第一任首席法醫，負責調查非自然死亡或是死因可疑的屍體，他也設計了全世界第一套法醫體系。過去，法醫病理學一直掌握在「民選法醫」手中，他們大多是沒有科學背景的理髮師、喪葬業者，甚至更糟。鑑識歷史學家榮根・索恩瓦德（Jurgen Thornwald）統計在一八九八到一九一五年之間，紐約民選法醫裡總共有「八名喪葬業者、七名專業政客、六名房地產仲介、兩名理髮師、一名屠夫、一名牛奶商、兩名酒吧老闆」。這些人能力不足、貪汙腐敗，不過現在的首席法醫和他的手下員工必須是醫學博士，或是「技術高明的病理學家和顯微鏡技術人員」。

諾里斯指定亞歷山大・蓋特勒（Alexander Gettler）擔任病理化學家，請他建立美國的第一間法醫毒物學實驗室。蓋特勒發明許多檢驗毒物的技術。有一段時期，被私酒毒死的案例多到有如傳染病，蓋特勒研發許多方法來辨認酒內的主要成分。遇到案子裡出現不明毒物，他就去附近肉鋪買一片肝，將毒物注射進去，反覆實驗，直到找出成分。

他研究超過六千顆大腦，計算出「第一套科學化的醉酒程度量表」。在蓋特勒之後的病理學家遇上暴力致死或死因不明的案件時，都會先檢驗腦部組織裡是否有酒精的蹤跡。他也設計出氯仿、一氧化碳、氰化物、血液、精液等物質的檢驗法。當科學推上法庭作證時，諾里斯跟蓋特勒是提高科學證據可信度的專家。

故事從一八九八年的巴黎開始，瑪莉・居禮（Marie Curie）發現了釷、釙、鐳三個放射性元素，並且開發它們的功效。到了一九〇四年，醫師開始用鐳鹽讓癌症腫瘤縮小，他們稱之為「放射性療法」。當時的鐳是世人眼中的奇蹟物質——鐳水、鐳汽水、鐳面霜、鐳蜜粉、鐳肥皂等等。廣告滿是亮晶晶的元素，標榜能讓身心返老還童。

鐳看起來百利而無一害。美國鐳企業（US Radium Corporation）甚至在手錶錶面上塗含鐳的顏料，讓成品散發淡淡的綠光。一次世界大戰末期，夜光錶已經占據了美國各地時尚人物的手腕，鐳企業發了一大筆財。

鐳企業位於紐澤西州奧蘭治的塗色工人，每天可以畫出兩百五十個錶面。經理指示他們

當年含鐳面霜的廣告，宣傳詞寫道：「依照艾佛瑞·居禮博士（Alfred Curie）的配方製作」。

塗抹昂貴顏料時要俐落一些；他們學到用嘴唇抿出筆尖。工人都是年輕女性，休息時間會用含鐳顏料塗指甲、染頭髮；甚至有人在牙齒上塗色，笑起來讓人毛骨悚然。

然而，到了一九二四年，奧蘭治的塗色工人開始生病。她們的上下顎骨頭腐蝕，骨盆錯位，腳踝裂開，無法行走。紅血球量偏低使得她們總是疲憊萬分。死了九個人。美國鐳企業擔心生意受影響，從哈佛大學雇用一群科學家調查此事。他們的結論是，女工之死與工廠工作「是有關聯的」。緊張的管理高層生怕報告暗示產品有問題，硬是不讓報告曝光。不過另一群科學家也對女工進行了檢測。

法醫病理學家哈里森．馬特蘭（Harrison Martland）讀過他們的報告，決定要深入調查。馬特蘭是充滿熱情的工安提倡者，發表過許多研究結果，像是火藥工廠裡硝化甘油讓工人中毒，還有剛起步的電子產業使用的鈹會引發致命的肺部疾病等等。在他提出報告後，政府頒布了針對這兩種化學物質的規範。

馬特蘭研究還活著的跟最近死亡的奧蘭治女工，在一九二五年提出報告。他解釋鐳與鈣這兩種元素相當近似，進入體內後，人體會把鐳當成鈣看待，部分送去代謝，部分送去神經與肌肉，大部分分配到骨骼。可是鐳跟鈣不同，無法強化骨骼，而是以輻射線攻擊骨頭，摧毀造血的骨髓，鑽出小洞，這些孔洞隨著時間擴大。

那年，一小群離職員工勇敢站出來，控告美國鐳企業。這些「鐳女孩」（新聞媒體很快就替她們安上這個綽號）纏訟三年，只為了一個公開審判的機會。

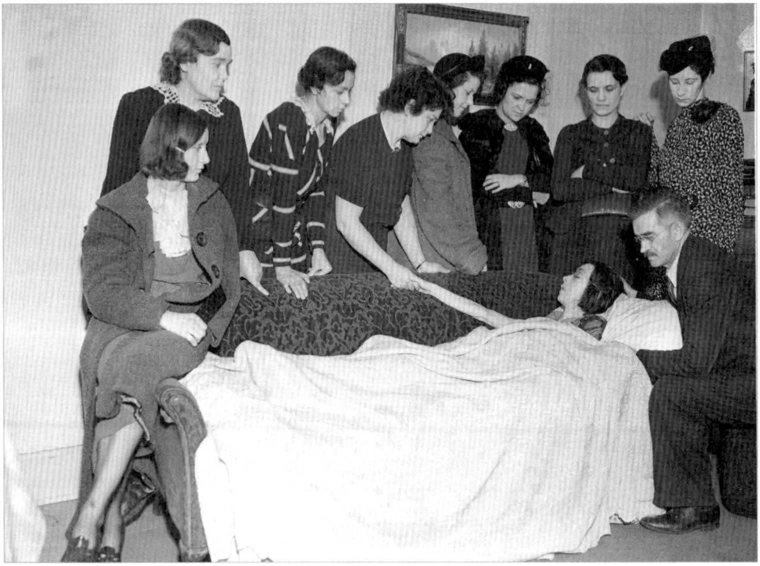

九名「鐳女孩」，她們在夜光錶工廠塗色的工作帶來致命的輻射中毒。

同時，馬特蘭請紐約法醫辦公室的查爾斯・諾里斯收集上法院用的證據。兩人計畫挖出前員工艾梅莉亞・馬吉亞（Amelia Maggia）的屍體，她死時才二十五歲，在工廠的最後一年，她體重大減、關節疼痛。隔年，她的顎骨裂開，幾乎得要全部摘除。她在一九二三年九月過世，法醫表示死因是「胃潰瘍」。

諾里斯要亞歷山大・蓋特勒分析艾梅莉亞的骨頭，包括頭骨、腿骨與右脛骨。蓋特勒的團隊將那些骨頭浸在洗滌用小蘇打粉溶液煮了三個小時，再把大塊的鋸成五公分大小，帶進裝設X光底片的暗房，緊緊固定在底片旁，同時拿另一具屍體的骨頭當成控制組。十天後，蓋特勒再來查看結果，艾梅莉亞・馬吉亞骨頭周圍的底片浮現星星般的白色小點，控制組的底片上什麼都沒有。他公開了實驗結果。

在漫長的訴訟期間，五名鐳女孩的身體狀況愈來愈糟，其中兩人是艾梅莉亞的姊妹昆塔（Quinta）和艾比娜（Albina）。昆塔的兩邊臀部骨裂；艾比娜無法下床，她的兩條腿長度差了十公分。另一名女工凱瑟琳・蕭柏（Katherine Schaub）希望能用賠償金買玫瑰花裝飾自己的葬禮。

美國鐳企業的辯護律師試圖繼續拖延，主張她們不能提告，因為她們已經沒在工廠工作了。不過原告提出馬特蘭和蓋特勒的研究成果，表示砷、水銀這類傳統毒物會帶來一陣子危害，但是鐳會一輩子留在體內。鐳女孩呼出的氣體中帶有另一種元素氡。

法院沒受理美國鐳企業的反論，堅持繼續審理，促使被告讓步，給予每一名女性一萬元現金、年度補助、免費醫療照顧。這些補償實在是太廉價了，至少有兩名原告在該年過世。

鐳女孩的悲慘故事收錄在黛博拉・布魯（Deborah Blum）的《毒殺手冊》（*The Poisoner's Handbook*，二〇一〇）書中。經過漫長訴訟，業者終於得到懲罰，給受害者一個公道——這正是現代工業員工在工作環境中接觸毒物的景況。《砷毒世紀》（*The Arsenic Century*，二〇一〇）作者詹姆斯・C・霍頓（James C. Whorton）寫道：「正如含砷蠟燭、紙張、布料，許多物品在危險性顯露之前已經大賣特賣，危害生產線的舉動都會遭到製造商壓制……政客以意識形態對抗或是忽視那些訴求，反對政府干預。」

蓋特勒的法醫毒物學實驗室成為典範。科學家團隊致力於縮小不明毒物的範圍，直到清單上一個也不剩。儘管毒殺案例漸漸減少，已開發國家的工業工作環境也大幅提升，因為「濫用藥物」——海洛因、古柯鹼、結晶甲基安非他命——而傷身或喪命的人依舊多如牛毛。近年來，法醫毒物學家便是把最大的心力放在這個領域。

羅伯特・佛瑞斯特（Robert Forrest）是雪菲德大學化學鑑識領域的榮譽教授，也是英國法醫毒物學領域的頂尖權威。他踏入鑑識領域的契機，要從過去在雪菲德大學運用許多高科技器材、進行最先進的臨床毒物分析開始，他的團隊也著手分析大量被替代海洛因的止痛藥害死的毒蟲檢體。

接著，當地法醫聯絡羅伯特，問他能不能協助鑑識調查。「能藉此賺到一點酬勞當然好，於是我開始合作，就這樣沒完沒了。」他說。這是嶄新而艱難的任務，羅伯特的專業技能愈來愈豐富。就算是拿顯微鏡觀察，大部分身體組織內的毒素看起來都差不多，他必須拿病理學家送來的血液、尿液、器官、毛髮做化學檢驗，最近甚至連腳趾甲也列入範圍。

有時止痛藥美沙東會帶來長期的影響，而非瞬間的急性傷害，羅伯特可以從受害者的毛髮驗出端倪。頭髮一個月大約長一公分，羅伯特把頭髮切成一公分長，分析每一段的成分，描繪出藥物吸收的時間軸。這項技術能幫助執行藥物篩選，還有因藥物影響的攻擊案件。「要說在哪種案子能派上用場……比如說，某個帶小孩的妓女想在取悅客人時讓孩子安靜，就餵他吃一點美沙東，結果有一天她餵太多了。她辯稱一定是其他人餵毒，不過我們在孩子的頭髮找到數個月持續攝取美沙東的跡象，狠狠拆穿她的辯詞。」

不過呢，這不是萬無一失的手段。舉例而言，淺色頭髮的黑色素較少，能抓住的藥物量比深色頭髮少。染髮、燙直這類美髮技術也會帶走藥物痕跡。儘管如此，毛髮依舊是藥物的有效指標，再怎麼說，它能在人死之後維持穩定。

羅伯特很清楚體內其他部位的藥物濃度會隨著死亡時間改變。「解讀檢驗結果一點都不簡單。」他坦承。過去的共識是「活人的血液」會跟死者的血液呈現同樣的毒物學檢驗結果。「現在我們知道事實並非如此。必須要非常謹慎處理。這點非常、非常棘手。」

人體內能找到多少毒素，要看毒物進入體內的途徑。如果是吸入，大多會留在肺裡。如果是肌肉注射，大部分會積在針孔周圍的肌肉；靜脈注射的藥物會存在血液中，胃和肝臟就幾乎驗不出結果。如果是吞食，腸胃、肝臟的殘留量最高。羅伯特解釋道：「標準的死者樣本是血液。有一點很可惜，我注意到這種事情常常發生——英國南部的病理學家似乎不會固定抽取胃內容物，那可是相當有用的證據。」看來毒物學和英國生活的各種層面一樣，存在著南北差異。

毒物學有時不只是用來辨識體內的異物，甚至可以幫忙重建死因可疑案件的情境。公共機構雇員非法殺人是極大的道德瑕疵；如果他們的工作是照顧病弱者，那就更難以原諒了。

三十三歲的潔西・麥塔維許護士（Jessie Mctavish）在格拉斯哥的路齊爾醫院年長者病房服務。一九七三年五月十二日，她在美國電視劇《鐵血顧問》（*A Man Called Ironside*）的某集看到老邁病患的親戚付錢要護士注射致命藥物殺害患者。隔天，她和幾名同僚討論劇情，其中一人提到以胰島素殺人不會留下任何痕跡。那集播出後過了三個星期，潔西病房裡的患者陸續莫名過世，光是六月就走了五個人。

七月一日，八十歲的伊莉莎白・利昂（Elizabeth Lyon）成了第六名無故死亡的患者，替她開立死亡證明的醫師心中警鈴大作。他與潔西負責的病房患者談話，有個人很怕她。潔西曾經給她打了一針，讓她「很不舒服」。問起這件事時，潔西說針筒裡裝的是無菌水，是安慰劑。其他醫護人員透露，潔西習慣給患者注射之後沒有留下紀錄。有人聽見她對訪客說，太平間的工作人員叫她煞星，因為最近她負責的病房接連出事。

麥塔維許遭到停職，院方控告她對另外三名患者注射未經處方開立的藥物，其中一人死亡。當年測量體內胰島素的技術尚未成熟，然而毒物學家從伊莉莎白雙臂針孔周圍的組織驗出大量胰島素。

麥塔維許在一九七四年六月受審，判定她謀殺伊莉莎白．利昂以及用非法注射攻擊另外三名患者。一群醫護人員提供對她不利的證詞。一名護士記錄她在病房內家屬休息區找到三個空的胰島素藥瓶，可是當時沒有醫師開胰島素給任何一名患者。另一名護士作證曾聽潔西說：「他們要挖屍體就去挖吧，絕對不會找到半點胰島素。」法官判她終生監禁。

五個月後，麥塔維許提出上訴。她的律師主張原本的法官羅賓森勳爵（Lord Robinson）誤導陪審團，沒有告知潔西曾拒絕回應警方提出的謀殺指控，偵訊潔西的該名督察並沒有錄下她的回應，卻直接在庭上轉述說：「我給利昂太太一CC胰島素，因為她想擺脫痛苦和不幸，而且她的腸子有問題。」潔西否認她說過這些話，堅稱她只提到注射了無菌水。她說督察告訴她只要承認注射胰島素，就能「在郡法院以五鎊罰金了事」。受理上訴的法官認同羅賓森勳爵誤導陪審團，撤銷麥塔維許的判決與刑責。

麥塔維許從蘇格蘭護士名單上除名，之後她結了婚，在一九八四年以夫家姓氏重回英國護理、接生、健康訪視中央委員會的專業人士名單。

法院撤銷了潔西．麥塔維許的罪名，不過在某個惡醫的案子裡，則沒有人能提出異議——他多次在病人身上注射嗎啡，還自己開立死亡證明。

哈洛德．佛瑞德里克．希浦曼（Harold Frederick Shipman，大家都叫他「佛瑞德」）一九四六年生於諾丁漢的一處國宅。他從小就很聰明，小學六年級的升學考試成績優秀，獲得當地頂尖的高佩門特文法男子中學頒予獎學金。他的母親總覺得自己比鄰居還要高尚，在養育過程中灌輸佛瑞德優越感，導致他無法融入同儕。他對母親死心塌地，當肺癌緩慢而痛苦地帶走她時，他幾乎崩潰了。醫師每天下午到他們家替她注射減輕痛楚的嗎啡，佛瑞德常常在旁邊看著母親陷入平靜。她在一九六三年，佛瑞德十七歲時過世。

一九六五年，佛瑞德進入里茲大學醫學院，認識十六歲的櫥窗擺設員普莉蘿絲．奧克托比（Primrose Oxtoby），兩人在他們的女兒出生前三個月結婚。希浦曼身兼學生、新任丈夫、新手爸爸三職，他對主要用在分娩的止痛藥配西汀上了癮。醫學生訓練過程中，師長會鼓勵他們四人一組做實驗，兩人服用藥物，另外兩人觀察藥效——或許他就是因此上鉤染癮。

希浦曼多年來假造配西汀處方箋，直到他終於情緒崩潰。接受完戒藥的精神治療後，他在一九七五年擺脫藥癮。從外表看來，他是個普通的中產階級居家好男人，有四個小孩以及認真持家的妻子。雖然幾名同僚認為他自大又冷漠，但病人覺得他是個好醫師，在服務過的地區（一九七四年起在約克郡托德摩登鎮，一九七七年換到蘭卡郡海德市）名聲都不錯。

表面上希浦曼是個優秀的家庭醫師，其實完全相反。二十五年來，他以平均一個月一人的速度謀殺患者。他典型的作法是拜訪獨居的老太太，為她們注射致死劑量的嗎啡，留她們坐在椅子或是沙發上，衣著完整，調高暖氣溫度。隔天，他回到現場，宣告她們已死，提供比起他前一天離開的時刻還要遲上許多的死亡時間。暖氣維持屍體的溫度，擾亂死後屍體降溫的速度，他的伎倆因此成功。他宣告患者死於心臟病發或是衰老，近期都是他照顧她們的健康，所以不需要驗屍。

到了一九九八年，海德地區有人開始懷疑。一名時常載老太太四處兜風的當地計程車司機發覺，她們似乎都在見過希浦曼後沒多久就過世。附近的家醫科醫師琳達．雷諾（Linda Reynolds）注意到他的患者死亡人數是她的三倍。希浦曼察覺自己被人盯上，他仔細挑選羅馬天主教徒作為接下來的幾名犧牲者，她們一定會土葬，而不是火葬。因為屍體火化前，要經過兩名醫師檢查，確認沒有需要解剖的疑點。

最後一名死在他手中的是八十一歲海德市前市長凱絲琳．古倫蒂（Kathleen Grundy）。根據希浦曼的說法，六月二十四日到她家抽血檢查時，她「健康得像頭牛」。隔天，她沒有出席年長者午宴俱樂部的活動，兩個朋友發現她躺在起居室沙發上，已經沒有生命跡象。他們打電話報警，警方聯絡希浦曼。他來到她家，迅速檢查一下，簽署死亡證明，在死因欄位填寫「衰老」。他也偽造了她的病例，添加暗示她濫用可待因的敘述，這種咳嗽藥會在人死後分解成嗎啡——他很清楚毒物檢驗極可能會驗出嗎啡。

凱絲琳依照她的遺願土葬，這時冒出一份遺囑，內容是她要把全部三十八萬鎊的財產留給哈洛德．佛瑞德里克．希浦曼。「我要把我所有的地產、金錢、房子交給我的醫師。」遺囑如此寫道：「我的家人衣食無缺，我想要感謝他對我、對海德居民的關懷照顧。」凱絲琳的女兒看到遺囑時震驚不已，「無法想像」她母親會這麼寫。她向警方通報，進行開棺驗屍。同時，調查人員在遺囑上找到一枚希浦曼的指紋，順著這條線索找到他收在診間的老舊兄弟牌手動打字機。

葬禮後過了六星期，凱絲琳的屍體在八月一日挖起。法醫病理學家約翰·路瑟佛博士（John Rutherford）執行驗屍，沒找到明顯的死因。他將她左臂的肌肉與肝臟樣本寄給法醫毒物學家茱莉·伊凡斯（Julie Evans）。臀部肌肉是全身上下最穩固的組織，是尋找毒物蹤跡的好地方。茱莉·伊凡斯以質譜分析檢驗臀部和肝臟，畫出圖表顯示樣本中多種化學物質的含量。九月二日，她提出報告，證明凱絲琳·古倫蒂死於致死劑量的嗎啡。

嗎啡屬於醫療用海洛因，是極易上癮的強力止痛藥，通常只會開給重病末期的患者。希浦曼透過偽造的處方箋囤積嗎啡，也偷拿癌症病患死後留下的藥物。這種藥作用在中樞神經系統，能減輕疼痛，讓人感覺平靜。如果注射到靜脈的話，呼吸會立刻減慢，喪失意識，最後死去。嗎啡讓人在毫無知覺的狀況下迅速死亡，然而奪人性命仍是殘酷的暴行。

即使已經喪命，嗎啡依然能在人體內殘留很久，於是法醫下令再挖起十一名希浦曼的已故患者，她們身上全都驗出致死劑量的嗎啡。希浦曼遭到逮捕，一九九九年十月四日開庭，檢方指控他犯下十五起謀殺案，還偽造凱絲琳·古倫蒂的遺囑。法院判他終身監禁，不過在二〇〇四年，他用床單做了繩結，吊死在監獄鐵窗桿上。

高等法院法官珍妮特·史密斯女爵（Dame Janet Smith）主導「希浦曼調查行動」，檢

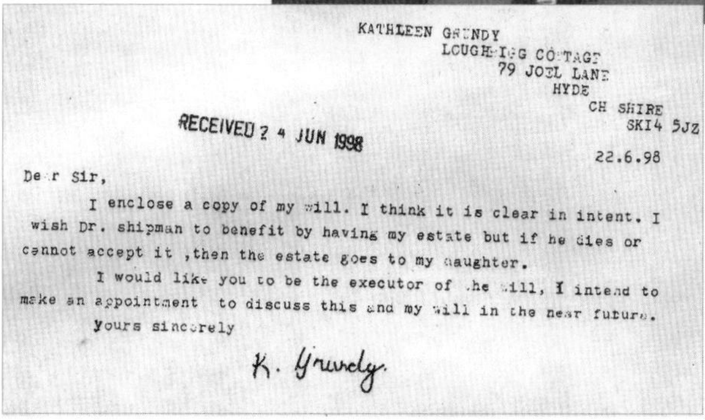

KATHLEEN GRUNDY
LOUGHRIGG COTTAGE
79 JOEL LANE
HYDE
CHESHIRE
SK14 5JZ

RECEIVED 24 JUN 1998

22.6.98

Dear Sir,

I enclose a copy of my will. I think it is clear in intent. I wish Dr. shipman to benefit by having my estate but if he dies or cannot accept it ,then the estate goes to my daughter.

I would like you to be the executor of the will, I intend to make an appointment to discuss this and my will in the near future.

Yours sincerely

K. Grundy.

連續殺人凶手哈洛德．希浦曼，以及他手中最後一名犧牲者凱絲琳．古倫蒂造假的遺囑信件。這封信的字跡與希浦曼診間裡的打字機相吻合。

驗他執業期間所有死亡的病患——總共八百八十七人。史密斯在二〇〇五年提出最終報告，估計希浦曼謀殺了兩百一十名患者，另外四十五人也可能是死在他手中，讓他成為業績最高的殺人凶手。儘管大部分的受害者都已經年邁，檢方「強烈懷疑」他殺了一名四歲病患。社會大眾群情激憤——為何沒有及早阻止他的惡行？醫界與鑑識學界也掀起了一股檢討醫德的風潮。

佛瑞德·希浦曼是如何成為如此精於算計的怪物？為什麼？在凱絲琳·古倫蒂之前，希浦曼從來都不是為了金錢動手。或許我們永遠無法解開這個謎：他把所有的動機帶進墳墓裡，將那些致命的行為隱瞞到最後。

說不定他是受約翰·波德金·亞當斯醫師（John Bodkin Adams）的影響，一九五七年，他在薩塞克斯郡義本鎮被控用嗎啡謀殺一百六十名患者（儘管隨後無罪釋放，近年的調查結果偏向認定他有罪）。心理學家卻認為，那些看著母親在嗎啡的影響下安詳入睡的午後是要素之一。羅伯特·佛瑞斯特寫過幾篇論文，講述醫療照顧者動手謀殺的案例，他提到醫師是社會的縮影，「並沒有特別高尚」。醫療照顧工作者投入這行往往是因為想探索學問、利他主義、社會地位、財務保障。羅伯特估計大約有百萬分之一的人士心態不正，「這些罪犯的心理狀態明顯有偏差，他們尋求刺激，甚至算得上是活躍的精神病患。」對於希浦曼這樣的人而言，「殺害患者是操縱、控制他們的極致，非常有意思」。根據落網後他與偵訊警官應對的高傲態度、有權私底下想殺誰就殺誰的信心，看來希浦曼很享受操縱他人生死，認為他可以當一輩子的上帝。

幸好大多數有意犯案的凶手沒有同樣的藥物與醫學背景當後盾。現在也不可能利用砷這類重金屬毒物，因為現代的毒物學家可以輕易辨認。這些凶手通常會選擇植物類的毒物，有時候還以相當不可思議的方式下毒。身為作家，阿尼克城堡的毒藥庭院帶給我許多靈感，創造出深愛植物性毒物的連續殺人犯。

不過喬治・馬科夫（George Markov）一案的離奇程度超越我筆下的一切。一九七八年九月七日，馬科夫站在倫敦滑鐵盧橋上的公車站旁，右臀突然一陣刺痛。他是保加利亞的異議作家，一九六九年逃到西方國家，當時他準備要搭公車到ＢＢＣ國際頻道上班，錄製諷刺保加利亞共產政權的節目。馬科夫猛然轉頭，察覺身旁一名男子彎腰撿起雨傘，叫了計程車離開公車站。他以為是被黃蜂或是蜜蜂扎了一針。等到抵達辦公室，他發現腿上出現小小的紅色水泡。當晚，他的腿開始發炎，發起高燒。隔天早上，救護車把他送去醫院，照了Ｘ光也沒在腿上發現任何異樣。儘管施用了大量的抗生素，馬科夫還是在四天後過世。

法醫懷疑馬科夫遭人下毒，於是命令進行解剖。病理學家魯夫斯・克隆普頓（Rufus Crompton）發現馬科夫體內器官幾乎都嚴重受損，認定他是死於急性血液中毒。他也在馬科夫臀部的皮膚內找到一顆類似針頭的小珠子，上頭鑽了兩個小洞。

克隆普頓將子彈和周圍組織送到毒物學家大衛・戈爾（David Gall）手中，經過檢驗，查不出毒藥的真面目。不過根據馬科夫症狀出現的順序，他認為那顆子彈應該含有蓖麻毒素——從蓖麻種子萃取出來的物質，毒性比氰化物強五百倍。想到馬希優．歐菲拉拿狗來做實驗，克隆普頓往豬身上注射蓖麻毒素。「症狀一模一樣。」他提出觀察結果：「死狀相同，血液樣本顯示出獨特的超高白血球量。」

如果蓖麻毒素被人吞食，症狀會很嚴重，不過還不到致命的程度。但若是透過注射、呼吸、黏膜吸收，只要幾粒鹽大小的劑量就能毒死成年男性。蓖麻阻止細胞合成蛋白質，導致細胞死亡，傷害主要器官。經過幾個小時的潛伏，出現高燒、抽搐、嚴重下痢、胸痛、呼吸困難、水腫等症狀，接著在三到五天內死亡，無藥可救。近年來，罪犯偏愛這種毒藥，因為它和砷一樣，症狀與自然死亡類似。

馬科夫一案中，克隆普頓猜測凶手在小珠子上鑽洞，放入少量蓖麻，再以糖衣包裹，設計好在攝氏三十七度（人類體溫）的環境下融化。射出小珠子的殺手一定是使用外表像雨傘、類似空氣槍的凶器。馬科夫遇襲前十天，巴黎也有一名逃離保加利亞的人遭到同樣的毒珠射擊，不過那人撿回一命，因為珠子外層的糖衣沒有完全融化。

馬科夫先前曾遇過兩次暗殺，警方懷疑他是遭到保加利亞祕密警察迫害，在背後撐腰的或許是蘇聯情報單位ＫＧＢ。一九九〇年，雙面特務歐雷格．葛迪夫斯基（Oleg Gordievski）宣稱ＫＧＢ提供了放入雨傘槍的毒藥。蘇聯在一九九一年瓦解，隔年前保加利亞情報部門高層摧毀整整十本的紀錄，裡頭都是政府下令執行的暗殺行動細節。也許我們永遠不會知道是誰殺了馬科夫。

一般民眾通常不會選擇如此複雜的下毒手段。二〇〇八年在倫敦西側的費爾塔姆區，四十五歲的拉克維兒・辛（Lakhvir Singh）育有三名子女，遭到交往十六年的情人拉克文德・希馬（Lakhvinder Cheema）拋棄。希馬的朋友說他「運氣真好」，開始跟二十幾歲的女人往來。拉克維兒心碎了。這時，希馬宣告他要在情人節跟新任女友結婚。拉克維兒下定決心，寧可殺了他也不要痛苦地看他跟別的女人在一起。於是她到孟加拉的喜馬拉雅山腳下待了一個月，帶回從綻放美麗花朵的附子（也稱為印度烏頭，據說是全世界最毒的植物）萃取出來的毒藥。（順道一提，J. K.羅琳〔Rowling〕的《哈利波特與混血王子》〔*Harry Potter and the Half-Blood Prince*〕書中，石內卜教授用的是英國版的附子草阻止雷木思・路平變成狼人。）

二〇〇九年一月二十六日，距離婚禮只剩兩個星期，拉克維兒・辛潛入希馬在費爾塔姆的住處，打開冰箱裡吃剩的咖哩，加上一點烏頭毒。隔天晚上，希馬和未婚妻吃了那份咖哩。他吃得很高興，還多吃一份，不久兩人開始嘔吐。他的未婚妻回想接下來發生的事情：「希馬跟我說：『我不太舒服。我的臉麻了，摸下去沒有感覺。』」接著，他的手腳無法動彈，勉強撥了九九九跟勤務人員說他認為前女友在他的食物裡下毒。兩人被救護車送到醫院，希馬不治身亡。

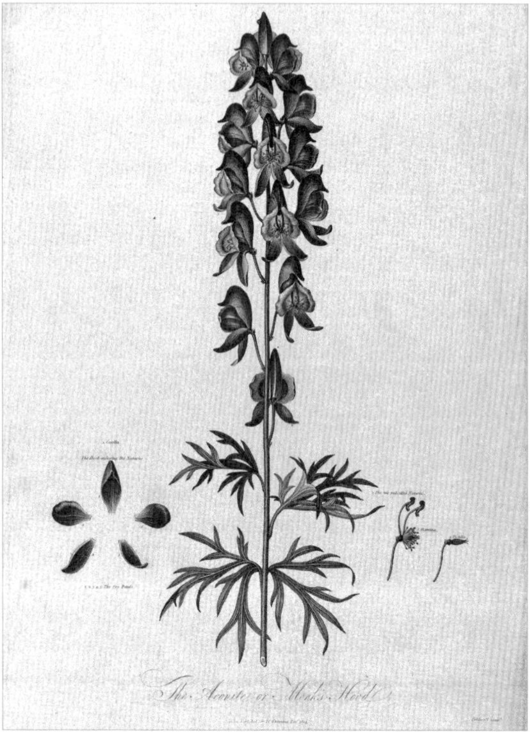

烏頭，也稱為附子、附子草。中了烏頭毒的症狀包括噁心、嘔吐、四肢灼熱刺痛、呼吸困難。要是沒有治療，可能在二到六個小時內死亡。

烏頭會抑止心臟與其他器官活動。劇烈嘔吐之後，被害者會感覺到彷彿有螞蟻在身上爬行，四肢失去感覺，呼吸愈來愈慢，心跳減弱，心律紊亂。腦袋在這個過程中卻相當清醒。希馬的未婚妻因為藥物作用昏迷兩天，毒物學家丹妮絲·史坦沃斯（Denise Stanworth）努力調查毒藥種類。羅伯特·佛瑞斯特解釋道：「幸好丹妮絲手邊有足夠的死者檢體。她驗到異國植物類毒素才查出是烏頭。」院方以毛地黃治療受害女性，讓她的心律恢復正常，最後完全恢復。

警方搜查拉克維兒．辛的公寓，在她的外套和手提袋裡找到兩包含有烏頭的棕色粉末。她辯稱這是治療頸部疹子的藥物，最後還是以謀殺罪名判處二十三年徒刑。

有時候，毒物學家會遇到尚未進入體內的毒物。我們在第二堂認識的火場調查員妮亞．尼克．戴依德，她同時是分析化學家，專精火焰、爆炸物與毒品。如果想知道某樣物體是否含有古柯鹼，她會先使用色彩毒品檢測法。「我們把檢驗物質滴進小試管，加入一點試劑，如果變成藍色，就是古柯鹼。」接著再透過更複雜的技術，像是氣相色層分析法，來查出毒品的純度。

一名泰國的研究人員來訪，她向妮亞說明貧困的國家無法負擔第二輪檢驗的費用。妮亞發覺很多人單純因為色彩檢測法遭到逮捕，無論毒品濃度多高，於是她和研究團隊發明出更便宜的方法。「先用智慧型手機拍下顏色，校正鏡頭之後，拿可能的純度色調來比對樣本。因為照片已經在手機裡，影像附加GPS定位功能，你可以隨時上傳。目前我們跟聯合國合作，繪製出即時更新的全球毒品樣本地圖。許多令全世界受惠的第一線鑑識技術不一定要動用到高科技產品。解決問題的方法其實可以很簡單。」檢測古柯鹼純度的色票檢驗法或許不符合兩個世紀前馬希優．歐菲拉的構想，但我深深覺得他應該會喜歡這種洗練的技術。

第六堂 指紋

「耶和華把兩塊法版交給摩西，是神用指頭寫的石板。」

——《出埃及記》（*Exodus*）31：18

上個世紀初，愛德蒙．路卡提出鑑識科學的黃金定律：「每次接觸都會留下痕跡。」然而，除非我們知道要如何分析、歸類、理解那些痕跡，否則它們無法為追捕罪犯幫上大忙。科學家不斷有新發現，偵查方法也隨之進步。辨識指紋技術一直都是逮捕罪犯歸案的先鋒。

鑑識科學的起點並非指紋，不過社會大眾對它的想像遠遠超越其他領域。也因為指紋的概念很容易理解，在法院通常不會受到質疑。二十世紀初，奉公守法的老百姓熱愛正義伸張的圓滿結局，沉默的竊賊碰了不屬於他的東西，就這樣默默露出馬腳；拿鈍器奪人性命的凶手會因為指尖的紋路上絞架。幸虧這套因人而異的凹凸組合，一個失手就絕對逃不過法網。

最早掌握指紋獨特性概念的歐洲人之中，有個名叫威廉．赫歇爾（William Herschel）的小夥子。一八五三年，他從英國啟航前往東印度公司的派駐地，該公司掌控了印度大半土地。四年後，該公司用於槍彈的潤滑油掀起爭議，引發公司旗下的印度士兵叛變，與英國指揮官對立。緊接而來的大規模叛亂——也就是印度反英暴動——蔓延全國，大範圍的暴力行為迎上英國部隊的激烈抵抗。等到塵埃落定，東印度公司被迫將領土交給英國皇室，許多員工轉任印度地方行政部門。赫歇爾被派去負責孟加拉的一處鄉村地區。

殘忍的叛亂使得全國氣氛緊繃，許多印度人決心讓英國統治者不好過，他們不去工作、不繳稅、不幫英國農場耕田。

二十五歲的赫歇爾滿懷雄心壯志，執意不讓動盪的局面阻礙他的成名之路。他上任後第一件事就是修築道路，與當地人科奈（Konai）訂了契約，要他提供修路所需的設備。接著他做了件古怪的事。

「我自己做了公務專用的油墨，要科奈沾滿掌心，在契約背面按下手印，跟他一起細看，扯了些手相的玩笑話，拿我自己的手印跟他的做比較。」赫歇爾要求科奈按手印時，他沒想到把這個當成身分證明，只是一種「嚇得他不敢毀約」的保證。

赫歇爾對手印的想法或許是源自印度教的殉夫儀式。這個儀式相當罕見（到了一八六一年更列為非法行為），是讓寡婦在亡夫的火葬堆上活活燒死。迎向人生終點的路上，她會經過「殉夫之門」，手掌沾紅色染料，按在門上。手印周圍的石頭隨後鑿掉，讓它成為浮雕。

二十年後，赫歇爾被指派到加爾各答附近的胡格利區擔任行政長官，負責管理法庭、監獄與年金。我們以為冒領福利津貼是現代的犯行，不過赫歇爾早在一百四十年前便察覺這類不法情事。他設置了要求領年金者留下指紋的系統，等到他們過世，其他人就無法冒領他們的福利金。他也留下入獄犯人的指紋，防止罪犯付錢讓人頂替服刑。

正式且有系統地辨識罪犯的概念，是從各個不同的地區漸漸萌芽茁壯。大約跟赫歇爾發展他設計的體系同一時期，巴黎一名警局辦事員阿爾馮斯・貝蒂隆（Alphonse Bertillon）正忙著應付大批即將入獄的罪犯。他決定藉由人體測量學建構系統性的辨認方式，選擇了十一個身體部位，包括頭顱寬度、手肘到中指的長度等等。貝蒂隆推測這十一個數值雷同的機率是兩億八千六百萬分之一，他將每個人的數值寫在卡紙上，卡片中央貼了兩張照片——正臉和側臉——罪犯檔案照就此誕生。

同時間，東京近郊的蘇格蘭醫療傳教士開始拿指紋做實驗。亨利・佛茲（Henry Faulds）注意到古代的製陶工匠用指紋來標記他們的作品。他也發現到灑上粉末便能讓模糊的指紋清晰可見，這項技術隨後替被指控竊盜的醫院人員洗刷冤屈。佛茲在真正的竊賊面前展示他的指紋和遭竊屋子窗臺上的指紋有多相似，對方才鬆口認罪。經過觀察，佛茲研發出十指指紋的紋路分類法，他試圖說服倫敦警察廳依他的系統建立指紋部門，卻遭到拒絕。

亨利・佛茲不屈不撓，寫信向查爾斯・達爾文（Charles Darwin）仔細介紹他的指紋研究。達爾文對這個想法深感興趣，但他認為還是交給年輕人處理比較好，於是他把計畫轉給表弟法蘭西斯・高爾頓（Francis Galton）。高爾頓花了十年時間鑽研指紋，寫下第一本以此

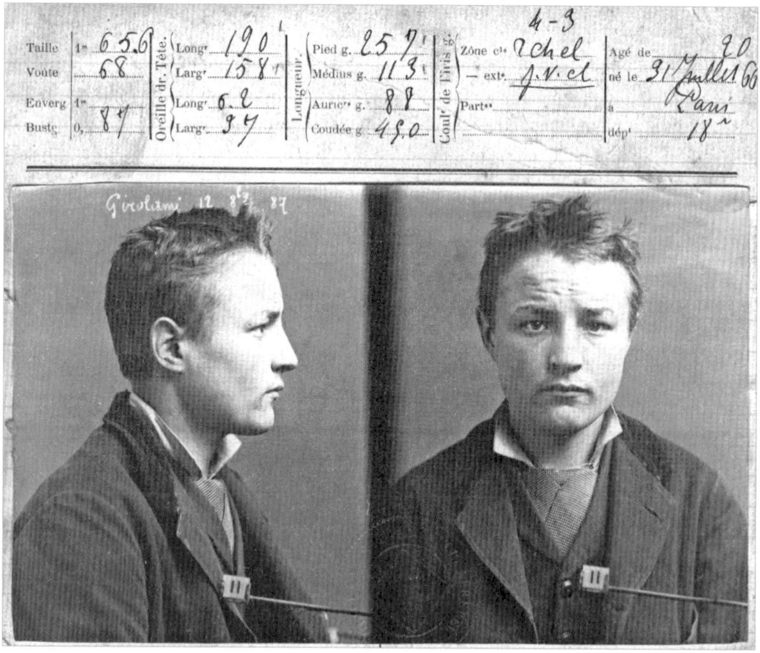

二十一歲的喬治·吉羅拉米（George Girolami），因詐欺被逮時留下的貝蒂隆式檔案資料。

為題的專書《指紋》（*Finger Prints*，一八九二），分辨出八種基本的指紋模式，可粗分為弧形、箕形、斗形三大類。他也證明了每個人的指紋都會符合其中一種模式。

讀過高爾頓的作品、在克羅埃西亞出生的警官胡安・福西提克（Juan Vucetich），開始從阿根廷布宜諾斯艾利斯的落網罪犯身上採集指紋，發展出自己的十指分類系統，將之稱為「指紋鑑別法」，許多拉丁語系國家至今仍然使用這套系統。除了應用在刑案上，阿根廷政府很快就拿指紋當作國內身分認證的工具。

福西提克的系統不久便面臨棘手案件的挑戰。一八九二年六月二十九日，在布宜諾斯艾利斯近郊的村子，四歲的泰瑞莎・羅哈斯（Teresa Rojas）和她六歲的哥哥潘奇諾（Ponciano）在家中遭到殘殺。他們的母親法蘭西絲卡（Francisca）喉嚨被劃了一刀，幸好撿回一命。

法蘭西絲卡向警方供稱，鄰居佩卓・維拉奎茲（Pedro Velázquez）衝進她家，殺了她的兒女，還劃傷她的喉嚨。警方逼問維拉奎茲整整一個星期，可是他緊咬自己的不在場證明：案發時他跟一群朋友在一起。

套不出認罪供詞，艾瓦瑞茲局長（Alvarez）深感挫敗，回到案發地點，這回他發覺門框上有一片棕色汙漬，認為應該是血手印。他取下沾染血跡的部分門框，加上維拉奎茲的指紋，交給剛在布宜諾斯艾利斯開設指紋辨識局的胡安・福西提克。

福西提克很篤定這兩份指紋並不相符。接著他採集法蘭西絲卡・羅哈斯的指紋，竟然與血手印一致。面對鐵錚錚的指紋證據，這名母親承認是她殺害兩個孩子，割破自己的喉嚨製造效果，誣告無辜的鄰居。她想要甩開拖油瓶，以便順利嫁給不喜歡小孩的男友，卻成為第一個因為指紋證據定罪的罪犯。法院判她終生監禁。

破了羅哈斯案後，阿根廷放棄貝蒂隆的人體測量系統，開始依照指紋整建犯罪紀錄。不久之後，其他國家紛紛跟進。隔年，孟加拉警局局長愛德華・亨利（Edward Henry）把大拇指指紋加入他的人體測量犯罪紀錄。儘管早在四十年前，威廉・赫歇爾已經把指紋系統正式引入孟加拉的公共事務，但警方還沒有從中得到什麼好處。亨利與印度警官阿西祖・哈奎（Azizul Haque）合作，修改高爾頓的系統，讓調查人員能透過指紋特徵編出個人專屬的號碼。之後依照這些號碼，將罪犯的指紋分入警察總部的一千零二十四個檔案櫃；只要採到新的指紋，按照特徵編碼，再打開對應的檔案櫃，確認是否已經有這筆資料。到了一八九七年，英國殖民的印度境內已經全面採用「亨利分類系統」。

一九〇一年，亨利被召回倫敦，率領倫敦警察廳的犯罪調查部門（Criminal Investigation Department, CID）。他很快就設置指紋局，記錄有累犯可能的罪犯身分。在這套可靠的記錄系統問世前，職業罪犯會編造假名，假裝自己是初犯，躲避累犯的嚴厲刑責。光是第一年，指紋局就破解了六百三十二名慣犯的假名。

往往要藉由眾所矚目的案件，才能讓一般百姓意識到新鑑識技術的存在。指紋躍入鑑識聚光燈的機會是在四年後的一九〇五年。三月底某個星期一早晨，十六歲的威廉・瓊斯

（William Jones）到倫敦迪特福大街的查普曼油彩店準備上班。但他沒想到都已經八點半了，店門還上著鎖，拉門也沒開。住在店鋪二樓的經理夫婦通常會在七點半開門，迎接清早的客人。威廉擔心他們生病了；夫婦倆分別是七十一歲和六十五歲，他的懷疑相當合理。威廉敲門沒人回應，他改用肩膀撞門。門關得很緊，他只能踮腳透過拉門上方的縫隙瞧。在店鋪後方的壁爐旁，他看見一張往側邊翻倒的躺椅。

威廉心裡焦急，跑去找了個朋友，兩人匆忙回到店外，撞開門。威廉發現他的老闆湯瑪士．法洛（Thomas Farrow）倒在那張翻倒的躺椅下方，腦袋開花，鮮血滲入壁爐裡的灰燼。事後經過解剖，病理學家表示湯瑪士的頭跟臉被打了六次，凶器可能是撬棍。

最先抵達現場的警佐艾伯特．艾金森（Albert Atkinson）發現安．法洛（Ann Farrow）躺在二樓的床上，遭到毒打、喪失意識，不過還有一口氣。艾金森注意到空蕩蕩的錢箱落在法洛夫婦床邊。威廉向警方解釋，法洛先生通常會在星期一帶錢箱到銀行，存入每週大約十鎊的收入。

愛德華．亨利在ＣＩＤ的後繼者梅維爾．麥克納登（Melville Macnaghten）負責本案。一八八九年，他進倫敦警察廳的第一天就被上司叫去聽取去年未破的開膛手傑克案件簡報。直到退休，麥克納登一直留著遭到開膛手殘殺的被害者照片，提醒自己要更努力。任何經驗豐富的警探手邊都有幾件尚未偵破的謀殺案，他也不例外。加入ＣＩＤ後才過了三天，麥克納登就得去河堤撿起女性的屍塊，始終沒有找到殺害她的凶手，後人稱這個案子為「泰晤士之謎」。

麥克納登執意破解湯瑪士．法洛凶殺案。這個案子嚇壞了當地居民，迪特福是個汙染嚴重、人口擁擠的地區，疾病與犯罪是家常便飯，可是冷血的謀殺倒是很少見。

這對老夫婦身穿睡衣，病理學家又推測湯瑪士．法洛在威廉發現他前不久才嚥氣，因此警方相信，湯瑪士在清晨遭人引誘自己打開店門。他們推測襲擊者在一瞬間對湯瑪士下手，接著衝上樓找他的錢箱。警探在二樓樓梯口找到一灘血，推斷湯瑪士追著凶手上樓，保護無助的妻子。接著凶手無情地解決他，狠狠毆打他的妻子，不讓她出聲，帶著錢逃走。

麥克納登仔細檢查錢箱，注意到箱內托盤底部留下一枚油膩的指印。他隔著手帕撿起箱子，拿紙張包裹，帶回指紋局。麥克納登深知自己可能會成為笑柄，雖然曾經靠指紋證據在一九〇二年逮到竊賊哈利．傑克森（Harry Jackson），但這個領域一直擺脫不了手相算命的陰影。並不是每個人都相信傑克森受審時檢方提出的指紋效力。判決公布之後，某人化名為「作嘔的法官」投書到《泰晤士報》：「倫敦警察廳曾是全世界最優秀的警察組織，倘若繼續堅持靠皮膚上的古怪凹凸追捕罪犯，將會成為歐洲的笑柄。」

指紋局局長查爾斯．柯林斯（Charles Collins）拿放大鏡細看托盤，從尺寸和脊線斜度認出這是流著汗的右手大拇指。他也採集了艾特金警佐和法洛夫婦的指紋，慶幸這枚指紋並不屬於他們。這個證據增強了右手大拇指與現場指紋相符的人就是嫌犯的假說。

儘管指紋局才成立四年，他們已經累積了九萬組指紋，儲存在巨大的多格檔案木櫃裡。

一九四六年，一名CID助理拿最新的指紋比對倫敦警察廳的指紋紀錄。

柯林斯檢查了相對應的檔案櫃，找不到符合的目標。

第二個打擊在五天後降臨：安．法洛傷重不治。麥克納登原本期盼她恢復意識，描述凶手外表。

有時候案情的突破得要感謝媒體協助。一名牛奶工看到謀殺案的新聞，前來通報他曾在早晨七點十五分看到兩名男子離開油彩店，他還大喊提醒他們沒把前門關好。其中一人回頭說：「喔！沒關係！」然後跟同伴一起離開。牛奶工描述他們的外表。其中一人留著黑色鬍鬚，身穿藍色西裝和圓頂帽；另一人穿棕色西裝與報童帽。

接著，另一名目擊證人向警方說明為什麼威廉．瓊斯會發現前門上了鎖。這人是個畫家，他在七點半瞥見滿臉是血的老先生關上門。麥克納登整理來龍去脈，猜測湯瑪士．法洛在樓梯口二度受襲時沒死，昏昏沉沉、跌跌撞撞地爬下樓梯，關上門，回到店鋪後方，最後終於倒地不起。

第三名目擊證人挺身而出：這名女性在七點二十分看到符合牛奶工描述的兩人沿迪特福大街飛奔。更棒的是，她認得其中一人。她說穿棕色西裝的男子是二十二歲的艾佛瑞．史特頓（Alfred Stratton）。他同夥的外表特徵符合艾佛瑞二十歲的弟弟艾伯特（Albert）。警方訊問艾佛瑞的女友時，她承認謀殺案前一天，艾佛瑞手邊的錢不夠買食物，但是案發隔天，他帶著麵包、培根、柴火、煤炭回家。這樣就夠了。史特頓兄弟在湯瑪士．法洛遇害後一個星期遭逮落網。

然而厄運如影隨形，緊跟在調查小組身旁。牛奶工和他的助手都無法正確指認史特頓兄弟。他們大了膽子，嘲笑警方，當查爾斯．柯林斯採集他們的指紋時，兩人樂不可支。

不過，獲得最後勝利的是柯林斯。他比對資料，發現錢箱內的指紋與艾佛瑞．史特頓的右手大拇指相符。

檢方知道他們的工作還沒完。一個兩、三公分的汗漬能夠說服陪審團嗎？這個案件背負了太多重擔：要兩名冷血殺手認罪；重振倫敦警察廳在開膛手傑克肆虐時重挫的名聲；還有讓社會大眾接受指紋也是關鍵證據的事實。麥克納登和倫敦警察廳廳長愛德華．亨利都很清楚他們下了多少賭注。

說來也真是諷刺，從日本回來的亨利．佛茲準備替被告作證辯護。他有他自己的立場。首先，倫敦警察廳回絕他提出設立指紋局的提案，接著又依照愛德華．亨利制定的「亨利分類系統」開設指紋局，沒有承認佛茲對於指紋辨識發展的功勞。佛茲打算聲稱檢方做的研究還不夠，無法證明一根手指的指紋可以精確指認犯人。

查爾斯．柯林斯正面迎擊，帶了幾張放大的照片出庭。他讓陪審團細看錢箱上的模糊指紋，接著是法洛夫婦與艾金森警佐的清晰指印。不需要多做解釋，陪審團就能看出每個指紋都完全不同。接著柯林斯亮出艾佛瑞．史特頓的大拇指指紋，一眼就能分辨與現場指紋極為相似。柯林斯指出十一個相似點，陪審員看得如痴如醉。

輪到被告方交叉詢問時，柯林斯秉持他的專業供稱，由於施力與接觸角度不同，同一根手指不會印出一模一樣的指紋。被告方推出的第一名指紋專家約翰・葛森（John Garson）站上證人席，質疑柯林斯提出的十一個相似點。他說點與點之間的距離有的短有的長；連接的線條彎曲度也略有不同。

知名的檢方法律顧問理查・穆爾（Richard Muir）交叉詢問葛森，在他面前放下兩封信，都是葛森在同一天寫下的。其中一封是寫給史特頓的律師團，自願幫他們作證；另一封

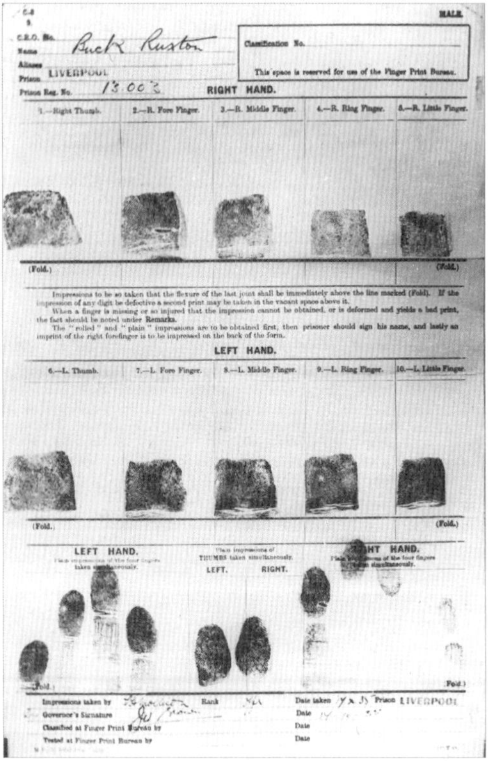

一九三六年在利物浦監獄採集的巴克・魯克頓指紋。

則是寫給皇家檢控署，提出同樣的建議。穆爾暗指葛森是拿錢辦事的打手，可以為出價更高的雇主效命。針對這項指控，葛森應道：「我是獨立行事、不受指使的證人。」對此，法官嚴厲補上一句：「也是相當不值得信任的證人。」

亨利．佛茲排在下一棒登臺，他準備提出威力龐大的觀點：比對數千枚指紋後，他不能肯定表示一枚指紋只專屬於一個人。然而被告方生怕穆爾會像對付葛森那樣修理他，於是沒有讓他發言。

經過兩個小時的商討，陪審團判定史特頓兄弟有罪。十九天後，一九〇五年五月二十三日，兄弟倆雙雙上了絞架。英國執法體系踏入了嶄新的科學證據領域。

到了一九〇五年，印度、英國、匈牙利、奧地利、德國、瑞士、丹麥、西班牙、美國、加拿大紛紛設立指紋局，但是只在布宜諾斯艾利斯和倫敦真正用來指認罪犯。史特頓一案展現了指紋的強大之處。在關鍵審判的隔年，另外四名英國罪犯因為犯罪現場的指紋遭到起訴。同年，紐約市警局（ＮＹＰＤ）將指紋系統引進全美國的警察部門。

在八〇年代靠電腦自動辨識指紋的技術問世之前，愛德華．亨利的分類比對系統本質毫無改變，指紋檢驗人員的工作也是如此。

檢驗人員必須了解他們看到了什麼。我們的指尖肉墊上布滿了凹凸紋路，如果沾滿印泥、按在紙張上，便能看到突出的部分，成為指紋的招牌形象。早在出生之前，指紋已經是我們的一部分；它們最先在懷孕第十週時浮現，當時胚胎只有八公分長。構成胚胎皮膚三層組織中的子宮黏膜基底層開始加速生長，為了釋放壓力，山脊一般的皺摺便形成了，「有如地層受到擠壓般隆起」。如果你的指尖完全平坦，皮膚會承受相同的壓力，形成平行的脊線。但是人的指尖肉墊中間高、左右低，在平均壓力之下通常會形成同心圓。突出的紋路同樣布滿了我們的掌心和腳底。其他靈長類也有指紋，演化生物學家相信指紋一定有其用處，幫助我們的皮膚伸展彎曲，不致受到嚴重傷害；汗水可以沿脊線之間的凹槽流走，這樣拿東西時就不會太滑溜；指紋也增加我們與樹皮這類粗糙表面的接觸面積，增進抓握穩定性。

我們的手指接觸某個表面時，就會留下脊線的獨特圖案。即使是同卵雙胞胎，指紋也不會完全相同。長達一百多年的研究期間，還沒有人找到兩根手指上出現一模一樣的紋路。

如果是在一般家庭裡，辨認誰留下什麼痕跡是很簡單的事情。這些小小的泥印子是忘記脫鞋的小朋友，更小的腳印來自狗兒，但這只是人選有限之下輕鬆的刪去法，而且那些印記肉眼可見、相當清楚。隱形、模糊的指紋就麻煩了。汗水、泥巴、血液、灰塵都能留下清晰和模糊的印子。物體表面吸水性愈強、愈是不規則，CSI要取得完整指紋的難度就愈高。以往從塑膠袋或人類皮膚上採集指紋是不可能的任務，不過鑑識技術有了進展，已經可以做到這些事了。

英國的CSI依照邏輯順序，利用多種手法從最不容易破壞的區塊開始。採集步驟全都寫在內政部的《指紋發展手冊》（*Manual of Fingerprint Development*）裡頭。ＣＳＩ首先要尋找清晰的指紋，像是羅哈斯家門框上的血手印；必要時會拍下照片。接著用雷射光和紫外光掃過各處表面，檢查隱形痕跡，讓它們呈現可以拍攝的狀態。如果特殊照明沒有用，就得小心翼翼地在痕跡上刷一些深色粉末，先拿膠帶壓過，再撕下膠帶，貼到白色卡片上，這就是一份「定稿」。這是亨利・佛茲發明的經典採集指紋法，到了今天仍舊是犯罪現場最常使用的技術。假如指紋說什麼就是不肯現形（在孔隙多的表面常會遇到這種狀況），ＣＳＩ可以用多種化學藥劑與人類汗水中的鹽分及胺基酸起反應，讓指紋浮現。

照片和定稿接著會送到負責指紋的警官手上，由他判定上頭的脊線是否適用於指紋辨識。假如指紋不會太模糊、太不完整，警官首先會拿中立人士——也就是出現在此合情合理、沒有嫌疑的人，包括被害者和警官——來比對，接著再尋找潛在的嫌犯。這是維持調查客觀的必須程序。如果負責警官判斷與現場人員無關，就會把指紋掃描後以幾何圖形編碼，利用全國資料庫自動比對，比如說英國的IDENT1，裡頭有八百萬筆資料。

IDENT1是愛德華・亨利檔案櫃的現代版本，與ＦＢＩ的資料庫一樣，稍微修改了亨利的分類與辨識系統。電腦程式會對指紋提出一連串問題，像是「你有幾個螺紋呢？」。每個答案都等同一組數值——「兩個螺紋」就是兩點。把這些數值串在一起，就成為那枚指紋的代碼，再丟進IDENT1和另外八百萬組代碼比對，找出最接近的十組左右。

負責人員現在要判斷其中是否有相符的數值，這也是個主觀的處理程序。只要找出脊線模式整體數值相近的資料，接下來他就要細看幾個辨識點，我們稱為「特徵點」，包括脊線起始、結束、連結的位置；哪裡分開、哪裡又架起了連接兩根脊線的橋梁。

倫敦警察廳成立指紋局的一九〇一年，像查爾斯．柯林斯這樣的警官得要找出至少十二個相符的特徵點，才能當成呈上英國法庭的有效證據。一九二四年，比對的細節提高到十六點，高出其他國家，當時大部分的指紋專家認為八個相符點就夠了。假如負責警官找到八至十五個相符的細節，通常就會呈報給調查小組，因為這或許是條有價值的線索。不過到了一九五三年，所有的英國警務單位都採納了十六點的標準。

史特頓兄弟案之後，世界各地的民眾、執法機關、警方對於指紋的信賴愈來愈深。對許多人而言（包括眾多專家），指紋籠罩著絕對不會失敗的光環。正如吉姆．佛瑞瑟（Jim Fraser）在二〇一〇年出版的《鑑識科學：極短篇》（*Forensic Science: A Very Short Introduction*）書中所言：「在大部分檢驗人員眼中，靠著指紋辨識身分沒有任何曖昧不明的空間，也就是說，準確度百分之百。」

如果指紋很清晰，警官找錯人的機率趨近於零。不過要是指紋模糊、被其他痕跡蓋過、沾染血液而印下，不同的承辦人員可能會看出不同的結果。一九九七年的一起案件將指紋的主觀性質逼到了邊緣。當年的一月六日，住在蘇格蘭基爾馬諾克的瑪莉翁．羅斯（Marion Ross）被人發現死在家中。她遭到暴力攻擊，身上有許多戳刺傷口，肋骨碎裂，一把剪刀插在她喉頭。ＣＳＩ到場蒐證，在瑪莉翁家找到兩百多個潛伏指紋，送到蘇格蘭犯罪紀錄辦公室刪去中立人士——醫護人員、警官等等。

成為完美風暴中心的指紋是浴室門框上的左手大拇指印。雖然相當模糊，負責指紋的警官篤定它屬於三十五歲的警員雪莉・麥基（Shirley McKie），當時她應該要待在屋外，保留完整現場讓調查人員蒐證。如果要摸到那扇門，她必定是離開了崗位，這可是嚴重的失職。

警官經過完整訓練，知道在犯罪現場該如何行動；CSI總是穿戴防護手套，以防破壞罪犯留下的蛛絲馬跡。此案事關重大，蘇格蘭犯罪紀錄辦公室又派了三名專家來檢驗，證實是麥基的指紋。看來這名警探真的棄守了她的崗位。

同時，警方查出最可疑的嫌犯是二十歲的打雜工人大衛・艾斯伯里（David Asbury）。調查人員在瑪莉翁家找到他的指紋，而他的錫製工具箱上也有她的指紋。艾斯伯里解釋，他最近到瑪莉翁家幫忙修了一些東西，才會有這些痕跡。不過警探認為手邊證據已經足以逮捕艾斯伯里。

艾斯伯里受審時，麥基聲明她從未進入瑪莉翁・羅斯家，所以那枚大拇指指紋絕對不會是她的。現場另外五十四名警官也替她背書。然而她仍被調離斯特拉斯克萊德警局，最後遭到開除。

她的夢魘尚未結束。一九九八年的某個清晨，雪莉・麥基被警方逮捕，她得在女警的注視下換衣服。警官帶她到警局，她的父親伊安・麥基（Iain Mckie）是該警局的高層。她被搜身、關進牢房，這時才得知她遭控犯下偽證罪，要面臨八年徒刑。她父親在警界待了那麼多年，深深相信指紋證據的可信度。比起質疑專家，相信他親愛的女兒撒謊還比較容易。「大家都被一枚指紋困住了。」他提醒她。

一九九九年五月，雪莉・麥基在高等刑事法院受審。兩名美國專家檢驗過指紋，主張那不是她留下的。他們說其中「明顯的」差異只要「幾秒鐘」就能看出來。根據這個證據，陪審團判定麥基沒有犯下偽證罪。二〇〇二年八月，大衛・艾斯伯里的謀殺罪也被愛丁堡刑事上訴法庭撤銷——因為指紋證據判讀有誤。當時他已經在牢裡關了三年半。

雪莉・麥基洗刷冤屈後，蘇格蘭犯罪紀錄辦公室以及斯特拉斯克萊德警局的四名警官被控瀆職。麥基為了她蒙受的損失提告，在二〇〇六年收到七十五萬鎊的賠償金。

可是這時她已經失去了熱愛的工作，在禮品店當了幾年店員，罹患嚴重憂鬱症。伊安・麥基現在到世界各地巡迴演講，呼籲在法庭上要提出更完善的專業證據，警告眾人不要被指紋專家的迷信給耍了。

二〇〇一年，英格蘭和威爾斯捨棄了十六點辨識標準，一半是因為麥基－艾斯伯里的冤獄，另一半是因為這其實不算是標準。假如負責指紋的警官找到十四個相符點，有時候他們會再多找兩個，以獲得「相符」的結果。他們只看相似處而非相異處，這是很危險的作法。取消十六點標準，沒有任何數字標準存在，然而其他專家極少挑戰指紋辨識警官的決定。

凱薩琳・崔蒂（Catherine Tweedy）是今日負責挑戰指紋辨識警官的少數人之一。她給人的第一印象是受到孩子喜愛的老師，因為她能引出他們的潛力——風趣、擅長鼓勵、知識淵博。但是跟她相處個五分鐘，你會看見她的另一面：將嚴謹的科學知識投入激烈的邏輯爭辯，滿懷熱情地做好每一件事。她完成了英國和海外的各種指紋課程，包括佛羅里達州邁阿密警方的「進階潛伏指紋」。目前她是杜倫一間鑑識顧問中心的指紋專家，大多擔任被告方的專家證人，負責反覆檢驗在英國境內執行過的部分指紋鑑識內容——雖然與她的理想相比還有一段距離。「我從九〇年代中期開始做這行，是以科學家的角度來面對。人們總是以為這是斬釘截鐵的科學證據，都要把我逼瘋了。這完全不是科學。只是比對。」為指紋鑑識背書的種種花言巧語總把它說得像是嚴謹的科學，但是凱薩琳．崔蒂花了二十年努力提醒社會大眾，朝篤定的結果前進並不代表一定能到達，也有可能獲得反效果。

二〇〇六年，也就是麥基獲得賠償的那一年，蘇格蘭跟隨英格蘭和威爾斯廢除十六點標準系統。到了二〇一一年，麥基－艾斯伯里冤獄案的公開調查結果出爐，將指紋辨識錯誤降為「人為疏失」，而不是斯特拉斯克萊德警局的瀆職。報告內建議指紋證據應當要視為「意見證據」，不算事實，因此在法庭上應該要「就事論事」。

然而這個訊息並沒有進入每一名指紋辨識警官的心坎裡。凱薩琳．崔蒂說：「他們的訓練沒有教他們意見就只是意見。如果過去所學要你把一切當成事實看待，現在卻叫你後退幾步，承認中間有模糊地帶，那是非常困難的事情。在許多案子裡，你不能百分之百確定，因為你只拿到指紋的一小部分。」

即使指紋完全與某人匹配，調查人員在推論來龍去脈時依舊可能犯錯。凱薩琳經手的第一個案子裡，主角是十四歲少年詹米（Jamie），被控闖入北愛爾蘭的一間住宅偷竊。警方在浴室窗臺上找到他的手印。跟詹米對談時，他說他這輩子沒有進過那棟屋子。凱薩琳到了現場，看出詹米的證詞的確有道理。屋裡又臭又亂，徹底搜查的難度極高。看到那枚手印時，她認為那確實與詹米相符。可是假如有人從浴室窗戶進出，一定會在浴缸或是洗手臺留下痕跡，還會踢倒窗臺下的垃圾堆。但是完全沒有這些跡象。

蒐證人員沒有進入其他房間，或是檢查兩扇外廳門。凱薩琳自己做了蒐證，無法找到其他連結詹米與這棟屋子的證據。

凱薩琳的調查結果讓詹米的辯護團隊士氣大振，查到遭竊屋主在他們家女兒十六歲生日那天把她無情地趕出家門。她到朋友家住了兩、三個星期，等到父母照平常習慣外出購物時，她攜帶鑰匙回家，從前門進屋，帶走她的收音機、存錢筒、幾件衣物、幾捲錄影帶。

她的雙親回到家，發現有東西不見，於是向警方通報竊案。調查行動環繞浴室的手印展開，沒有多問詳情。凱薩琳．崔蒂詢問過詹米的朋友，他們說常常在那棟屋子後頭玩海盜遊戲。那是一種抓人遊戲，參加者必須要雙腳離地，不然就輸了。詹米很會爬上爬下，他的絕招是爬上排水管，單手攀在浴室窗框上。假如凱薩琳不是這樣緊追不放，詹米的矯健身手可能會害他進監獄。

有些指紋是從更驚悚的現場採集到的。二〇〇四年三月十一日的尖峰時刻，馬德里的四輛通勤電車上，十顆炸彈同時引爆，造成一百九十一人死亡、一千八百人受傷。ＦＢＩ懷疑是基地組織幹的好事。

西班牙警方在一個塑膠袋裡找到凶手丟棄的整組全新起爆管，上頭有一枚不完整的指紋。經過ＦＢＩ比對資料庫，找出二十筆可能的結果。

西班牙鑑識人員在阿托查車站外遭到炸毀的電車車廂內尋找線索。二〇〇四年的恐怖攻擊是西班牙史上最慘烈的事件之一。

其中一名嫌犯是布蘭登‧梅菲德（Brandon Mayfield），美國出生，當時在奧勒岡州當開業律師。ＦＢＩ資料庫會有他的指紋是因為他曾在軍隊服役。更引起反恐單位注意的是他娶了個埃及老婆，改信伊斯蘭教。他曾經替「波特蘭七人幫」的其中一人辯護，那群人想要去阿富汗加入塔利班政權。雖然是小孩監護權的辯護案，他和那夥人在同一間清真寺祈禱。即使指紋並非完全吻合、護照早就過期了，也找不到他這幾年出國的證據，但ＦＢＩ仍然判定布蘭登‧梅菲德涉入爆炸案，開始監視他跟他的家人。

西班牙警方堅持不該採信指紋證據，ＦＢＩ探員卻監聽梅菲德的電話、闖入他家和辦公室、翻遍他的辦公桌與財務紀錄、檢查他的電腦、四處跟蹤他。當梅菲德發現自己遭到跟監，他驚慌失措；ＦＢＩ為了防止他逃亡而將他拘留。經過風風雨雨的幾個星期，西班牙警方靠著指紋找到真凶，是名叫奧哈涅‧多德（Ouhane Daoud）的阿爾及利亞男子。

梅菲德控告美國政府非法拘留，在二〇〇六年收到正式道歉，以及兩百萬美金的賠償。

ＦＢＩ事後才查出偵辦梅菲德一案的問題之一，在於他們的指紋專家沒有將分析與比對階段分開。專家應該要先仔細分析指紋，盡可能描述所有的紋線細節，之後再來檢視可能的相符結果，進行比對。假如分析與比對同時進行，專家就要冒見林不見樹的風險。根據倫敦大學學院認知心理學家艾提爾‧德羅（Itiel Dror）的看法，「大多數的指紋不成問題，但只要百分之一出狀況，每年就可能出現數千件的潛藏誤判。」

二〇〇六年美國的一項實驗顯示，就連經驗豐富的指紋專家也會受到整體情勢影響。請六名專家重新分析過去的指紋，但這回告知他們額外的案情細節——比方說嫌犯是在保釋管束期間犯案，或是嫌犯已經認罪等等。二次檢驗的結果中，專家們有六分之一的機率會照著案情更改決定。換句話說，他們無法將自己抽離案情、客觀判斷。在英國比較少出現這類偏差，因為鑑識單位與大部分的警方部門是分開的。

雖然像凱薩琳．崔蒂這樣的專家提出各種質疑，全世界的法院依舊擁護指紋的不敗地位，光是一枚指紋就可能把人送進牢裡。在N. E.甘吉（Genge）二〇〇四年出版的熱門著作《鑑識案件集》（*The Forensic Casebook*）裡頭，她提到：「在檢驗人員眼中，非黑即白。」可是瑞士的鑑識科學人員克里斯多夫．錢波（Christophe Champod）呼籲，要將指紋證據視為機率項目——和其他的鑑識領域沒有兩樣——檢驗人員應當自由討論可能的比對結果。他也呼籲要降低指紋的重要性：「指紋檢驗人員提出的指紋證據，應該要當作補強證據的一環。」

如果把鑑識科學當作一個家庭，指紋就是貪婪的祖父，窩在最舒服的扶手椅上，試著掌握判決的唯一權力，沒有意識到時代的轉變。除非其他家人了解到，有時候他會搞混人名、地點、往事，大家才會選擇性接受他的智慧。如此一來，他才能對這個家庭提供健康而平衡的貢獻。

第七堂　血液噴濺與DNA

「海神能否傾盡海水洗淨
我手上的血？不，應當是我的手
將無邊汪洋染紅，
綠波成赤朱。」
——《馬克白》，第二幕第二場

血液。生命的關鍵。少了血液，我們必死無疑。它是流過歷史的長河，將財產與權力從一個世代傳到下一個世代。自遠古開始，人類就了解到血脈是部落與個人的象徵。在某些社會裡，繼承權不是落在兒子手上，而是交給姊妹的兒子，因為你可以確定姊妹的兒子一定跟你流著同樣的血。你知道他的祖母是你的母親；你無法斷定自己的兒子擁有你的血緣。

血液也是犯罪小說誕生以來的核心能量。華生醫師第一次見到福爾摩斯時，這位大偵探正伏案完成血紅素的實驗。華生難以領略實驗精妙處的遲鈍反應令福爾摩斯火冒三丈。「天啊，老兄，這可是近年來最實用的法醫學大發現了。你看不出這是萬無一失的血跡檢驗法嗎？快過來！」接著他用針刺破自己的手指，拿那滴血展示檢驗法的運作。

「刑案總是卡在這一點。」他宣布道：「往往在案發後好幾個月才會找到嫌犯。檢驗了他的裡外衣物，只找到棕色的汙漬。究竟是血跡、泥印、鏽斑，還是沾到了果汁呢？這個疑問令許多專家頭痛，為什麼？因為還沒有一個可靠的驗證方法。現在有了夏洛克．福爾摩斯的檢測，就再也沒有任何麻煩啦。」

亞瑟．柯南．道爾的第一本小說書名「血字的研究」，便是源自福爾摩斯對華生說的那一席偵辦案件的指教。「謀殺這條血色絲線纏入無色的混亂人生，我們的職責便是將之解開，一吋吋暴露在太陽下。」稍後，兩人發現一條從布瑞克斯頓路的獨棟住宅延伸而出的「血色絲線」，華生在現場飽受衝擊，依照他曾在阿富汗戰爭中擔任軍醫的背景來看，這實在是相當不合理的反應。不過呢，我也是個筆下血肉橫飛的作家，真正看到血還是會作嘔。

回到柯南．道爾的小說。一名躺在床上的男子身側遭到戳刺，那把刀還刺入他的心臟。「從門板下流出一條細細的紅色血路，蜿蜒地橫越走廊，在另一側牆壁飾板下聚成小池。」這回用不著福爾摩斯的新實驗了，他統整屋裡所有的物證，聽取員警與不明殺手對峙的情報。「殺人之後，他一定是在房裡多待了一會。我們在水盆裡找到染血的水，他就在那兒洗手，還從容地拿床單來擦拭刀子，留下痕跡。」

從犯罪現場的血痕重建案發情境的手法稱為血濺型態分析。柯南．道爾的想像力僅是勉強觸及現代專家能從血跡中看出的真相皮毛。《血字的研究》出版兩年前，波蘭法醫學研究所的助理艾杜華·皮歐特斯基（Eduard Piotrowski）首度踏入這個領域，他寫了一篇論文〈關於頭部遭受重擊傷口：血跡的來源、形狀、方向與分布〉（Concerning the Origin, Shape, Direction and Distribution of the Bloodstains Following Head Wounds Caused by Blows，一八九五），講述如何看透血跡、解釋犯罪現場的暴行始末。

皮歐特斯基在紙牆前放了隻活生生的兔子，拿鐵鎚砸爛牠的頭，找畫家畫出血腥的結果。論文裡的彩色插圖寫實得令人髮指。他用石塊、斧頭打死其他兔子，以各種攻擊角度和姿勢來探討血跡的形狀與方向。我們不知道他在實驗過程中有何感想，不過他在論文裡傳達出高尚的目標：「鑑識證據領域上，全心關注犯罪現場的血跡是很重要的，它們能幫助我們看清謀殺，解釋案發的關鍵時刻。」

可惜皮歐特斯基的創新研究直到二十世紀中期才獲得迴響。一九五五年的關鍵案件中，俄亥俄州一名英俊的醫師山謬爾·薛帕德（Samuel Sheppard）被指控在伊利湖邊的家中臥室裡，拿棍子敲死他的妻子。他堅稱是「蓬頭垢面的不速之客」攻擊他太太（也打中了他的後頸，該處的傷痕不太可能是他自己造成）。

在初審以及一九六六年再審的法庭上，加州大學柏克萊分校的鑑識科學家保羅·科克（Paul Kirk）為被告作證。「武器打中滿是鮮血的頭部時，血液會像輪軸一般以放射狀往四周飛濺。」科克在庭上展示照片：床鋪側邊（凶手站立、毆打薛帕德太太的地方）牆上一片

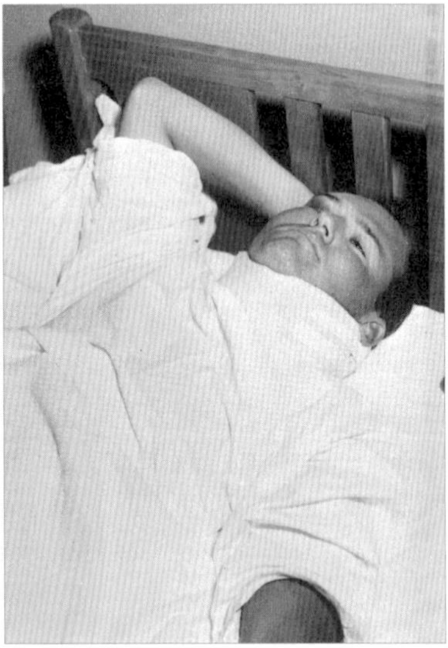

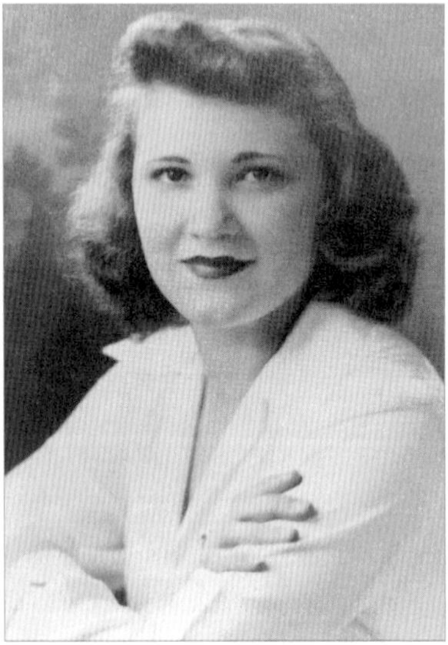

左上起：聲稱遭到襲擊後的山謬爾．薛帕德；他的妻子瑪莉琳．里斯．薛帕德（Marilyn Reese Sheppard）；薛帕德出庭受審，脖子上戴著頸套。他因為二級謀殺服了十年徒刑，之後在一九六六年的再審宣告無罪。

空白。「可以完全確定，血全都噴到凶手身上了，而被告的衣物上沒有任何地方驗出血跡。」第一批抵達現場的員警發現薛帕德沒穿上衣，驚魂未定。他身上唯一的血跡位於牛仔褲膝蓋處。他不記得自己為什麼光著上身。「說不定是我看到的那個人需要衣服。不知道。」稍後，在薛帕德家附近找到一件撕破的乾淨T恤，恰好合他的尺寸。科克有力的證詞逆轉了薛帕德的罪名，幫助他離開待了十一年的監獄。

五年後，美國政府出版了第一本現代血跡分析手冊，《人類血液的飛濺特徵與沾染型態》（*Flight Characteristics and Stain Patterns of Human Blood*，一九七一）。這本手冊附上六十張彩色照片，讓ＣＳＩ人員了解血跡能揭露致命一擊是以何種方式、從什麼地方、用了什麼武器造成，凶手身上會有什麼樣的血跡，凶手是否也流血了，被害者死後是否有被人移動過，或是被害者在死前自己移動了。

目前警方依舊每天運用血濺型態分析，至今已靠這套法則破解數千起案件。不過血跡的重要性是在八〇年代，隨著基因指紋的發現產生突破性的變化。在血跡分析的清單上，除了「凶器為何」、「從何處攻擊」、「以何種方式下手」以外，還可以加上「是誰幹的」這一項。從二十世紀初開始，科學家能夠從血液或精液樣本中辨識血型，這招可以有效縮小嫌犯範圍，不過某些血型的人特別多，代表它只能當成情境證據來使用。ＤＮＡ提供給鑑識調查的方便性遠遠凌駕於血型之上。

三十二年來，薇兒・湯林森不斷研究謀殺現場的血跡，在實驗室裡分析ＤＮＡ。先是自一九八二年起在英國鑑識科學實驗室（Forensic Science Service, FSS）服務，直到該部門在二〇一一年結束，之後加入ＬＧＣ鑑識公司。她脾氣溫和、待人親切，外表與成天泡在鮮血裡的工作大相逕庭。她與血液關係密切——流動的方式、化學結構、蘊藏其中的訊息——此外，她也熟知構成每一個人的基因碼。「ＤＮＡ是有邏輯的。從某個角度來看，現場工作不

保羅・科克博士正在檢視瑪莉琳・薛帕德枕頭上的噴濺血跡。

像科學，更像是藝術。」

薇兒帶著一疊白紙抵達謀殺現場時，ＣＳＩ通常已經將每一吋空間拍照錄影存證。「我常常要跟守門的條子爭辯：『湯林森女士，妳為什麼還要畫圖呢？沒有必要吧。』」可是，就像是藝術家描繪風景一般，薇兒想要完全沉浸在現場之中。「假日出門玩耍的時候，我可以拍下兩百張照片，不過等我回到家，它們只是草率的快照。要是我站在現場畫出周圍環境，那些畫代表了我的特定觀點。我緩緩建構起現場的影像，刪去不相關的細節。或許一切都不相關，除了我關注的那一樣事物。舉例來說，照片只是顯示桌上的每一件物品，沒有強調有個翻倒的咖啡杯，上頭沾了血。」

在現場待上「五、六個小時後」，薇兒已經在心裡整理過一遍，找出其中邏輯。繪圖的動作本身比畫出來的成果還重要。「即使無法得到所有的答案，至少我可以大略說出觀察結果，以及可能的事發順序。」她向ＳＩＯ報告自己的觀察，之後也會在法庭上發表意見，同時運用她繪製的現場圖片。「或許使用的頻率跟照片一樣高，陪審團可以親手拿著我的畫，避開現場其他會讓他們分心的雜物，直接看到重點。」

在犯罪現場，對薇兒來說最重要的就是血液了。它跟任何液體一樣，依照物理法則流動。從人或是物體上緩緩滴落的鮮血若是以直角接觸地板，就會留下圓形痕跡。如果角度有了偏斜，血跡會呈現橢圓形，多半是拳頭重擊或是鈍器所致。橢圓形拉得愈細長，代表衝擊的角度愈小。假如物體表面上的多點血跡「如同輪輻般」往外放射，可能是因為某一處受到一次以上的重擊。像薇兒這樣的血液噴濺痕專家可以計算血跡灑落時的角度，接著拿細線標出可能的源頭，這些線條會在衝擊點交會。假設交會點接近地面，那麼被害者遭到襲擊時就不可能是站著的。之後可以把這套「拉線模型」帶到法庭上作證。現在愈來愈多專家會將血液噴濺的角度輸入電腦程式，像是某款名叫「免拉線」的軟體，讓電腦繪製犯罪現場攻擊型態的３Ｄ模型。

死因不一定成謎：在重擊或是刀刃戳刺的狀況下，死因通常不會有異議。如此一來，比起病理學家的驗屍報告，薇兒的分析對ＳＩＯ而言或許更有用處。血跡集中在一個區塊，這表示被害者馬上倒地嗎？遭到攻擊後，是不是因為還能站著抵抗，導致鮮血從被害者的衣襬滴落？凶手是不是為了某個原因拖行屍體，使得死者頭髮往後散開或是衣服翻起，一條血跡劃過地板？屍體的腳踝呈現交叉，是否代表被人翻過？這些疑問的答案都能給予ＳＩＯ有效的情報，判斷案發當時圍繞著屍體的事件與嫌犯行動。

ＳＩＯ希望薇兒在最短的時間內告訴他們嫌犯身上可能有怎樣的血跡。「我前一回去過的現場是老舊的維多利亞式大宅，裡頭有好多房間，血跡到處都是。可以看出攻擊者離開的路線，因為被衣服碰到的每一扇門都沾上了血。最後警方發現凶手燒了衣服，不過找回的殘存部分，上頭還是滿滿的血。」

警方得分秒必爭，在嫌犯丟棄關鍵證物前逮到他們。可是血跡呢——和許多物證一樣——麻煩到不可思議的地步。薇兒有時候要從犯罪現場移動到嫌犯家，檢查門窗與衣物。

「他們通常會清理一遍，所以我們先查看洗衣機的內容物。」鑑識科學人員不會輕易放棄證據，二〇〇四年約翰．嘉迪納殺害他的妻子（見二〇二頁），還試圖丟棄關鍵證物，他就是栽在不屈不撓的調查人員手上。

然而，血液分析專家並非總是派得上用場，特別是在他們沒辦法花五、六個小時跟犯罪現場耳鬢廝磨的狀況下。「我聽過很多恐怖故事：科學家到了現場，警方跟他說：『你去看看那裡的血跡，就這樣。』」薇兒承認道：「對我而言，這是災難的開端。我們需要與整個現場融為一體。」在某些案例中，出庭作證的分析專家根本沒看過現場，像是那起一九九七年二月十五日發生在東薩塞克斯郡海斯廷斯這個海濱小鎮的複雜慘案。

那天接近傍晚時，十三歲的比莉喬（Billie-Jo）正在替養父母家中庭的門板上油漆。她的養父席翁．詹金斯（Siôn Jenkins）是附近學校的副校長，和兩個親生女兒剛從當地的手工藝材料店回到家。其中一個女孩繞到中庭想找比莉喬聊天，卻放聲尖叫。比莉喬趴在地上，腦袋開了個大洞。席翁推動她的肩膀好看清她的臉，血泡從她的鼻孔冒出，隨即破裂。他撥打九九九，趕來的急救人員宣告比莉喬當場死亡。

ＣＳＩ在中庭旁找到一根染血的金屬露營釘，長四十六公分，直徑一點五公分。解剖顯示攻擊者往比莉喬的頭狠狠打了至少十次。隔天，一名血跡分析專家來現場檢查，發現中庭旁的牆面、中庭門內側、用餐室地上有放射狀噴濺痕跡。

遇到小孩子離奇死亡的案子，警方通常會先仔細調查離他們最近的人士。席翁．詹金斯的衣服與露營釘都送到鑑識科學實驗室分析。二月二十二日，科學家在他的長褲、外套、鞋子上找到一百五十八個細小的血液噴濺點——小到肉眼看不出來。會有這些血跡，是因為詹金斯敲打女兒的腦袋嗎？還是說比莉喬死前往他身上噴出帶血的吐息？

事發後過了幾天，血跡分析專家做出結論：詹金斯衣物上的血跡能作為他是凶手的佐證，但無法排除其他解釋。

警方在二月二十四日逮捕詹金斯，六月三日開庭。檢方請科學家用吸滿血的滴管做出泡泡，在白色表面旁戳破。血泡「啵」地破裂時，往下方與側面噴濺五十公分——完全沒有往上噴。接著，科學家以同型的露營釘敲打充血的豬頭，血跡布滿他的連身工作服。

替被告方作證的科學家也執行了他自己的實驗。他在鼻孔裡滴了一點自己的血，噴向六、七十公分外的白紙，也得出大量的噴濺血跡。

檢方主張比莉喬在詹金斯推她肩膀時已經死去，不可能呼出血泡。小兒科醫師大衛・梭薩爾（David Southall）提出證詞：「任何人接近還在喘息的重傷孩子時，一定看得出她還在呼吸、還活著，並向警方如此報告，因為就連外行人也看得出來。」然而針對大腦要傷到什麼程度才無法讓呼吸系統吐出最後一口氣，幾名神經科學家無法達成共識。被告方的病理學家認為比莉喬有可能撐到對她養父呼氣的那一刻。在交叉詢問階段，辯方的兩名血跡分析專家同意詹金斯衣物上的血跡有可能是在拿露營釘搥打時留下的。

席翁・詹金斯不斷為自己的清白抗議，法院卻在一九九八年七月二日宣告他犯下謀殺罪，判處終生監禁。有人對這個判決歡欣鼓舞；其他人則是震驚於判決背後的證據是多麼的薄弱，認為警方太過依賴凶手很可能是自家人的假設。過去兩年來，詹金斯家附近有八十五起闖空門或是可疑人士出沒的通報案件。《新政治家》雜誌對判決結果大加撻伐，痛批「警方的目標應該是有精神病史、對兒童有施暴紀錄、案發當天下午被目擊在附近遊蕩的人。應當是警方去查訪時，反應怪異、丟棄大批衣物的人。無論真凶是誰，現在這人有了大好機會，趁英國司法的漏洞跑去殺人家的女兒」。

席翁．詹金斯在二〇〇四年提出上訴，被告方的病理學家提出新的證據：比莉喬的肺臟。原始的驗屍報告指出，她的肺脹得鼓鼓的，也就是說有什麼東西（可能是血液）把空氣堵在肺裡。病理學家指出，如果阻塞處是在上呼吸道，就可能會突然噴出，濺在席翁的衣服上，無論比莉喬是否還活著。兩次更審都因為陪審團無法做出判決而不了了之。到了二〇〇六年，詹金斯終於無罪釋放。二〇一一年七月，他取得波茲茅斯大學的犯罪學博士學位。現在他與幾個壓力團體合作，目標之一是確保出庭的專家證人皆是經驗豐富、公正不阿。殺害比莉喬．詹金斯的真凶仍舊逍遙法外。

一九八四年，艾雷克．傑佛瑞斯（Alec Jeffreys）在萊斯特大學實驗室裡獲得「頓悟」。當時他正在確認DNA實驗的X光結果，拿研究室技師的家人來比對。他立刻發現自己碰巧摸索出揭露每一個人獨特DNA的技術。經過這個無意獲得的大發現，DNA鑑定（有時也稱為基因指紋）成為鑑識科學的「黃金標準」。夏洛克．福爾摩斯構思出血紅素檢驗法時，他驕傲地宣告：「無論血跡是新是舊，只要有這個檢驗法，數百人將會為了他們多年前的罪孽付出代價。」這番話問世後不到一百年，現實生活中的警探有辦法得知犯罪現場的血跡究竟屬於誰。這類技術除了能夠找出真凶，另一個重要的功能是證明無辜人士的清白。比方說在強暴現場找到的血液不屬於被害者、也不屬於嫌犯，那麼至少我們要找到另一個人，那個人或許握有關鍵情報——或者他就是真凶。光是在美國，就有三百一十四名身陷牢獄的倒楣鬼因為新的ＤＮＡ證據無罪開釋，其中甚至有不少死刑犯。

基因指紋造成的轟動甚至超越了十九世紀初指紋帶來的震撼。社會大眾想像它得意洋洋地壓過其他物證。鑑識科學人員安格斯．馬歇爾（Angus Marshall）回想起：「美國有個傳奇案件，陪審團討論後對法官說：『我們不打算接受血液噴濺證據。我們想看看ＤＮＡ。』明明凶手已經認罪了，他們還是不相信。真是太好笑了。」

從這個角度來看，ＤＮＡ鑑定不盡然是完全正面的發展。艾雷克．傑佛瑞斯在公布研究成果的二十五週年紀念活動上，被人問到基因指紋現在的運用是否令他不滿，他回應道：「逮到大量罪犯、釋放無辜的人——有些人已經在牢裡待了超過三十年——移民家庭團圓……我認為好處遠遠大過壞處。」

要理解基因指紋的正反兩面，我們必須重返利用ＤＮＡ證據破解的第一個案子，回到萊斯特郡寧靜古老的納爾村。一九八三年十一月二十二日，十五歲少女琳達．曼恩（Lynda

Mann）的屍體在十塘巷附近尋獲，她遭人強暴、勒斃，腰部以下全裸，滿臉鮮血。生物學家檢驗從她身上採集到的精液，得出血型Ａ型、帶有某種特殊酵素的結果，這種組合只出現在百分之十的男性身上。可是沒有其他線索，這個案子就此成為懸案。

三年後的一九八六年七月三十一日，同樣十五歲的妲恩・艾許沃斯（Dawn Ashworth）失蹤了。之後在琳達遭棄屍處附近找到她的屍體，也是遭到強暴、勒斃，腰部以下全裸。

嫌疑最大的是十七歲的醫院搬運工理查・布克蘭（Richard Buckland）。布克蘭患有學習障礙，曾惹過不少麻煩，有人看到他在案發現場附近出沒。接受審訊時，他透露妲恩一案的細節，以及她身體的特徵，這些都是沒有公開的訊息。不久，他承認自己就是凶手，卻強烈否認三年前曾殺害琳達。

警方深信兩起案子是同一人所為，到距離村子八公里的萊徹斯特大學請艾雷克・傑佛瑞斯協助，當時他因為「基因指紋」的報導登上當地新聞。他對精液樣本的分析符合警方的猜測：確實是同一個人犯下兩件案子，但那人不是理查・布克蘭。雖然他認罪了，布克蘭還是無罪釋放——第一個因為ＤＮＡ證據證明其清白的嫌犯。

現在警方獲得凶手的基因指紋，同時失去了唯一的嫌犯。他們請納爾村和周圍村子的五千名成年男性提供血液或唾液樣本。傑佛瑞斯替琳達和妲恩身上採集到的特殊血型做了完整的ＤＮＡ鑑定。這是空前的先進證據。然而，過了六個月，投入大筆經費依舊找不到相符的對象，這個案子再次走進死胡同。

隔年，一名女子在當地酒吧裡聽見名叫伊安．凱利（Ian Kelly）的當地人向朋友吹噓，說他假扮成朋友柯林．派奇佛克（Colin Pitchfork）提供檢測樣本，賺了兩百鎊。派奇佛克的工作是裝飾蛋糕，這個人平常安安靜靜的，但怒氣一來就會失去控制。當時他請烘焙坊的同事凱利頂替他參加ＤＮＡ測試，他說自己以前曾因為妨礙風化遭到起訴，希望能避開警方的騷擾。這個藉口不怎麼牢靠，不過兩百鎊足以堵住凱利的嘴巴。女子向警方通報，派奇佛克被逮，警方檢驗他的ＤＮＡ，與被害者身上採集到的樣本相符。警探終於獲得解答。

一九八八年，派奇佛克因為兩起謀殺案被判終生監禁。全世界的執法人員和科學家豎起耳朵，記下一筆。吉兒．圖立（Gill Tully）當年就讀卡蒂福大學生物學系，看到如此殘暴——看起來無法破解——的案件藉由複雜的科學程序真相大白，她差點無法呼吸。吉兒先取得第一個學位，接著到鑑識科學實驗室攻讀博士學位，之後在該處任職。當時英國是全球基因研究的核心，她參與了幾次極為特殊的技術開發。吉兒就職時，薇兒．湯林森已經在鑑識科學實驗室待了六年，她回想ＤＮＡ分析技術早期發展的氣氛。

「相當克難。還沒有真正發明保護操作者的器材，但我們極少戴手套。其中一項檢驗是摸摸看精液痕跡是否已經乾硬。我們沒有個別的辦公室，你的實驗檯就是你的辦公桌，所以要在檢驗所有髒內褲跟染血證物的檯面上寫報告。

「回想ＤＮＡ鑑定技術發展初期，實在是滿好笑的。那叫做大碗公化學，真的。要泡出一桶桶鹽水、要使用輻射物質，想執行ＤＮＡ鑑定，血跡至少要跟十便士硬幣一樣大。

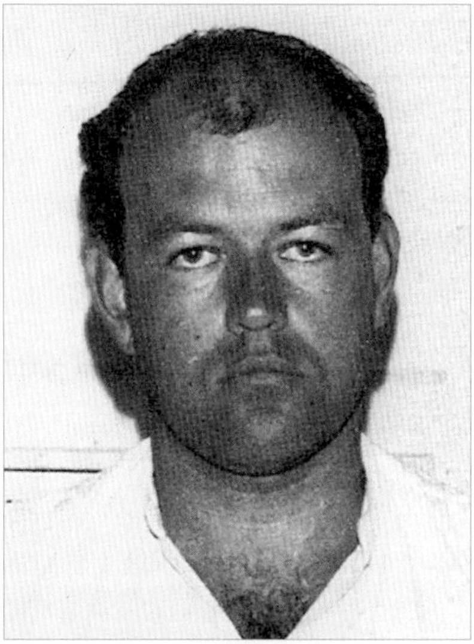

柯林·派奇佛克，英國史上第一個因為DNA證據定罪的凶手。

「在我工作早期，除了非常基礎的訓練外，並沒有正式的培訓課程。大家跟著負責帶你的資深科學家做事，什麼都要做，包括血液中酒精量、精液痕跡、纖維分析、毛髮。我辦過雉雞羽毛的案子、辦過盜獵鮭魚的案子、辦過盜採韭菜的案子。」

吉兒在大學進修年到鑑識科學實驗室實習時，大部分的基因學家都對研究抱持熱情，卻不怎麼在意他們開啟了什麼樣的變革。「休息時間的重點話題是果醬甜甜圈還有沒有剩。」吉兒苦笑一聲。柯林·派奇佛克的案子讓全世界見識到DNA的威力時，她承認：「我們以為只有廣受矚目的案子才會用到這項技術。」

不過，歷經這些年，每一次的創新都讓ＤＮＡ的應用範圍更廣。「每次我們心想：『對啦，這真的不錯，只是有點太貴了，偶爾用在重大刑案還行，可以收到一些成效。』有不少ＤＮＡ技術後來變得夠便宜，就連竊案調查都能使用。」

讓基因技術擺脫「大碗公化學」形象的功臣是卡利．穆利斯（Kary Mullis）。他在加州衝浪、嗑迷幻藥，最後拿到諾貝爾化學獎。一九八三年，穆利斯開車經過一二八號高速公路時，獲得了靈感。如果在ＤＮＡ裡添加聚合酶，用他的話來說，就會「複製出地獄」。利用聚合酶連鎖反應（Polymerase Chain Reaction, PCR），能將非常少量的ＤＮＡ擴增許多倍，方便科學家解讀。不久，科學家靠著ＰＣＲ破解許多懸案（有的已經放了七十年），查出年代久遠的恐龍、死亡多年的皇室成員的親緣譜系，還有診斷遺傳性疾病。

吉兒．圖立開始為鑑識科學實驗室效命後，只有她和上司在努力改良ＰＣＲ技術；她認為「能從一開始就接觸這項技術是莫大的榮幸」。傳統的基因指紋得要仰賴體液和毛髮，不過到了一九九九年，吉兒所屬的研究團隊用ＰＣＲ研發出更靈敏的方法，稱為「微量複製（Low Copy Number, LCN）ＤＮＡ鑑定」。ＬＣＮ鑑定只需要嫌犯的幾個細胞。無論是一小片皮屑、指紋上的汗水、郵票背面乾掉的口水，檢驗所需的樣本從十便士硬幣縮小到一粒鹽的百萬分之一的尺寸。

ＬＣＮ鑑定狠狠震撼了英國的刑案調查手法，不過社會大眾也花了不少時間才接受它。

牽涉ＬＣＮ ＤＮＡ證據的爭議審判引發法官與評論家的激烈反應，逼迫鑑識基因學家替他們的技術辯護、重新定義。

一起爭議最大的案件是由北愛爾蘭小鎮的大規模爆炸案引發，讓ＬＣＮ ＤＮＡ在法庭上的角色更加明確。一九八八年，「受難日和平協議」出爐，統一派與共和派臨時軍隊組織之間的敵對狀態應當要畫下休止符。然而在八月十五日，真愛爾蘭共和軍在蒂龍郡奧馬市的鬧區引爆炸彈，當地警方接獲炸彈客來電警告，宣稱爆炸地點是地方法院，結果他們把民眾疏散到市中心真正的爆炸範圍內。二十九人死亡，裡頭有幾名孩童，以及一對尚未出生的雙胞胎。超過兩百人受傷。當時的北愛爾蘭國務卿莫．摩蘭姆（Mo Mowlam）描述那是一場「大規模謀殺」。

三年後，法院宣判建商柯恩．莫菲（Colm Murphy）因造成爆炸，得服十四年徒刑。漫長、痛苦、無解的司法程序就此展開。二〇〇五年，警方偽造訊問筆錄的劣跡敗露，判決結果逆轉。隔年，警方逮捕柯恩．莫菲的外甥，名叫西恩．賀伊（Sean Hoey）的水電工。在法庭上，檢方提出爆炸案的炸彈定時器上的ＬＣＮ ＤＮＡ證據，鑑識基因學家說那組ＤＮＡ屬於西恩．賀伊的機率，比屬於某個不明人士還要高出十億倍。可是缺少目擊證人和其他強力證據，本案不了了之。

維爾法官（Weir）在二〇〇七年十二月二十日公布判決結果時，批評檢方將ＬＣＮ ＤＮＡ當作關鍵證據，而不是根據這條線索尋找其他物證。他抱怨警方與某些鑑識科學人員

「行事草率」，甚至斷言這些證據遭到警方「加油添醋」，他們在抓人定罪的過程中犯下「經過精心計算的欺瞞」。他指出，唯一為LCN DNA鑑定背書的公開論文是出自研發這項技術的鑑識科學實驗室人士。最後，維爾認為這種手法不切實際，建議要盡快檢討它的用途——本案耗費國家一千六百萬鎊，卻沒有任何好結果。

維爾公布判決的隔天，皇家檢控署暫停LCN DNA，委託專家重新評估這項技術的適用性。從一九九九年開始，在英國與海外約有兩萬一千起重大案件使用過這項技術——特別是各種懸案。皇家檢控署下令所有牽涉LCN DNA技術的現行案件都要重新檢驗。其中之一便是英國東北部提賽德的里德兄弟案。

二〇〇六年十月十二日，曾任拳擊手的壯漢彼得・霍伊（Peter Hoe）在朋友的語音信箱留下麥可・歐菲德（Mike Oldfield）作曲的新世紀音樂，長達四分鐘。仔細重新聽過訊息，可以聽見霍伊悶聲呻吟，當時他人在米德爾斯堡附近艾斯頓鎮的自家起居室，身中五刀失血而死。警方逮捕了主要嫌犯大衛（David）和泰瑞・里德（Terry Reed），並提起告訴。哥哥大衛對霍伊響亮名聲的忌妒眾所皆知，而且在法庭上，霍伊的兄弟宣稱本案是幾天前一場酒吧混戰的延長賽：「他們到我兄弟家，謀殺了他，因為大衛嚥不下那口氣。」

薇兒檢驗彼得・霍伊的起居室時，她沒有找到顯示凶手也流血的跡象，但她注意到兩片小小的塑膠。「拿刀捅人的時候常會有這種結果。振動與衝擊力道沿刀刃往後傳，足以破壞刀柄。」回到實驗室，薇兒仔細觀察塑膠碎片，根據經驗，她判斷這是來自便宜刀具。上頭驗出DNA痕跡，LCN鑑定顯示與里德兄弟相符。

出庭時，被告方找來研究塑膠的知名教授，「一位來自新堡大學的討喜紳士」，他去了居家百貨商場一趟，買來塑膠柄的便宜刀子，接著放進機器慢慢彎曲，直到刀柄斷裂。他在法庭上說明，經過測量，折斷刀柄的力道超過人類手腕的最大出力。他宣稱這些碎片不太可能來自持刀捅人的過程。「我坐在法院裡聽他辯解。」薇兒回想道：「實在是大錯特錯。當時實驗室裡還在處理另一件謀殺案，裡頭出現四把刀，其中三把的刀柄以同樣方式斷裂。」

塑膠專家付出一輩子的時光研究鋼鐵擊中骨頭、塑膠劃破血肉的效果，全都是在變因完美控制、不符合現實的實驗室環境。對薇兒來說，這個情境問題重重。「謀殺不是能夠複製的實驗。每一件案子都是獨一無二的。」

里德兄弟堅持沒有犯案，法院判處兩人最低的十八年徒刑。離開法院時，他們咧嘴而笑，向法官道謝，霍伊的母親莫琳則是在公眾席上哭泣。

他們的判決結果出爐後沒多久，維爾法官宣判奧馬爆炸案的嫌犯西恩·賀伊無罪，LCN鑑定接受密切觀察。雖然皇家檢控署在二〇〇八年一月重新啟用這項技術，社會大眾的信任已難以挽回。二〇〇九年十月二十日，法院審理里德兄弟的上訴，他們的律師主張，薇兒·湯林森一審時針對里德兄弟的DNA出現在現場塑膠碎片上的事證過度反應。

法院在二〇〇九年十月為了里德兄弟的上訴，找來前FBI鑑識科學人員布魯斯·布道爾（Bruce Budowle）。他認為LCN DNA鑑定有其天生缺陷，不一定每次都能複製實驗結果。他說：「我們對它的信心沒有足夠根據。」他接受塑膠碎片來自凶刀的事實，但里德兄弟的DNA可能是來自二次轉移——也就是說，他們觸碰過凶手，之後凶手又摸了凶刀。

遇到各種最新的研究理論，像薇兒這樣的鑑識科學人員必須依靠大量的專業經驗，才能理解他們得出的結果。吉兒・圖立說：「近年來，上訴法庭做出一些很有意思的判決，指出鑑識科學人員的結論來源是自己的經驗，而非數據評估。對科學家而言，這種想法有點妙，雖然我們知道法官大人是怎麼想的。」不過，百年前夏洛克・福爾摩斯已經說得很清楚了：「各種罪行的相似性有如一家人，如果你掌握了千百項細節，沒有道理無法破解案件。」薇兒的證詞中，無論是刀柄碎片還是上頭的DNA痕跡，都是以多年處理證據的經驗為基礎，那是資料與想法、藝術與科學的結合。最後，法官採信她的說法：檢討報告建議進行外部驗證，最終判定她的檢驗方法相當牢靠，值得信賴。里德兄弟上訴案的三名法官判定間接證據足夠穩固，不需要質疑，維持原審。他們認為薇兒對於DNA如何沾上塑膠碎片的專業意見「不只是有可能……更符合現實」。

里德兄弟一案中還有堅不可摧的補強證據——像是彼得・霍伊確實在謀殺案前兩個星期，在酒吧裡輕輕一拳將大衛・里德打倒在地，重傷他的自尊心——西恩・賀伊的案子則完全相反，幾乎只靠LCN DNA提告。這是寶貴的一課，DNA在案件調查中的地位是關鍵要素，不過它只是要素之一。之後還有更多的教訓。

二〇一一年，曼徹斯特的山丘植物公園裡有一名女性遭到暴力性侵。從被害者身上採集到的ＤＮＡ指向十九歲的普利茅斯青年亞當．史考特（Adam Scott），警方隨後逮捕他。他被關進強暴犯與戀童癖犯人的隔離牢房，遭到獄友口頭虐待。但他堅稱案發當晚人在數百公里外的普利茅斯，從未去過曼徹斯特。

在牢裡關了四個半月，警方發現亞當．史考特是實驗室交叉汙染的不幸受害者。幾個月前，他在艾塞特捲入「隨地吐口水」疑雲，警方採集了他的唾液。科學家把棉花棒放在ＬＧＣ鑑識實驗室的托盤上，那根棉花棒又被用來採集曼徹斯特性侵案受害者身上的檢體。史考特的手機紀錄證實案發當時他的手機在普利茅斯。

鑑識科學政府監管部門的安德魯．雷尼森（Andrew Rennision）表示：「汙染是源自技術人員沒有遵守基本程序，沒有丟棄用在有效ＤＮＡ抽取的塑膠托盤。」亞當．史考特的案子與奇案「海布隆魅影」遙遙呼應。一九九〇年代到二〇〇〇年左右，出現一名看似擁有超能力的女性連環殺手，在奧地利、法國、德國的許多搶案與謀殺案現場驗出她的ＤＮＡ。二〇〇九年，這組ＤＮＡ出現在德國的男性難民焦屍上，警方判定「魅影」其實只是實驗室汙染的產物：採集ＤＮＡ的棉花棒品質不符合標準，最後追查到同一間工廠，裡頭幾名東歐女工的ＤＮＡ與「魅影」相符。

基因指紋和真正的指紋一樣，不該成為定罪的單一標準。對吉兒來說，「ＤＮＡ不會撒謊，它是相當好的線索、相當強力的證據，但是在程序之中總有人員互動。錯誤率相當低，但並不是零……ＤＮＡ不該是調查案件時偷懶的捷徑。」

在某些案子裡，ＤＮＡ是警方倚靠的拐杖，以它們的能量突破僵局，給予警方破解新舊案子的機會。如果犯罪現場找到的ＤＮＡ在全國資料庫裡沒有完全相符的對象，並不代表線索就此中斷。血液能告訴我們的不只是一個人的故事。

強納森·懷特克（Jonathan Whitaker）在鑑識科學實驗室重新檢驗一起難解的懸案時，研發出家族ＤＮＡ搜尋法。一九七三年，三名十六歲少女遭到強暴、勒斃，棄置在南威爾斯塔爾柏特港附近的樹林裡。勞師動眾地調查了兩百名嫌犯，警方無法逮捕任何人。接著在二○○○年，懷特克運用二十八年前現場採集到的樣本，驗出嫌犯的ＤＮＡ鑑定結果。他透過國家資料庫比對，一無所獲。隔年，他突然有了靈感：資料庫裡會不會有相似結果的嫌犯親屬呢？他提出申請，尋找百分之五十相符的資料，查到資料庫裡的一名偷車賊，但強納森·懷特克相信他的親人裡藏著更凶惡的犯人。偷車賊的父親約瑟夫·卡朋（Joseph Kappen）十年前死於肺癌，他成了頭號嫌犯。檢察官同意開棺驗屍，懷特克分析死者牙齒與大腿骨的ＤＮＡ，發現符合凶手的鑑定結果，雖然無法懲罰罪犯，但這起三人命案終於真相大白。

利用家族搜尋法破解的第一起新案件發生在二○○四年。麥可·李特（Michael Little）開貨車上高速公路，經過一處天橋時，有人從上方丟下磚頭，砸破擋風玻璃，擊中李特的胸口。他勉強把貨車移到路肩，之後死於致命的心臟病。科學家將磚塊上的LCN DNA輸入資料庫，沒有得到直接的符合結果，只列出一筆有親屬關係的資料，警方循線找到葛瑞格．哈曼（Graig Harman），他坦承犯案，依殺人罪判處六年徒刑。蘇瑞警局局長葛拉罕．希爾（Graham Hill）認為順利定罪的理由只有一個：「我毫不懷疑要是沒有這項突破性的技術，本案將永遠成謎。」

哈曼一案破解之後，艾雷克．傑佛瑞斯說家族DNA搜尋法引發了「潛藏、或者該說是痛苦的」人民自由議題。使用上必須與罪行程度成比例，在個人公民權與逮到罪犯之間取得平衡。在大部分的國家，鑑識人員還不能合法使用家族DNA搜尋法。美國也只允許在加州和科羅拉多州使用，雖然這項技術透過凶手丟棄的披薩逮到「沉睡殺手」——從八〇年代晚期到二〇〇〇年間震驚洛杉磯的連續姦殺凶手。在英國，只有調查謀殺案和強暴案時可以使用。在哈曼一案之後，家族DNA搜尋法帶領警方揪出犯下五十四起重大刑案的嫌犯——其中三十八件證實是他所為。

倫理問題依舊存在。紐約大學的社會學家特洛伊．德斯特（Troy Duster）指出美國黑人的入獄率比白人高出八倍（與社會政治有關，包括執法機關可能持有的種族歧視），家族搜尋法可能會幫助警方多逮到黑人罪犯。英國境內的黑人有四成在國家DNA資料庫內占了一席之地，白人則只有十分之一。在美國，聯邦資料庫裡大約有四成屬於非裔美籍人士（他們占總人口的百分之十二）。可以預測ＤＮＡ資料庫裡拉丁裔人士（占總人口的百分之十三）很快也會出現這種現象，主因是移民者的犯罪行為。

平等對待所有人的方式之一是登記每一個人的ＤＮＡ。英國國家ＤＮＡ資料庫裡已經有六百萬筆資料，與總人口數的比例（百分之十）高出其他國家。遭到逮捕的人（無論最後是否有罪），資料都會永久保存，直到歐洲人權法庭在二〇〇六年強制改變。在二〇一二至二〇一三年間，刪除了一百七十萬筆無辜民眾的資料。艾雷克・傑佛瑞斯從二〇〇九年開始呼籲：「我的看法很簡單……無辜者本來就不該進到這個資料庫。在他們身上烙印未來罪犯的記號對於打擊犯罪的效益沒有幫助。」

有那麼多的累犯存在，因此國家資料庫是警方強大的工具。光是二〇一三年，犯罪現場採集到的ＤＮＡ樣本中就有百分之六十一能在資料庫裡找到相符的結果。內政部沒有記錄多少符合的案例能夠定罪，但這絕對是警方莫大的助力，某些警界人士期盼能強制採集人民的ＤＮＡ，不過其他人相信這樣會導致推理失誤。在犯罪現場，往往會出現好幾個無辜人士的ＤＮＡ，特別是現在的技術，連微量的ＤＮＡ都能找到其主人。

採集六千萬人民的ＤＮＡ簡直是惡夢般的場景，再加上個人隱私問題以及龐大的政府支出，這些缺點應該足以把這個提案暫時丟到一旁去。除此之外，有人擔心強制採樣會讓罪犯更有機會陷害無辜民眾。某位辯護律師曾在庭上向薇兒・湯林森提出陷害的概念，宣稱他客戶的ＬＣＮ ＤＮＡ是由不明人士放到案發現場。為了證明此事，他向薇兒提出一個假設性問題：

「如果妳想設計別人，妳會怎麼做？」

「我不認為我做得到。」薇兒說。

根據薇兒的經驗，大部分的設計陷害伎倆都會敗在最基本的原則上。「想要掩飾過錯的小孩子會做得太過火。某人想陷害別人的話，我們往往會發現凶手抹了太多血、血跡形狀不對，或是灑下一整桶碎玻璃，但其實在現場放了一個星期的衣物上只會有兩、三塊碎片。」DNA跟任何威力強大的工具一樣，也可能遭到誤用。但是分析證據不僅是收集資料——現場有誰或是沒有誰的DNA——也牽涉到處理證據的科學家的解讀技巧。要保護無辜者就該這麼做，在大多數的情況下，這是相當重要的目標。

當然了，並非每一名罪犯都想掩飾自己的身分：政治鬥士或是恐怖分子犯罪時，他們希望全世界都知道是誰幹的好事。在馬德里電車炸彈案中（見一五八頁），DNA和政治從一開始就是核心。炸彈引爆的時機（大選後三天）意義重大。爆炸之後，政府或許是為了要平息各界猜測，宣布證據指出本案與巴斯克分離主義團體ETA有關，意圖是譴責西班牙涉入伊拉克戰爭。然而三天後，自稱「基地組織歐洲軍方發言人」的阿布・杜亞納・艾爾阿富罕（Abu Dujana Al-Afghan）承認是他下的手。「這是為了教訓你們在這個世界犯下的罪惡，特別是在伊拉克和阿富汗……你們熱愛生命，我們熱愛死亡。」

一個月後，七名嫌犯在警方威脅攻堅時在公寓裡引爆炸彈，其中四人和另一名員警死亡。現場（包括一把牙刷）與其他地點的ＬＣＮ ＤＮＡ無法在國家資料庫中找到符合的資料。法官要求科學家利用ＤＮＡ判斷在逃嫌犯是北非人還是歐洲人，協助調查人員決定目標究竟是基地組織還ＥＴＡ。

不過地中海兩岸的南歐與北非通婚頻繁，以當時的技術無法完全分辨兩者。鑑識基因學家克里斯多弗・菲力普（Christopher Phillips）提出了一項新技術，判定某一筆不屬於死者也不屬於落網犯人的ＤＮＡ資料，「幾乎百分之百」來自某個北非人。之後再靠家族ＤＮＡ搜尋法確定那人就是阿爾及利亞人奧哈涅・多德（Ouhane Daoud），他的指紋也印在爆炸地點附近一輛雷諾休旅車裡找到的全新起爆管上。

鑽研人種的同時，克里斯多弗・菲力普也推斷用來運送炸彈的小貨車裡一條圍巾上找到的ＤＮＡ，「有九成機率」來自藍色眼睛的人。科學家能夠透過ＤＮＡ確定愈來愈多嫌犯的外表特徵：留在犯罪現場的痕跡幾乎如同目擊證人，能夠準確描述當時在場的人士。

一切都從淺黃色頭髮開始。二○○○年早期，鑑識科學實驗室的科學家發現如果雙親身上的某個基因（黑皮素4受體）都沒有啟動，他們會生出紅頭髮的孩子。吉兒・圖立對於ＤＮＡ鑑定的倫理議題一向相當謹慎，可是就整體而言，她說：「重點在於是否正確使用各項技術：研發紅髮測驗的時候，我們接到蘇格蘭警探的電話，他們說：『有一起槍擊案件，從彈道鑑識我們知道子彈從哪扇窗戶射出。在那附近找到一些菸屁股，從中驗出ＤＮＡ。也有目擊證人說一名紅髮男子奔離那棟建築物。所以在大規模比對ＤＮＡ資料、看能不能找到丟下菸屁股的人之前，可否請你們告訴我們，抽菸的人頭髮是不是紅色的？』在當時的階段，我們還不太能做到這一步，但這是個很好的例子，證明科技能夠以合乎倫理的恰當方式協助引導調查方向，就不用花大錢分析完全無關、幾個月前丟下的菸屁股。」

基因指紋是界定是否有罪的強力指標；是一百年前威廉・赫歇爾和亨利・佛茲研發出指紋鑑識技術之後最重大的進步。許多鑑識科學領域都建築在主觀解讀上：正如本書指紋章節裡提到的，科學家有時候會專注尋找他們想要看見的，每個人都是如此。這是鑑識調查人員的厲害招數，前提是法院能認同他們的直覺。

人總會疏忽出錯，ＤＮＡ卻能以最簡單的方式帶領我們遠離主觀偏見的陷阱，以三十年來不斷砥礪改進的客觀或然率來解讀資料。當吉兒從犯罪現場分離出與嫌犯相符的ＤＮＡ，她可以篤定地對陪審團說：「這份鑑定結果來自嫌犯以外人士的機率是十億分之一。那還是方便大家理解的保守數據。如果開口就提好幾兆分之一，沒有任何意義。」不過很少有簡單明瞭的人生──以及犯罪現場。吉兒指出，「你常常會拿到兩個人混在一起的ＤＮＡ，如此一來就要更徹底地評估證據的可靠程度，觀察特定的高峰區段，看看究竟是檢方的假設、還是被告方的假設符合現實。」

鑑識科學人員還無法從ＤＮＡ得知的事物實在太多了。過去薇兒跟吉兒要從不到百分之一的ＤＮＡ判斷它是否符合國家資料庫裡的哪一筆紀錄。現在愈來愈快，也愈來愈便宜，「理論上我們可以分析某個人的完整基因」。可能性無窮無盡，「但是在開始研究之前，倫理與實際問題還是非常、非常重要。你一定不想用鑑識樣本推斷出某個人是否有犯罪傾向。」這個想法令人極度不安。舉例來說，我們已經知道「戰士基因」的存在——大多是在男人身上——與壓力下的暴力衝動行為有關。到了二十一世紀，我們不想回歸犯罪學家切薩雷·龍布羅梭（Cesare Limbroso）在十九世紀提出的「犯罪人種」概念，或是維多利亞時代的骨相學——根據顱骨上的突起來判定一個人是否有犯罪傾向。無論怎麼看，那肯定是一場惡夢。

不過只要使用得當，基因指紋的未來是驚奇大於驚嚇。目前有能在一個半小時內分析ＤＮＡ的儀器，因此鑑識人員能在拘留期間將嫌犯的ＤＮＡ放進國家資料庫比對。假如與尚未破解的案件現場採集到的ＤＮＡ相符，這個連續犯案者就落入警方手中了。吉兒解釋道：「某些落網的慣竊知道ＤＮＡ會戳穿他們過去的惡行，所以在保釋期間他們就犯下更多案子，為家人多賺點生活費，之後他們會要求合併所有案子的刑期，一口氣坐完牢。只有少數案件沒有即時阻止拘留期結束後到外頭犯下大罪的重刑犯。如果警方能盡快取得ＤＮＡ資料，那些混帳就永遠都逃不出去。」

現在在犯罪現場找到的少量ＤＮＡ，或許得花超過一個半小時的時間才能完成分析，不過，「技術成熟的時刻總會來臨，而且不會太久，我們可以在短時間內揪出嫌犯，除此之外還能在他們藏好贓物前趕到他們的住處。最後還是要回到人、情感價值等層面上。做到這一步的日子真的、真的即將到來。絕對不會太久。」偷雞摸狗的傢伙們皮要繃緊了。

第八堂　人類學

「我曾見過許多怪事，但世上有比這還怪的事嗎？……兩名健壯的搬運工扛著幾個大箱子到證人席，裡頭裝的是被害女性的遺骸：用罐子、雪茄盒、紙盒、錫製水桶盛裝；有乾燥碎骨、泡在噁心溶液裡的纖維、怪異的大小塊狀物體、一片片碎布……就在那裡，幾位面色凝重的教授坐在證人席上，不斷解讀細數，聽著聽著，那些乾巴巴的骨頭和塵埃有了形體與生命；碎布構成衣物，衣物套到人身上。」

——朱利安．霍桑（Julian Hawthorne）評論一八五七年的勞葛特謀殺案

鑑識科學的能耐總令我們驚嘆不已，它們化為吸引人的犯罪小說、刺激的電視影集。但有時候我們專注於迷人的敘事手法，沒有看清現場調查人員面對的重大案件。法醫人類學家是最需要面對嚴苛現實的科學家。血淋淋的戰爭與自然災害是他們的前線；帶死者回家是他

們的天職。

一九九七年，科索沃。在二十世紀的尾聲，最暴虐的衝突沿著種族與宗教的界線撕裂了巴爾幹半島。雙方都把敵人批為惡魔崇拜者，不把他們當人看，而是必須除盡的害蟲，讓這塊土地恢復純淨。這樣的心態不可避免地帶來殘酷的局面，在那個時空背景之下，暴行是最不缺的要素。我曾經與幾位在戰後去過科索沃的調查人員談過；那些仍舊無法觸及的陰暗在他們的眼底潛伏。

想像這樣的畫面：拖車駛出科索沃的山丘地帶，開車的是一名農夫，他原本打算奮戰到底，最後還是決定尋求安穩的生活。拖車上坐著他的十一個家人。八個小孩最小的一歲、最大的十四歲，擠在他們的母親、祖母、阿姨身旁。天氣晴朗，儘管恐懼已經成為生活的一部分，這家人還是低聲聊著天。

然而他們逃向安全地帶的盤算反將他們送上了絕路。附近埋伏了一個敵人，他帶著戰場上最致命的武器——火箭推進榴彈發射器。就連小孩子都能在一個下午學會操作方式，YouTube上還有教學影片。便宜、好用、方便攜帶、殺傷力強。這是不對等戰爭的標誌，從越戰開始便是游擊隊的標準配備。這種武器通常能完全抹除目標。

一枚榴彈憑空射出，擊中那一家人，炸毀了他們的拖車，只留下一個活口。農夫撿回一條命，只傷了一條腿。他既震驚又絕望，拖著傷勢逃離火線。稍後在夜色的掩護下，他繞過爆炸地點，尋找十一個家人，盡可能地收集殘破的屍塊。這名虔誠的穆斯林教徒一心只想迅速埋葬家人。雖然悲痛萬分，他努力挖出淺淺的墓穴，將遺體埋入地下。

十八個月後，法醫人類學家蘇．布雷克帶領英國鑑識團隊抵達科索沃，為了聯合國國際犯罪法庭收集證據，準備在海牙召開前南斯拉夫國際刑事法庭，繼二次世界大戰後的紐倫堡和東京，這是第三次的戰犯審判。到目前為止，有一百六十一人遭到國際法庭起訴。前南斯拉夫總統斯洛波丹．米洛塞維奇（Slobodan Milošević）在二〇〇六年過世，還來不及為他泯滅人性的罪行受罰。科索沃的英國團隊目的是挖出大範圍墓地，調查種族屠殺的詳情。

遇到那名農夫時，蘇認為他是「我見過最安靜、最高尚的人」。她的團隊正在尋找拖車上乘客毫無來由便遭到攻擊的關鍵證據，但是遠在荷蘭的法院對痛失親人的農夫而言沒有多大意義。他想要好好為家人哀悼。他感謝鑑識團隊前來挖起他的家人，向他們解釋心中的傷痛，認為阿拉無法認出在洞裡擠成一團的死者。他請她挖起家人的遺骸，裝成十一個屍袋，好讓他分別埋葬每一個人。

他絕對料想不到，來幫忙的竟是研究孩童骨頭的世界頂尖專家。蘇派其他人到別處去忙，只留下X光技師和攝影師，在一年半前的臨時墓穴旁鋪下十二塊布。「預留第十二個位置是因為我知道一定會有我無法斷定的部分。只要在每個屍袋裡放點東西，就能安撫那位父親，這個輕鬆的作法相當誘人。當然了，這完完全全、徹徹底底違反了道德原則。更重要的是，法律上無法接受。我們來此是為了鑑識，不是慈善。我們的職責是收集證據、分析證據、提出證據，出庭時必須證明所有的行為皆是正當合法的。」她想像被告方的專家打開屍

法醫人類學家在科索沃挖掘大範圍墓地。

袋，發現裡頭裝了不該有的東西，這會讓檢方顏面掃地。

於是她開始動手。經過十八個月，屍骸徹底腐敗，她要處理的大多是骨頭。分辨成人身分相對來說比較容易，因為體型較大，人數也較少。八個小孩就麻煩多了。蘇費盡工夫分離遺骸，經過幾個小時，她分出六個比較小的小孩，墓穴裡只剩兩組上肢，屬於十四歲的雙胞胎兄弟。「他們只剩下這些。只有肱骨跟鎖骨。不過其中一組上肢表面黏著米老鼠背心。我對警官說：『去問那個爸爸，看哪一個孩子喜歡米老鼠。別提到雙胞胎兄弟或是任何線索。如果他回答其中一名雙胞胎的名字，那就可以分辨兩人的骨頭了。』」警官帶回父親的答案，確實是雙胞胎中的其中一人。「『他超愛米老鼠。那是他的背心。』」一個小時後，蘇將十二個屍袋還給他。「這是他最想要的東西。雖然他經歷了那麼多苦難，我們最多只能把他的家人還給他。」

蘇是鄧迪大學解剖與人類辨識中心主任，這個領域的核心是尋獲並辨識骨頭遺骸。是人類嗎？性別、年齡、身高、種族究竟為何？大約是何時死亡？為什麼？如果屍體還算完整，腐敗程度不嚴重，或許病理學家能夠回答這些問題。假如保存狀況不佳，法醫人類學家要分析的不只是骨頭本身，還有這具「人類遺骸」留下的一切：毛髮、服裝、飾品，任何我們每天帶在身上的物件。我們都很清楚，就連我們留下的照片或是影片，都要由有數年經驗的人員才能從中看出蛛絲馬跡。在職業生涯中，蘇追蹤過人體上的神祕痕跡，研發獨門技術查明死者的身分，教導大批解剖學家、人類學家、醫學生學習人體組合的方式。

她指導大學生的素材、帶領他們做的田野調查，以及她自己的研究，全都受到在戰後科索沃待的那四年的深刻影響。蘇描述科索沃是她生涯的轉捩點，部分是因為就算在這裡工作，她還是有辦法與許多國家級鑑識團隊分享知識與經驗。其中包括知名的阿根廷法醫人類學團隊，他們在七〇到八〇年代早期運用專業技術，協助偵辦許多侵犯人權的案子。

一九七六到一九八三年間，阿根廷遭受軍事獨裁統治，對於政府認定是左翼或是反叛分子的人士採取暴力與壓迫手段，這場衝突由統治方命名為「骯髒戰爭」。在布宜諾斯艾利斯和其他城市，人民在大庭廣眾下遭到綁架，或是從家中抓走，帶到國內三百處祕密監獄之一。許多人遭受酷刑虐待——不分男女老幼。倖存者描述他們被綁在金屬網格上遭受電擊。孕婦也躲不過那些暴行。還有人被下藥、蒙上眼睛，抓到飛機上，從阿根廷與烏拉圭之間的河床上空拋落，屍體被沖到河流兩岸。沒被丟進無名墓穴或是水裡的屍體就送到停屍間，標記為「無名氏」。一名工人描述：「屍體在沒有冷凍裝置的狀態下存放超過三十天……蒼蠅成群聚集，蓋在地上的蛆蟲超過十公分厚。」三萬國民成為「骯髒戰爭」的受害者，大約一萬人就此「失蹤」。

一九八四年，獨裁政府垮臺後，阿根廷本地法官開始要求挖起無名墓穴裡的屍體，認清身分，讓民眾得知他們失蹤的親屬下落，殺害這些人的凶手得到制裁。當地醫師遵循法官的命令，可是他們沒有多少分析骨頭的經驗，迫切需要幫助。一九八六年，法醫人類學家克萊

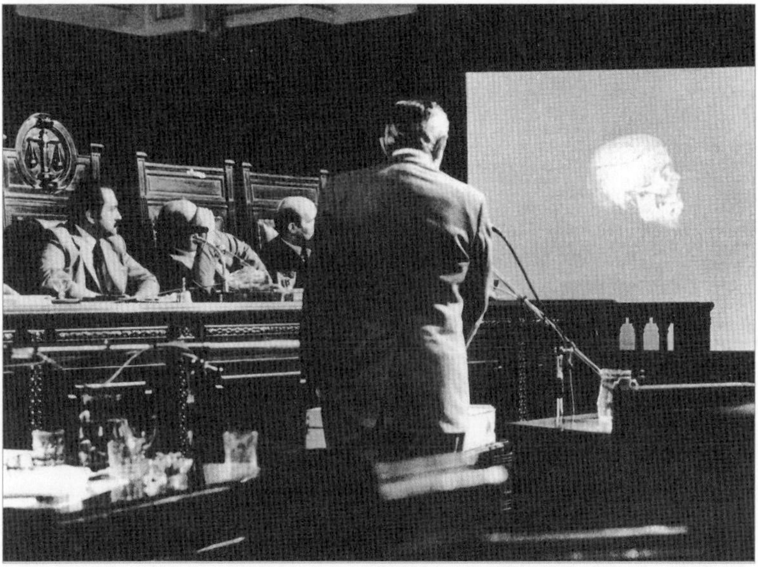

一九八六年，九名在「骯髒戰爭」中犯下謀殺罪的前阿根廷獨裁軍事領導人受審，克萊德．斯諾出庭作證，他的證詞協助檢方將其中六名被告定罪。

德．斯諾（Clyde Snow）從美國前來訓練阿根廷法醫人類學團隊的創始成員，經驗豐富的他曾經協助調查甘迺迪暗殺案，以及連環殺手約翰．韋恩．葛西（John Wayne Gacy）的受害者。「人權調查史上的頭一遭，我們使用科學方法來調查侵犯人權行為。」斯諾解釋道：「一開始勢單力薄，但是我們觸發了侵犯人權調查方法的革新。在人權領域使用科學的概念就是從阿根廷開始，現在全世界都照著做了。」

斯諾召集了一小群盡心盡力的阿根廷年輕人，常常帶他們實際訓練。開始的幾個月，他描述學生們是如何在墓地旁崩潰落淚，於是他讓他們牢記一句「咒語」：「要哭等晚上再哭。」等到人類學家挖起屍體、登記特徵後，調查人員努力對照已知失蹤人士的醫療和牙醫紀錄。近年來，人類學家從身分依舊不明的骨骸裡抽取DNA，聯繫還在人世的親屬。到了二〇〇〇年，他們認出六十具屍骨的身分，還有三百具屍體尚待調查；雖然只是一小部分，但終究是個開端。他們認出的其中一人名叫莉莉安娜．培瑞雅（Liliana Pereyra），她在一九七七年十月五日下班回家的路上被人擄走，隨後遭到綁架犯虐待、強暴、殺害。莉莉安娜失蹤時，她懷有五個月身孕。一九八五年，九名軍事領導人受審時，克萊德．斯諾在法庭上辨識莉莉安娜的身分，他說：「從許多角度來看，骨骼就是最佳目擊證人。」莉莉安娜．培瑞雅以及其他幾具代表骸骨上的證據，讓六名被告定罪。

阿根廷團隊到世界各地三十幾個國家協助開挖大規模墓穴，訓練他國自行鑑識調查。他們訓練過瓜地馬拉法醫人類學基金會的成員，該會的目標是調查三十年內戰期間的侵犯人權惡行。他們與南非真相調解委員會合作，調查種族隔離政策的餘波。他們在一九九七年也協助古巴地質學家辨識玻利維亞的切·瓦格拉（Che Guevara）遺體。外界都知道他是在一九六七年雙腿、雙臂、胸口中彈，玻利維亞士兵砍下手掌驗證他的身分。尋找他遺體的人類學家在兩個墓穴裡找到七具屍骸，其中一具穿藍色外套，口袋裡放了一小包菸斗用的菸草，那是一名玻利維亞直升機駕駛在切·瓦格拉死前不久送他的東西。牙醫紀錄證實了他的身分。遭到處決後過了三十年，切·瓦格拉終於回到古巴，接受英雄式的歡迎。

阿根廷法醫人類學團隊成員在阿根廷的科爾多瓦省挖開一處墓穴，找到一百具左右身分不明的屍體，應該都是「骯髒戰爭」的受害者。

他們在科索沃調查期間分享的專業知識，幫助了蘇．布雷克等人拓展見識與技術，讓全世界這個領域的人士都能更加精進。蘇本身面對過各式各樣的情境，像是獅子山共和國、伊拉克、二〇〇四年海嘯後的泰國，同時也在英國主持各方面的訓練計畫。

制裁施暴者需要她的專業。二〇一四年一月，自稱憲兵攝影師的前敘利亞逃兵（代號「凱撒」）偷渡五萬五千張照片出來，上頭有一萬一千具屍體，據稱是在對抗阿薩德獨裁暴政時遭到拘提的人士。獨裁政府質疑那些照片的正當性，宣稱是敵對組織變造的偽證。蘇應邀檢查那些照片，判斷它們的效力。她描述那是「在鑑識科學界待了三十年，我見過最惡劣的暴行案例」。科索沃的殘殺多半以槍砲子彈執行，海嘯是自然現象，這些照片卻展現出有系統的拷問折磨。屍體呈現飢餓、勒殺、電擊的傷害，那些人生前遭到毆打、焚燒、挖眼。上級問她這些是不是可靠的酷刑證據，是否有理由進一步調查。她以同一個答案回答兩個問題：「確實是如此，沒錯。」

謝天謝地，法醫人類學面對的案件大多與酷刑、大屠殺無關。他們偶爾才會被找去現場，調查「大規模致命案件」——天災、火車撞毀、二〇〇五年的倫敦通勤爆炸案。事實上，他們手邊大部分的案子範圍都比較小，不過對於死者身旁的家屬而言，再怎麼小的案子都無比重大。

約翰（John）與瑪格莉特．嘉迪納（Margaret Gardiner）住在蘇格蘭西岸的海倫斯堡，離格拉斯哥有一個小時車程。船員約翰曾做過生意，他的遠大夢想只換來債臺高築的下場。二〇〇四年十月，約翰展開最新的快速致富計畫：幫人裝潢豪華廚房。瑪格莉特對這個方案毫無興致，也確實地表達她的不滿。

幾天後，她在辦公室接到銀行行員的電話，說她的五萬鎊貸款申請有點問題。這個消息令她訝異不已，因為她從未申請過這筆貸款。就她所知，這輩子自己還沒向銀行借過錢。言談之中，她漸漸搞清楚是約翰說服另一個女人假扮成瑪格莉特，代替她簽署申請文件。瑪格莉特受夠了，她跟同事說要回家跟丈夫攤牌，下定決心把他趕出家門。這是她在世上最後的身影。

旁人向約翰問起他妻子去了哪裡時，他編出模糊的故事，但就是無法解釋為何她突然不再打電話給年邁的父母，原本她每天晚上都會這麼做的。有人通報瑪格莉特失蹤，警方嚴陣以待，派出鑑識團隊到屋裡蒐證。CSI在浴缸水龍頭底座找到一點血跡。是瑪格莉特的血。他們將內視鏡伸入浴缸排水孔下的彎曲水管，發現一塊補牙的填充物。接著檢查廚房裡的洗衣機，在門縫間找到更多瑪格莉特的血跡。

但這些跡象不代表瑪格莉特已死。她很可能在浴室裡跌倒，牙齒摔裂，割傷手腳，然後把沾血的衣物放進洗衣機。不過CSI決定要徹底搜查，他們取下洗衣機的濾網，找到乳白色碎片，僅有四公釐寬、一公分長。雖然不太確定，但他們猜想這是骨頭。回到實驗室後可以磨成粉檢驗DNA。幸好他們很清楚在執行破壞證物的檢驗前，得先運用其他不會傷害它的技術。

因此，他們將碎片帶到解剖與人類辨識中心，蘇．布雷克認出那不只是塊骨頭，而且是左側的蝶骨大翼。這塊骨頭位於太陽穴，上頭壓著主動脈的重要分支。少了這塊骨頭，瑪格莉特．嘉迪納就會大量出血死亡。她不可能還活著。

這樣微小的證據使得嘉迪納的謊言成為屁話，面對這個鐵證，他馬上向警方提出另一番說詞。瑪格莉特氣沖沖地從前門進屋，他說，口頭爭執很快就變成肢體衝突，她掙脫他的掌握，他追了上去。她匆忙逃出家門，在第一格臺階滑倒，腦袋撞上門廊邊緣，流了好多血。約翰帶妻子進浴室，這就說明了浴缸周圍為什麼會有血跡。然後他發現自己的套頭衫上沾了血，於是把它塞進洗衣機。他用不含生物酵素的洗衣精加上冷水洗，保住了骨頭碎片上的DNA，一定還卡在他的衣服纖維裡。他的供詞與證據相符。事後，他跟女兒說他把瑪格莉特包在床單裡，扛到河邊棄置。雖然瑪格莉特．嘉迪納的屍體從未尋獲，根據那片帶著DNA的碎骨，她的丈夫被判犯下殺人罪。

早在人類學正式運用在二十一世紀的案件前（比方說瑪格莉特．嘉迪納的案子），法律審判已經對骨頭投注莫大的興趣。本案的主角是一名十三世紀的官員，故事記載在中國法醫的手冊《洗冤集錄》裡。男子殺害男童，奪走他的家產，過了許久才形跡敗露。犯人坦承罪行，說他毆打男童，把他丟進湖裡。男童的屍體在湖中尋獲，可是血肉都已經腐壞，只剩下骨頭。某位大官認為這些骨頭說不定屬於別人。沒有人敢提出反論，也無法開庭審訊。

不久之後，另一名官員檢視案件紀錄，注意到男童的親人說他有「雞胸」的現象。官員檢查那具骸骨。沒錯，死者的肋骨交接處呈現銳角。本案重新審理，凶手的自白確認無誤，終於受到懲罰。

儘管早期有過這樣的成功案例，過了好幾百年才讓骨頭的科學正式進入法庭。人類學家參與審判的案子發生在一八九七年的美國。人種學家喬治・道西（George Dorsey）專門研究美國印地安人。他曾在人稱「法醫人類學之父」的湯瑪士・德懷特（Thomas Dwight）門下學習，在一八九四年領到哈佛大學頒出的第一個人類學博士學位。湯瑪士是這項學科發展茁壯的先鋒，分析人類骨頭種類的準確度無人能及。審理那個案子的時期，道西熱愛收集藝術品，特別是人骨做成的物件，走遍了南北美洲，從祕魯帶回大量的印加木乃伊。

一八九七年，占領報紙頭版好幾個星期的案子吸住道西的目光。一八六六年，身無分文的二十一歲小夥子阿道夫・勞葛特（Adolph Leutgert）從德國移民到芝加哥。他跟約翰・嘉迪納一樣滿腹雄心壯志，不同的是他理財很有一套。在皮革工廠跟搬家公司打了十五年零工，他存下四千美金——足以蓋一間工廠，就這樣設立了A. L.勞葛特香腸與包裝公司。工廠的香腸很快就賣到芝加哥市區內外，為他搏得「芝加哥香腸大王」的名聲。

在工廠開張、香腸帝國蒸蒸日上之前，他娶了嬌小迷人路易莎（Louisa）。不過他們的婚姻與美國夢相差甚遠。阿道夫開始跟其他女人同床共枕，關於他會打老婆的謠言四起。

一八九七年五月一日，這對夫妻出門散步，但回家的只有阿道夫。路易莎的親人不相信阿道夫說她跟別的男人跑了，前去報警，警方展開大規模搜索，最後找上勞葛特香腸工廠。目擊證人通報他曾看到阿道夫與他的妻子在她失蹤當晚十點半進入工廠。夜班守衛也支持這個證詞。不只如此，勞葛特先生還給了他一筆零用錢，說他今晚可以回去休息了。

一踏進工廠，調查人員聞到蒸熟香腸的大桶子裡飄出怪味，往桶裡一看，員警注意到底部有一灘爛泥，有人如此敘述：「（氣味）很噁心……有什麼東西死在那裡。」他們決定進一步調查。

「拔起外側接近底部的塞子，開口旁的地上放了幾個麻布袋，液體濾出之後，布袋裡剩下黏膩的沉澱物和大量碎骨。桶子經過檢查，發現桶底有兩枚樸素的金戒指黏在一塊，混在骨頭碎片裡，沾滿紅灰色的黏液；小的是尾戒，大的是婚戒，後者內部刻有『L. L.』的字樣。」事後證實是路易莎．勞葛特的婚戒，她丈夫送的禮物。警方在另一個火爐裡也找到看起來像骨頭的碎片，還有一件燒毀的馬甲。有了這麼多證據，勞葛特遭到逮捕。

同年夏天，庫克郡法院被社會大眾的狂熱興致包圍。喬治．道西和芝加哥菲爾德博物館的幾名同僚為檢方作證。道西說，火爐裡的骨頭屬於人類，包括女性的腳掌、手指、肋骨、腳趾、頭顱。另一名證人證實桶子裡的黏液中驗出人類血紅素敗壞之後的化學物質。

還有證人表示在路易莎失蹤前，阿道夫買了好幾百磅的鹼水——用途眾多的腐蝕性化合物，可以處理肉品、清潔烤箱、製造甲基安非他命——分批倒入蒸煮香腸的桶子。阿道夫辯稱鹼水是要拿來清掃工廠，檢方則提出鹼水具強鹼性，很適合溶解大型物體。

初審的陪審團猶豫許久，陪審員差點在討論室裡大打出手。但是勞葛特沒有就此解套。翌年召開二審，喬治・道西再次出庭作證，這回勞葛特被判謀殺他的妻子。

喬治・道西在證人席上營造出優異的形象。《芝加哥論壇報》提到：「可以明顯感受到他唯一的目的就是如實呈現他所知道的真相，毫無誇飾，不讓對手有可趁之機……他的知識相當有條有理，表達的方式也是精確而淺明。」相較之下，被告方的專家威廉・H・歐波特（William H. Allport）在證人席上自取其辱，把狗骨頭認成猴骨。聽見陪審團竊笑，他連忙自圓其說：「真的有狗猴這種生物。」然而離開法庭後，道西面對許多來自其他解剖學家的嚴苛批評，指責他處理這個案子的方式——包括懷恨在心的歐波特，他譏笑道西「光靠四塊跟豆子一樣大的骨頭就指認那是個女人」——完全背棄鑑識的原理。不過新聞媒體確實將法醫人類學第一次呈現在社會大眾面前。

現代的法醫人類學相對而言是個比較新的領域。二十世紀早期，分析遺骨的步驟相當緩慢，但確實不斷進步。

艾雷斯・賀利卡（Aleš Hrdlićka）出生於波希米亞（現在的捷克共和國一部分），在一八八一年移民到美國，十三歲的他對於人類起源無比執著。正如同前輩喬治・道西，賀利卡專門研究美國的原住民。三十歲那年，他展開長達五年的橫越美洲計畫，一路上研究各種骸骨。他的結論引出獨創的理論——東亞人曾經在一萬兩千年前橫越白令海峽，在美洲落腳。感謝DNA鑑定技術，這個概念至今已是學界常識。除了人類血統的起源，他也沉迷於人類惡行的起源，鑽研罪犯與「一般」美國人身上的神人同性特質，挖掘犯罪者的價值觀是否與旁人不同。在一九三九年，他宣布道：「犯罪不是源自肉體，而是來自心理。」

賀利卡的專業知識沒有埋沒。三〇年代的FBI思考這個正在萌芽的領域是否能幫助他們破解懸案，前來向他求助。賀利卡為至少三十五件FBI的案子擔任顧問，判斷遺骨的身分、年齡、死因是否可疑。他為法醫人類學帶來更有組織、系統的實踐方式，在他過世後，FBI的胡佛局長讚揚他「對犯罪偵查科學貢獻卓越」。追逐案件真相的同時，賀利卡也忙著培育下一個世代的法醫人類學家，在史密森尼學會教導學生。

正如蘇·布雷克的職業生涯轉捩點是巴爾幹半島的大屠殺，二十世紀法醫人類學的重大突破也是來自最大的悲劇事件。賀利卡最有天分的弟子T. D.史都華（Stewart）曾在日本小倉的一間倉庫裡，替韓戰的殉難者辨明身分。這項任務的難處在於現代爆炸性武器對人體的破壞非同小可。送達的遺體通常是一大箱一大箱的骨頭，過程既艱辛又心痛。但史都華把握這個接觸分量空前的人類遺骨的機會，仔細地分類測量結果，慢慢建立資料庫，日後便能靠部分骨頭準確預測死者身高、體重、約略年齡。

在這個領域奉獻良多的人類學家，還有米妲蕾德·崔特（Mildred Trotter），她從一九四七年開始到夏威夷的美國人墓園登記處工作。源自法國、使用了半個世紀之久的預測身高與年齡的資料令她不耐，她開始利用二次世界大戰時陣亡士兵的骨頭，研發自己的測量方式。今日，美軍中央身分辨識實驗室是全世界同類型實驗室中最大的一個，他們仍舊廣泛使用史都華和崔特的測量方式。

在夏威夷獲得的研究結果擴散開來，促使其他法醫人類學家投入辨識死者身分的行列。蘇·布雷克在鄧迪解剖與人類辨識中心主導的計畫便是以教育為主。該中心在二〇〇八年為警方設置了二十四小時免費電子郵件服務，目標是在十分鐘內回答關鍵問題：「這是不是人骨？」夏季的案件量比較大，因為民眾會到自家庭院翻土，或是到鄉間散步。

這個重要問題的難度可能很高，當地天氣、腐食動物都會破壞遺體，害骨頭四散，有時候只剩下一根骨頭。羊跟鹿的肋骨跟人類肋骨很相似，很容易搞混。孩童的小塊骨頭跟牙齒也與動物類似，而且數量眾多——小孩子身上有大約八百塊骨頭，長大後才會融合為兩百零九塊——隨隨便便就散落在大片田野間。（克萊德·斯諾估計，一個小孩的骨骼裡只有四十六塊「找得到的」骨頭。）

二〇一二年，解剖與人類辨識中心解答了三百六十五件案子的骨頭疑雲。平均一天一案。不過裡頭有多少是人類的骨頭呢？「一百件裡有九十八件都不是。」蘇·布雷克解釋道。可是就連否定的答案也很重要。「這就等於告訴警方說不需要為了乳牛展開謀殺調查，不會有什麼結果的。」

最終仍有百分之二的骨頭屬於曾經活著、還會呼吸的人類。解剖學家或是人類學家的專業技術就要派上用場了。為了分辨手邊的骨頭究竟屬於哪個部位，他們得先測量尺寸與厚度，接著觀察細微的凹凸、缺口，這些都代表每一塊骨頭的功能。根據骨頭的種類，有時候還能看出性別：男性的骨頭通常比女性還要大塊、紮實。男性的恥骨開口呈現心型，女性則是因為要留下生產的空間，恥骨開口呈現圓形。男性的頭骨通常也比較大，下顎比較方正。

兩、三年前，我到蘇．布雷克的辦公室拜訪，正好制服員警帶來一個紙袋，裡頭裝著他在克科底附近的海灘上找到的一根骨頭（我剛好是在那一帶長大）。蘇戴上手套，以誇張的動作掏出紙袋裡的骨頭。我們都看得出那是一塊下顎骨，上頭還殘留幾顆牙齒。「好吧，是人類的骨頭。」蘇慎重地解答。我深信這簡直是天降奇蹟。從我小時候常常玩耍的海灘找到的人骨！可惜天底下沒有這種好事。蘇憐憫地看著我，解釋道：「對警方而言，沒有什麼調查的價值。這塊骨頭很老了，它的主人已經死了很久很久，久到不具備任何法律價值。我們常常碰到這種東西。」

與陌生人的下顎骨邂逅，對於大部分人來說是個可怕的體驗。不過蘇．布雷克的專業字典裡沒有這個形容詞。「噁心」、「討厭」、「令人作嘔」都與她無緣。在她工作檯上的人體卑微而燦爛，她忙著讓它恢復平靜，沒空反胃嘔吐。任何對血肉、骨頭的反感，早在她做第一份工作時就消失無蹤了。她從十二歲開始在肉店打工，店裡很冷，「卡車從屠宰場送來生肝時，我們會衝到後頭，至少可以暖一下手。」一般人對解剖敬而遠之的反感，對她來說根本不算什麼。可是，究竟是什麼契機引她踏入這個領域？

一開始並不是為了制裁罪犯。她是個真正的研究者，熱衷解開人體的祕密。之後她才了解這些知識足以解開人類傷害彼此的謎團。蘇．布雷克是她家中第一個上大學的人，她攻讀解剖學，發現切開人體是「最謙卑的經驗」。她把大體視為奉獻自我、成為實體教科書的偉人，任由科學家細細翻閱，得到令人類受益的突破。蘇選擇辨識骨頭作為她的第一個研究計畫，她很快就發覺這個領域的實際價值。

她的第一個案子是辨識輕航機飛行員的身分，那人在蘇格蘭東岸墜毀。她擔心自己看到摔爛的屍體不知道會有什麼反應，但是以現實面來說，她需要實地作業經驗。她解決了這個案子，決定要踏入這個領域。

蘇的工作帶她面對大部分人當成閒暇娛樂的問題。「我們都愛漂亮的謎團。」她說：「我們都愛完美的犯罪。我們都會看小說、電視劇，因為我們對於人體和解剖抱持天生的好奇。我們能利用這份好奇心來解決問題，比如說『他是誰？』、『這是什麼？』，於是我把興趣與工作完美結合，在這個崗位做最習慣的解剖。我運用所學，解決必要的問題，同時也滿足了基本的好奇心。」

一開始，蘇．布雷克的工作以辨識死者身分為主。成功的身分辨識通常能協助警方成立案件，讓調查行動得以展開。不過調查刑案牽涉到的問題不只是死者的身分，重點在於動手的人是誰。自從十九世紀犯罪小說誕生以來，這一直是故事的核心。優秀的科學家就跟優秀的警探一樣，研發出新的技術來克服特別的問題，如果這些技術成功了，就能運用到其他相似案件上。在蘇．布雷克眼中，新問題一向都是驅策她的動力。只要做得到，她就會盡力拓展法醫人類學的邊界。近年來，她比較少花時間辨認被害者身分，而是忙著逮到凶手。

倫敦警察廳的攝影組長尼克．馬許（Nick Marsh）曾跟蘇在科索沃合作，就此成為朋友兼事業夥伴。回到英國後，他的攝影部門面臨看似毫無希望的案子：十四歲少女找上警方，宣稱她的父親晚上會虐待她。她向母親告狀，但母親不相信她。少女知道她需要證據。她對高科技產品頗有一手，知道網路攝影鏡頭可以調整到能在黑暗中錄下紅外線畫面。她設定好鏡頭，對著床鋪按下錄影鍵。

她帶著錄好的影片來報警，尼克．馬許面對的無解難題是他看得出施暴的行為，然而鏡頭範圍太窄了，沒拍到施暴者的臉。沒有臉也沒有其他明顯的特徵，這段影片不足以判斷她父親就是犯人。

因此，尼克找上他認為有辦法的高手。瀏覽影片時，蘇說：「這是我看過最詭異的事情之一。我感覺脖子後面的汗毛都豎起來了。大約在清晨四點十五分，一雙腿進入鏡頭範圍，就站在那裡。可以看到她躺在床上，身穿睡衣，我們看見她的下半身。他就只是站在那裡——我知道那人是男性，因為那雙腿長了很濃、很濃的腿毛。接著，他緩緩伸出手，塞進棉被底下。」

蘇的第一個想法跟尼克一樣，認為無法指認施暴者。但她仔細看過影片，注意到紅外線照出施暴者的缺氧血，突顯出他前臂的表面血管紋路。她知道每個人的表面血管紋路大不相同，離心臟愈遠，個體差別就愈大，因此雙手與前臂的血管是人身上最獨特的區塊。不過，想要靠這些紋路認出身分，需要一些鑑識的手法。警方接受蘇的建議，拍攝父親的右手手臂，結果與影片中男性的血管紋路一模一樣。

開庭審理時，被告方質疑蘇的證據可信度有多高。法官認同血管紋路分析並無前例可循。法官先請陪審員離席，讓被告與檢方提出這項證據可信度的論點。法官問蘇打算怎麼說，這時她意識到應該要拍攝那名父親的兩邊手臂，顯示即便是同一個人，前臂血管會出現多大的差異。為了證實她的想法，她請法官攤開雙手，看看自己的血管有多大差別。法官詢問她的證據是否能斬釘截鐵地證明施暴者就是那名父親。「不行。」她坦然回答：「我做的研究不足以確認影片中的紋路不會跟其他人吻合。」被告方急著要撤銷這項證據。全看法官如何裁定。最後法官依據蘇的解剖學經驗、對人體差異的理解，認定這是有效證據，不過促成這項決定的部分原因，源自被告方專家是影像分析師而非解剖學專家，而且他沒有關手機，把法官惹毛了。

蘇繼續作證。被告方提出主張。少女接受交叉詢問。陪審團考量過後，提出蘇始料未及的判決：無罪。她擔心自己是不是有失專業，請檢察官去確認陪審團覺得科學證據哪裡有漏洞。如果是這樣的話，血管紋路分析在成為鑑識技術前必須改良，或是完全捨棄。陪審團的判決重點不是證據本身。他們覺得蘇的解說很有道理。他們提出「無罪」並不是因為他們不相信科學，而是因為他們不相信少女——她哭得不夠傷心。

蘇沒有對脾氣反覆無常的陪審員感到絕望，她要往科學的汪洋出航，必須要用更精良的武器來對抗情緒化的法庭。解剖與人類辨識中心從那段時期開始訓練英國各地的警官，培養辨認災害死者身分的人力，蘇決定要好好利用這個獨一無二的機會。她要求五百名警官學生脫到只剩內衣褲，由她的團隊以紅外線與可見光拍攝腳掌、雙腿、臀、後背、腹、胸、手臂、前臂、手掌。這些照片經過分析比對，成為血管紋路分析技術的強力佐證。

警官熱愛分享過去的案件和趣事，蘇的專業名聲很快就超越了尼克．馬許。過了不久，另一名倫敦警察廳警官來請蘇協助調查另一起性侵兒童的案件。二〇〇九年，警方搜查一名家具銷售員位於坎特郡的住處，他們在迪恩．哈迪（Dean Hardy）的電腦裡找到六十三張猥褻照。照片主角有的是八到十歲的東南亞女孩，全都遭到一名西方男性的虐待。隱藏在照片檔案裡的元資料顯示攝影時間是二〇〇五年，警方證實哈迪曾在該年到泰國旅遊，控訴他虐待那些女孩。但他否認這項控訴。

這回，蘇．布雷克指示警方拍攝哈迪的雙手，接著一絲不苟地檢查照片。她記錄血管紋路，看到一根手指根部有個小疤痕，於是觀察指節的皺紋形狀、留意斑點的模樣。接著她把這些紀錄與猥褻照裡的手比對，每個細節都吻合。警方找哈迪對質，說：「跟你的右手相比，你的左手還比較像照片裡的手呢。」他們又問：「那是你的手嗎？」面對如此鉅細靡遺的證據，這回他只能回答：「是的。」

這是英國史上第一次靠斑點和血管紋路確定犯人身分。不久之後，紀錄片片商推出一支節目，主題是蘇和倫敦警察廳合作，逮到迪恩．哈迪這個戀童癖。影片公開後，另外四名女性站出來揭露哈迪曾在她們小時候對她們施暴。哈迪要為了泰國施暴案坐六年牢，英國受害者的證詞讓他多加十年刑期。

同年，蘇建構的證據平臺讓蘇格蘭最大的戀童癖圈成員落網。散布在蘇格蘭中部各處的八名男子不斷拍攝、分享、收集性侵兒童的影像。其中一人的電腦裡搜出七萬八千張照片。在這個案子之後，蘇和她的團隊目前每年經手十五件左右的指認戀童癖犯人的案子。解剖與人類辨識中心成為警方需要這方面協助時的首要後盾。

不只是鄧迪的辨識中心，世界上還有許多以法醫人類學來辨識不明死者身分的尖端研究單位。路易斯安那州立大學的瑪莉．曼罕（Mary Manhein）創辦了名為FACES（Forensic Anthropology and Computer Enhancement Services，法醫人類學與電腦強化技術局）的實驗室，並擔任主任。曼罕在一九八一年取得英國文學學位，之後轉為鑽研人類學，至今參與了超過一千件美國各地的鑑識案，寫過三本相關書籍：《骨頭夫人》（*The Bone Lady*，二〇〇〇）、《遺骨線索》（*Trail of Bones*，二〇〇五）、《骨骸》（*Bone Remains*，二〇一三）。她花了數十年時間造訪路易斯安那州每一間警局、保安官辦公室、法醫辦公室，建立起失蹤人口資料庫。這個資料庫涵蓋了六百名失蹤人士與一百七十具身分不明遺體的生物資料，目標是找出兩者之間相符的結果，現在已經與尋找失蹤親友的全國資源網連線。

曼罕經手過的某個案子是路易斯安那州格蘭德島南方二十公里處，漂浮在墨西哥灣深水水域海面上的女性屍體。她胸口中槍，包在漁網裡，還綁上水泥塊，顯然是一起謀殺案。雖然屍體已經泡在水裡好一陣子，整體來說保存狀況還不錯，部分原因是漁網阻擋了一般都會來取食的魚蟹。曼罕發覺「關節可動、搖搖擺擺的身體部位最能吸引海洋生物，往往是最先消失的地方，像是手掌、腳掌、頭部」。

屍體標上99－15的編號，送到FACES。曼罕認為它很適合這個計劃，她的團隊立刻繪製女性生前的長相。曼罕測量她的頭顱：深邃的橢圓形眼窩、牙齒重複咬合，顯示她是「標準的白種歐洲人」。她配戴一條特別的蝴蝶造型項鍊，上面鑲嵌土耳其玉和鑽石。骨骼的分析結果顯示她雙腿曾經骨折，右膝的關節炎讓她走路一拐一拐的。她拔過智齒，可能是接受美國牙醫的診療。根據腿骨和骨盆的尺寸，可以推測出約略的身高、體重、年齡。99－15號無名屍身高一五七至一六四公分，年紀在四十八到六十歲之間，體重五十六到六十一公斤。將這些資訊輸入FACES資料庫，到了二〇〇四年十月，證實她是一九九九年一月在密蘇里州失蹤的六十五歲婦人。估測的年紀低於實際年齡。

法醫人類學家辨識出死者真實身分時，有什麼感覺？與死者花了那麼多時間沉默地交流，跟最糟的預想成真的活人相處一刻感覺如何？瑪莉・曼罕非常清楚。「成功辨識身分會讓家屬痛苦萬分，但這個結果也能幫助他們繼續走下去。」在漫長的歲月裡咀嚼親人可能遭受何種對待，這會磨損生者剩餘的生命。

對蘇．布雷克而言，她一直想指認某個人的身分。她在蘇格蘭北部的伊凡尼斯出生，在那裡遇到縈繞在她心頭一輩子的失蹤事件。一九七六年，蕾妮．麥克雷（Renee MacRae）開車離開市區的住處，後座載著她的兩名幼子。她把大兒子放在分居的丈夫家，繼續帶三歲的安德魯（Andrew）開往基爾馬諾克，準備去拜訪姊姊。

再也沒有人看到蕾妮跟安德魯的身影。那一夜，她的藍色BMW轎車在A9公路南下路段起火燃燒，車上沒人，也找不出任何線索，只有一條沾著蕾妮血跡的毯子。她的前夫接受約談，她地下情人的身分曝光。經過密切搜索，找遍城裡五百多間住宅、車庫、儲藏間，沒有半點頭緒。警方完全無法更進一步釐清蕾妮跟她兒子的命運。

二〇〇四年，電視紀錄片《懸案》（*Unsolved*）在蘇格蘭上映，再次掀起社會大眾對該起神祕失蹤案的興趣。退休警官出面宣稱，曾有線索指出蕾妮和安德魯的屍體可能棄置在A9公路附近的採石場。蘇．布雷克參與開挖行動，仔細搜尋兩人遺體。花了三個星期移開兩萬噸的沙土，砍下兩千棵樹，耗費超過十萬鎊，卻只找到兔子骨頭、兩包洋芋片、幾件男性衣物。

儘管懸案重辦以失敗告終，蘇．布雷克收到了蕾妮姊姊來信，她一直留著那封信。「我只希望妹妹能回家。」信上寫道：「我知道她已經死了。我接受這個事實。每次有人去找她，我心中就燃起一絲希望，每次他們沒有找到她，我就更加消沉。」根據蘇的經驗，找不到家屬的人——無論是在科索沃、阿根廷、泰國、英國——他們永遠無法跨越那個坎。就是這個意念帶著她不斷前進，帶著死者回家。

蘇說：「我們帶來的總是壞消息。『是你的兒子』、『是你太太』、『是你的女兒』。可是這些壞消息夾雜著一絲慈悲，告訴他們：『你總算知道了，可以埋葬屍體，開始哀悼。你永遠不會忘記，但是你可以開始前進。』」

第九堂　臉部重建

「我讚嘆大自然竟能找到空間
在一張人臉上呈現那麼多奇妙差異。」
——威廉·沃茲華斯（William Wordsworth）〈性格〉（*A Character*，一八〇〇）

別管什麼指紋還是ＤＮＡ了。每個人區分彼此的基本方式當然是面容。天生、教養、環境組合成獨一無二的影響，創造出旁人辨認我們的五官。我們不時會受到陌生人相似的身形、步伐、髮型誤導，當他們一轉身，或是靠得夠近，看到他們的臉，我們馬上就知道認錯了。然而死亡偷走我們的臉龐。皮肉腐爛，大自然將我們剝到只剩下枯骨，皮囊之下的白骨對於認識我們、喜愛我們的親友毫無意義。

謝天謝地，有一小群科學家奉獻心力，挽救了死者的顏面。在英國曼徹斯特大學，理查·涅維（Richard Neave）建立起由骨骼重建臉部的技術。曼徹斯特博物館在一九七〇年召集了包括他在內的科學家組成團隊，調查館內的埃及木乃伊，到了一九七三年，他用石膏和黏土重組兩名四千年前的埃及人，「兩兄弟木乃伊」柯濃－納卡（Khnum-Nakht）與涅卡－安卡（Nekht-Ankh）。他寫道：「打從一開始，我努力不要單憑直覺動手——常常會有人把這個惱人的特質稱為『藝術家天分』。」他靠著一八九八年瑞士解剖學家朱理烏斯．柯曼（Julius Kollmann）藉由大量屍體取得的平均組織厚度測量法，判定木乃伊的臉型。

涅維培養出模擬臉部和頭部肌肉的高超技術，接下來只要一區一區填上血肉皮膚即可。他在考古學領域砥礪這些技能，轉而接觸鑑識活動，涉入二十多起身分不明遺體的案件，成功率高達百分之七十五。

他遇過最有挑戰性的案例是一具無頭屍體（真是矛盾）。那具男屍身上只剩一條內褲，在一九九三年曼徹斯特皮卡迪利車站的鐵路高架道下尋獲。無論警方如何努力，他的身分依舊成謎。

三個月後，帶狗散步的民眾經過曼徹斯特一百二十公里外，史丹佛郡康諾克的一處遊樂場。狗兒突然開始瘋狂挖洞，直到一顆慘不忍睹的腦袋出土。那顆頭顱已經碎成超過一百片；稍後發現凶器是一把砍刀。ＤＮＡ檢測結果與曼徹斯特的無頭屍相符，但還是無法幫助警方取得死者身分。乍看之下那人的臉根本無法重建，大量的骨頭不見蹤影，特別是頭顱中央的關鍵區塊。警方猜測凶手如此狠毒的目的是不讓任何人認出死者。理查．涅維費盡心力黏回剩餘頭骨，塗上石膏，以自己的專長、知識、經驗盡量填滿空缺。《獨立報》刊出涅維的黏土頭顱照片後，七十六組家屬找上門來，認為他們認得那張臉。

警方從那些人手中收集照片與細節，比對失蹤者的容貌，卻一直找不到吻合的結果，感覺凶手的惡意果然占了上風。他們比對到最後一個名字艾德南・艾爾桑（Adnan Al-Sane）——優先次序之所以排得很後面，是因為屍體或是頭骨都沒有顯示死者並非高加索人種——發現細部特徵通通吻合。警方終於知道被害者的身分了。

艾德南・艾爾桑是四十六歲的科威特商人，他一直住在西倫敦的麥達維爾，家境優渥，在祖國經營銀行賺了一大筆錢，三十八歲就退休了。生前最後的目擊紀錄是無頭屍體尋獲的前一天，他在倫敦中區格羅夫納廣場的布列塔尼亞飯店吃晚餐。牙醫紀錄和艾爾桑公寓裡找到的指紋證實他的身分。驗屍解剖顯示他在遇襲時吞下一顆牙齒，死後才遭到斬首。直到今天，還是不知道凶手是誰、動機為何，但至少他的家屬知道他究竟出了什麼事。

理查・涅維為臉部重建奠定了科學基礎，擺脫世人眼中偏向藝術性質的刻板印象，打造出嚴謹的科學領域。他一直在曼徹斯特大學研究、教書，把知識傳授給下一個世代，其中一名學生是卡洛琳・維金森（Caroline Wilkinson），目前已是鄧迪大學的顱面重建教授。

卡洛琳生涯中的里程碑之一幾乎與艾爾桑的案子差不多離奇。二〇〇一年八月某天，晒日光浴的遊客在荷蘭諾德湖撞見一具小女孩的屍體。又過了幾天，荷蘭海岸多處找到其他身體部位。接著漁夫在距離諾德一百三十公里遠的碼頭附近找到一顆頭骨。臉部已經毀壞到無法辨識，調查人員陷入迷霧。他們聯絡卡洛琳，希望她能答應重建這張臉。

不過，當荷蘭警方告訴她死者年紀大約五至七歲時，卡洛琳感受到心中有些芥蒂，部分原因是她自己的女兒正好五歲，不過專業素養壓過她自己的情緒反應。

當時的解剖學家不認為孩童的臉能像成人那樣精確復原，因為孩子的面容尚未完全發展，缺乏準確度，但卡洛琳本身就是以幼童臉部重建取得博士學位。她相信這麼做能夠幫上調查人員，於是壓抑心中的不安，檢查荷蘭警方送來的毀損頭骨。觀察期間，她發覺死去的孩子五官不太尋常：鼻子又大又寬，跟大部分五歲小孩微微上翻的鼻頭不一樣；門牙中間有明顯縫隙。她看得出這張臉很好認。

基本上，跟大人相比，靠照片認出失蹤兒童不太容易，儘管他們擁有更大的媒體版面，但尚未成形的臉龐看起來頗為相似。根據每個星期在美國發布數千張失蹤兒童影像的國立失蹤與遭剝削兒童中心，僅有六分之一的失蹤兒童是因為有人看見照片、聯絡相關當局後因而尋獲。

不過卡洛琳相信，這個女孩屬於會被尋獲的那個人。她使出渾身解數，做出諾德女孩的黏土模型，照片在歐洲各處的報紙和電視臺廣為流傳，不到一個星期，她的身分證實是多德雷赫特的五歲半女孩蘿文娜．利卡斯（Rowena Rikkers）。

隨著身分的確認，蘿文娜遭遇到的恐怖命運也浮上檯面。在她短暫悲慘人生中的最後五個月，蘿文娜遭到母親男友虐待，而她母親一直都知情。人生的最後兩個月，她被鎖在狗籠裡。蘿文娜死後，最該關懷她、保護她的兩個人把她切開，屍塊丟到荷蘭各處。最後警方在西班牙逮到他們，將兩人定罪。這是第一次靠臉部重建在荷蘭破案，沒有卡洛琳的努力，或許永遠不會有人知道蘿文娜已死，更沒有人替她討回公道。

重建臉部的概念一點也不新穎，也不一定與謀殺案有關。這種技術源自重現死者面容、與死者建立連結的欲望，數千年前便已經出現。一九五三年，考古學家凱絲琳・肯揚（Kathleen Kenyon）在古代巴勒斯坦的耶律哥找到西元前七〇〇〇年的頭骨，上頭仔細地糊上黏土，模擬眼球的貝殼嵌入眼窩。這些頭骨的美感令她嘖嘖稱奇：「每一顆頭都擁有最獨特的個性，不免讓人覺得像在觀賞真正的肖像畫。」古代中東的藝術家根據殘留的線索——自己的長相——用黏土模擬祖先的容貌，藉此克服死亡。

人臉總是充滿象徵意味。十八世紀藝術家威廉・霍葛斯（William Hogarth）稱呼臉部是「心靈的索引」。不能否認表情會洩漏我們的情緒和反應——笑、哭、害怕、安撫、愉悅。臉上最細微的肌肉活動便能顯示出攻擊性或是親愛之情：只要想想困惑皺眉與憤怒皺眉的細微差異就懂了。我們的大腦擅長分辨旁人臉部的微小差異，因此我們能認出數百張臉。五週大的嬰兒可以認出母親的臉。百分之二點五的人類長大後超會認人，幾乎有辦法認出見過的每一張臉。我們可以從臉上讀出幾個關鍵性質——比如說性別、年齡、大致的健康狀態。不過光看別人的臉，並不代表你能看穿他的心思；莎士比亞就指出，「沒有一種技藝／能從臉龐看透心思的構成」。我們絕對無法從外貌看出某人「生來」長得像罪犯。

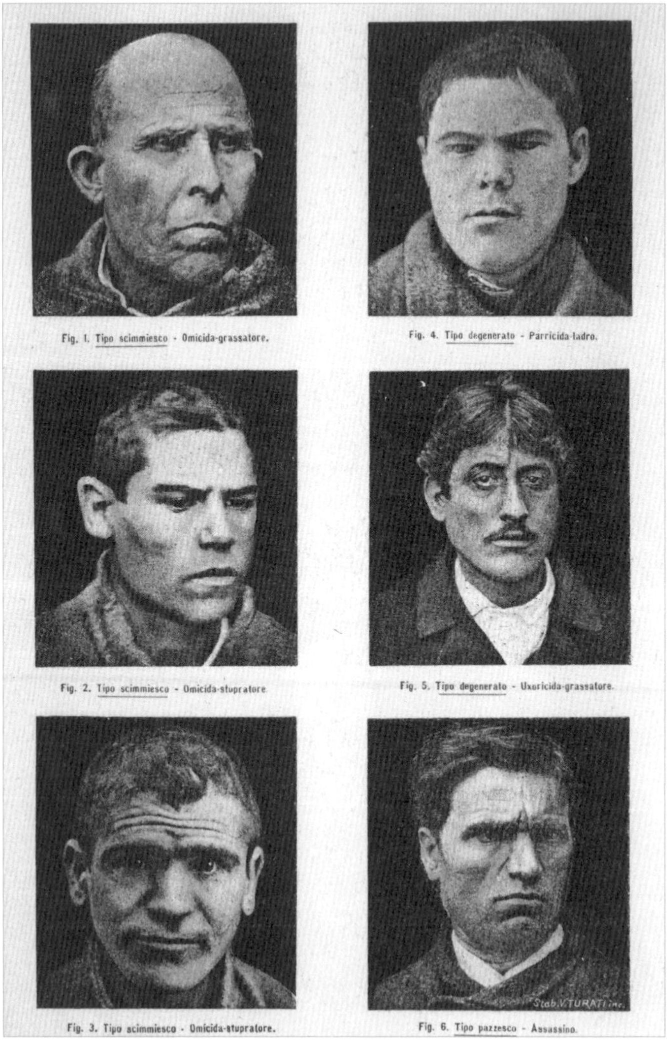

切薩雷．龍布羅梭編纂的一組「罪犯臉龐」：謀殺犯列表。龍布羅梭相信犯罪行為能從個人的生理特徵來預測。

然而十九世紀的犯罪學家切薩雷·龍布羅梭自以為是，測量了三百八十三名罪犯的臉，在一八七八年出版了《罪犯》（*L'Uomo Delinquente*）一書，將犯罪行為歸因於寬下顎、高顴骨、突出的眉骨、掌心獨立的線條、特別大的眼窩、形狀如把手的耳朵。之後針對龍布羅梭的測量結果顯示他的結論根本是一派胡言。證據無法支持理論；全都是以龍布羅梭的偏見與無稽意見為基礎。

不過後世口中的「龍布羅梭派」成為充滿吸引力的概念，創始人不時應邀出庭作證，結果成敗參半。要是陪審團忽視他的建議，不願意在缺乏強力證據的狀況下判定某人犯下謀殺罪，他便勃然大怒。儘管龍布羅梭認為「那人具備人相學中一切罪犯的特徵」，包括「突出的耳朵、不成熟的皺紋，以及邪惡的表情」，這些就足以「在對罪犯沒那麼溫柔的國家」將人定罪，但陪審團依舊不買帳。他也受到當代的科學家批評，即便如此，他的想法還是極具影響力。民眾聽從他，因為尋求面容的意義是人的直覺反應。

龍布羅梭完全走岔了路，但從某個角度來看，他的軌跡不算出錯。為了破解罪案而挖掘過往的祕密，科學家和調查人員必須萬分仔細留意人類的生理特徵。卡洛琳·維金森認為：「缺乏臉部解剖與人類學認知的人，做出的臉部重建結果，說好聽點是天真，說難聽點是錯得離譜。」畫家與雕刻家很清楚知道，對臉部肌肉附著和動態愈明瞭，愈能大幅增進作品的真實性，因此他們會熱衷於解剖學。李奧納多·達文西（Leonardo da Vinci）一生中解剖了三十具沒有經過低溫保存的屍體，克服了「遭到肢解剝皮、慘不忍睹的死者相伴的恐懼」。他的解剖實踐幫助他畫出一系列震撼人心的解剖圖，包括頭顱剖面圖，使得達文西筆下的人臉更加真實。

十七世紀優秀的西西里島雕刻家喬里歐・祖伯（Giulio Zumbo）從未看過達文西未出版的頭顱解剖圖，但他努力了解頭顱和人臉之間的各種關聯。他與一名法國外科醫師合作，在真正的頭骨上塗蠟，將「外皮」剝下來露出臉部肌肉，創造出全彩的半腐敗臉部模型，蛆蟲從鼻孔裡爬出，與真正的死人極為相似。

到了十九世紀，人們更加了解人體的運作方式，臉部重建成為更嚴謹的科學。早期的醫師缺乏完備的解剖規則，於是他們開始歸納整理。德國、瑞士的解剖學家和雕刻家合作解讀臉龐與頭骨的關聯。

一八九四年，考古學家在萊比錫挖出一具骸骨，認為其身分是大音樂家巴哈（Johann Sebastian Bach）。他們請解剖學家威爾海姆・希斯（Wilheim His）證明此事。他運用獨創的手法，取得二十四具男屍與四具女屍，將一片片橡皮放在他們臉上的標記點，再拿上油的針刺過每一塊橡皮——亦即皮膚的表層——直接刺入皮肉，深達骨頭。他抽回針，計算針尖到橡皮的距離。這是世界上第一次測量軟組織厚度。他算出平均值，藉由雕刻家的幫助，配合數值在挖出的骸骨頭顱上塗抹黏土。做出來的模型與當時巴哈的後人極度相像。

威爾海姆・希斯熟悉巴哈流傳後世的肖像，稍稍稀釋了為偉大作曲家臉部重建的科學價值，可是他的針與橡皮技術貢獻卓越；他測出的數值具一致性，至今依舊管用（雖然臉部重建專家認為，近年西方人士的臉龐比較豐腴）。一八九九年，柯曼與雕刻家布奇（Büchy）利用這項技術，重建一名住在瑞士奧韋尼耶湖畔的新石器時代婦女的面容。這名女性被視為第一個以科學手法妥善重建臉部的案例，因為柯曼的模型是建構在大量的軟組織測量結果上，動用了當地四十六具男屍與九十九具女屍——理查．涅維在七〇年代重建木乃伊兄弟時，用的也是同樣的手法。

來到二十世紀，臉部重建技術跟著進步。考古學家米克海爾．格拉西莫夫（Mikhhail Gerasimov）研發出如今稱為「俄羅斯法」的技術，相當注重肌肉結構，比較少關注組織厚度的數據。他做出頭顱上的一條條肌肉模型，薄薄蓋上一層代表皮膚的黏土。他重建超過兩百張考古學領域的臉龐——包括第一位沙皇恐怖伊凡（Ivan the Terrible）——參與一百五十起鑑識案件。一九五〇年，他在莫斯科蘇聯科學研究院成立了整形重建實驗室，至今依舊存在，對這個領域帶來莫大貢獻。

醫學技術的發展帶動了臉部重建領域的進步。在活人臉上使用Ｘ光和ＣＴ掃描取得貴重的資料。八〇年代以前，所有的測量數據都是來自屍體，難免有些誤差。人一死，細胞膜便開始崩解，體液往後腦杓流去，臉部失去彈性。同時，正如美國臉部重建專家貝蒂．蓋特利夫（Betty Gatliff）所言：「人死掉時不會坐得直挺挺的，通常是躺臥著。軟組織會因此變動。」活人臉部和頭顱的立體模型一直是重建專家的聖杯，ＣＴ掃描提供了接受度更高的厚度測量數值。因此，現在的臉部重建準確性比以往還高，也更受到信任。

調查人員若是無法藉由犯罪現場的線索、失蹤人口檔案、DNA與牙醫紀錄等鑑識證據辨認頭顱的身分，他們會請鑑識藝術人員協助。如果調查人員認不出復原後的面孔，最後的希望就是社會大眾了。蘿文娜．利卡斯與艾德南．艾爾桑的案例皆是如此。復原後的長相是辨識用的工具，是點燃記憶的火花。嚴格來說這不算是「鑑識」，因為復原本身在法庭上毫無地位。在家屬聯絡警方後，正式的鑑識指認程序才能展開。

為什麼我們的臉會長成這樣？面容是如何成為辨識身分的工具？我們通常把臉當成社交工具，如果我們想用沒禮貌的方式排擠某人，我們會說「撒泡尿看看你長什麼德性」，或是直接別開臉。事實上，人臉基本上都是依照實用性而演化。長在頭部前側的一雙眼睛給予我們重疊的視野，讓視覺更有深度。我們的嘴唇與上下顎演變成能咀嚼、吞嚥、呼吸、說話的完美組合。腦袋兩側各長一隻耳朵幫助我們確認聲音來源。不過還有其他要素。在早期的社群裡，親人相像的外表能夠凝聚部落向心力，近代的王朝也是如此，比如說哈布斯堡家族（Hapsburgs）獨特的下巴便是知名案例。

臉型是由頭顱上的二十二塊骨頭決定。這些骨頭複雜的形狀以及附著其上的肌肉，說明了每個人的臉為何各自不同。了解骨頭肌肉的千萬變化是臉部重建的起點。

鑑識藝術人員靠著眼窩深度與眉骨形狀來判斷眼形與深淺。嘴唇的形狀和密合方式取決於牙齒的大小跟位置。耳朵和鼻子是一大挑戰，因為軟骨在死後會腐爛。我們只能知道耳朵在哪裡、有沒有耳垂；雖然活人的每一對耳朵都跟指紋一樣獨特。很難確認鼻子是扁是高還是朝天，不過「硬鼻子」區塊能告訴解剖學家坐落其上的「軟鼻子」的大量詳細情報。比如說，「硬鼻子」區塊底部突出的「鼻棘」通常只有一個頂點，頂點分岔就代表這個人的鼻尖帶著淺淺的凹縫。

以頭顱為基礎的臉部重建無法搭配重要的辨識差異：頭髮和眼睛的顏色，至少目前是如此。基因學家最近研究出如何從DNA找出十九種不同的眼睛顏色。不過這項檢驗相當昂貴，就算是謀殺案件，也遠遠超出臉部重建分配到的預算。DNA也能看出髮色，但即使費用不高，對於鑑識藝術人員而言價值還是有限。卡洛琳．維金森解釋：「今年我拍攝了每個學生的照片，裡頭只有兩個人頂著原本的髮色。我四十八歲了，身旁大部分朋友根本不知道我頭髮原本的顏色。連我自己也不太確定了。」因此大部分的鑑識藝術人員繞過這個問題。他們模糊帶過頭髮（以及無法預測的耳朵）。即便如此，依舊能獲得異常精確的結果，往往要歸功於CT掃描所獲得的軟組織厚度數值。模型與真正的臉愈相像，有人認出那就是他們親愛的人的機會就愈高。相似肖像畫的效果在二〇一三年愛丁堡一樁特殊案件中發揮得淋漓盡致。

四月二十四日，家住都柏林的菲洛梅娜．登列維（Philomna Dunleavy）抵達愛丁堡。這名六十六歲、嬌小內向的婦人是來拜訪她的長子希慕斯（Seamus）。兩人在他位於巴爾格林路上的公寓敘舊。希慕斯說起他最近忙著鋪設愛丁堡的地鐵線路，菲洛梅娜則是分享另外四個孩子的近況，但希慕斯反應奇特，先是心不在焉，接著又激動憤怒。

菲洛梅娜有些警覺，跟兒子說要出門到處看看，卻跑去波托貝羅警局，問員警哪裡訂得到便宜客房。她說：「我不想跟精神狀況不佳的兒子過夜。」幾天後，希慕斯打電話到都柏林跟父親說他母親已經在回家路上了。但她沒有回到家。

六月六日，一名二十四歲的滑雪教練到愛丁堡的喀斯特芬山丘自然保護區騎腳踏車，天氣很熱，他決定停下來找個地方躲躲太陽。他牽著車沿小徑漫步時，看到土裡冒出一口閃閃發亮的白牙。牙齒嵌在一顆頭顱的殘骸上，大部分的皮肉已經腐敗，不過熱愛腐肉的蒼蠅還逗留在此。

在發現那口白牙的淺淺墓穴裡，法醫人類學家珍妮佛．米勒（Jennifer Miller）挖出兩條砍下的腿和一具人類軀幹，她推測這是六十幾歲女性的屍體。她察覺牙齒會如此亮白是因為做過昂貴的美白保養，屍體上取下一枚傳統的愛爾蘭克雷達戒指。警方憑藉有限的資訊，花了幾個星期過濾失蹤人口名單。

最後他們請卡洛琳．維金森協助臉部重建，她將頭顱以３Ｄ掃描建檔，用數位技術填上軟組織，成品傳給歐洲各處的警察單位，也登上ＢＢＣ《犯罪監察》節目。主播特別提到那枚克雷達戒指，使得菲洛梅娜在都柏林的家屬篤定死者就是她。維金森重建的面容與本人極為相似，接著又靠牙醫紀錄確認屍體的身分。

幾天後，希慕斯遭到逮捕起訴，但他否認謀殺自己母親。

陪審團不相信他的反駁，接受檢方的說法：菲洛梅娜與警方談過之後又回希慕斯的公寓一趟，就此遇害。病理學家注意到她頸部骨折（通常是勒斃的跡象）、頭部的傷口以及粉碎的肋骨。希慕斯拿鋸子砍下她的頭顱與雙腿，不過無法判定這些傷害是在她死前還是死後造成。《蘇格蘭前鋒報》記者提出了更讓人不快的可能性：「菲洛梅娜・登列維的雙腿被兒子砍下時，她可能還活著，只是失去意識。」她死時究竟發生了什麼事，永遠不會有人知曉。

我們只知道希慕斯將肢解後的母親遺體裝進行李箱，帶到喀斯特芬山丘，拿鏟子挖了淺淺的墓穴，把母親丟進去。鑑識科學人員常告訴我們：謀殺很簡單，要妥善棄屍卻很困難。她的屍體過了兩個月才被人發現，上頭殘留的關鍵證據將凶手定罪。檢察官評論這個案子「線索像是電纜上的一股股線路般撮合成形」。二〇一四年一月，希慕斯・登列維被判犯下謀殺罪，卡洛琳・維金森的功勞不小。

不能保證每次死者的身分都能順利水落石出。一九八七年十一月十八日，菸屁股引燃了倫敦最繁忙的國王十字車站木製手扶梯下的垃圾。火勢猛烈，電梯化為攝氏六百度的火球，沿著電梯井往上噴射至上層的地鐵售票大廳。

數百名乘客困在連接國王十字車站的六條複雜地鐵線路中，遭到火焰吞噬。還有人敲打車門，試著登上不靠站的地鐵。消防隊員終於撲滅大火後，找到三十一具屍體。

接下來的幾天、幾個星期，警方查出其中三十人的身分，然而一名中年男子把他們搞糊塗了。理查．涅維應邀重建在大火中嚴重燒焦的死者面容。他在口鼻周圍找到一些組織，藉此推測那個區塊的輪廓，也得到死者的身高、年齡、健康狀態等詳細資料。

國際刑警組織前來協助，尋人啟事最遠傳到了中國和澳洲。理查．涅維的重建成果登上英國各大報，數百人來電詢問，相信死者是他們身邊的失蹤人士，可是無法得出確實的結果。那具屍體在北倫敦的墓園下葬，墓碑上寫著「不明人士」。

一九九七年，蘇格蘭中年女性瑪莉．萊許曼（Mary Leishman）前來詢問她失蹤的父親亞歷山大．法倫（Alexander Fallon）。一九七四年喪妻之後，他的人生就此分崩離析，難以面對每天的生活，賣掉屋子，到倫敦街頭隨地亂躺，加入數千個無名無姓的遊民行列。瑪莉和她姊姊懷疑國王十字車站大火的無名死者可能是她們的父親，但她們沒有抱持太大希望。火災當時，她們的父親已經七十三歲了，身高一百六十七公分，而驗屍報告指出死者年紀在四十到六十歲之間，身高一百五十七公分。不過屍體被燻得很嚴重，而且頭顱內側有一枚金屬釘，亞歷山大．法倫生前也接受過同樣的腦部手術。瑪莉．萊許曼來指認的同時，警方以為他們對上了另一名失蹤男子賀伯特．羅斯（Hubert Rose），因此沒有幫她追蹤下去。接著，到了二〇〇二年，北倫敦舉辦了火災死者的十五週年忌日，促使瑪莉．萊許曼再次向警方提出要求。

二〇〇四年，理查．涅維看到瑪莉．萊許曼父親的照片，他翻閱紀錄，找到神祕死者的頭骨和他製作的黏土模型照片，比對各組照片的正面和側臉，馬上就看出相符的特徵——突出的顴骨、薄唇、眼距、嘴角到下顎的笑紋，只差在照片裡的男性鼻頭比模型還要粗大。加上牙醫紀錄和裝入金屬釘的神經外科醫師的佐證，國王十字車站大火的最後一名死者身分——亞歷山大·法倫——終於在他過世十六年後真相大白。

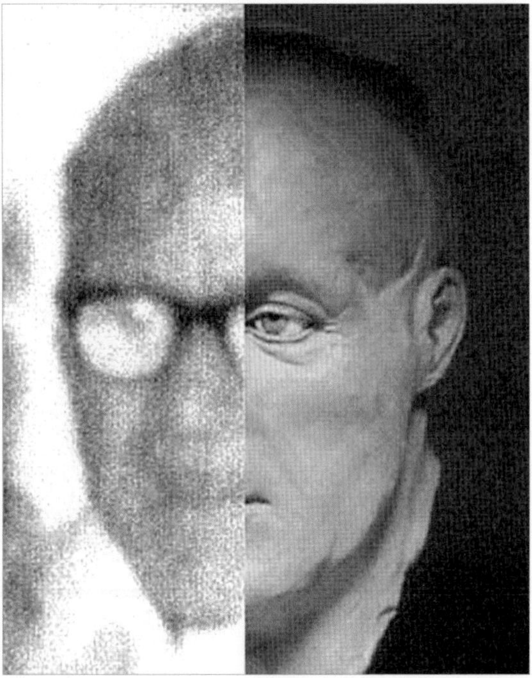

國王十字車站大火死者亞歷山大·法倫的照片，與遺骸重建的樣貌比對。

理查．涅維製作的亞歷山大．法倫模型促使他女兒瑪莉出面指認。這正是臉部重建的目的。配上一連串物證，包括文件證據在內，讓死者身分的正確性毫無疑義，不需要刻意挖起屍體。正如瑪莉．萊許曼所說：「現在我們終於能夠安心了，認清我父親是火災犧牲者之後，依靠警方的幫助，我們確定自從火災之後沒有人以他的名義獲利。如果我父親還活著、如果有任何利益因此產生，那最該獲得的人只有他。」

假如國王十字車站大火發生在今日，專家會藉助電腦重建亞歷山大．法倫的長相。數位建模尚未取代黏土建模——所以卡洛琳．維金森在鄧迪大學仍舊會教授這項技術——不過現在有百分之八十的鑑識臉部重建都是以電腦進行。

首先，卡洛琳會掃描頭骨的立體影像，通常是動用ＣＴ掃描儀器，接著將模型輸入影像編輯程式，從許多基本肌肉模板中選出一組，疊在頭骨上。現在她要依照跟黏土作業時相同的厚度標準，手動調整肌肉線條——點選、拉曳、點選、拉曳。電腦建模比黏土建模快，有了模板就不需要從零開始，但也不會省下多少工夫。要花不少時間加上皮膚、雙眼、頭髮，再套用恰當的表層質地。

除了速度，電腦作業還有其他優點。卡洛琳可以選擇多種要素，像是不同的膚色、髮色，印出十多組可能的影像，讓調查人員比對。比起石膏，立體掃描讓重建專家更能看清楚頭骨上的傷痕（比如說鎚子打出來的窟窿），精確複製傷口和武器痕跡，如此一來，除了面容，也有辦法重現案發過程，在事後的法庭攻防上展示作證。如果有人認出重建的面貌，寄出失蹤親人的照片，藝術人員可以掃描後貼到頭骨上。一九三五年的拼圖殺手案曾經運用這種技術讓巴克．魯克頓醫師俯首認罪，而現在我們有了先進的數位工具。

顱面模型專家不只能用電腦繪製當年的容貌，也能推測現下可能的模樣，特別是在處理失蹤案件時。「增齡」技術可以調整到相當傳神的程度。我們年紀愈大，耳朵就長得愈長，這個生長速度多多少少有一定的根據。還有計算隨著年齡增長，臉部肌肉下垂、膨脹的運算法。不過增齡的影像多半要依靠藝術人員的直覺與經驗，他們觀察失蹤者在不同時期拍攝的照片，找出大致的走向。他們也會拿年長手足的照片來參考，配合目標可能的生活型態修改，加上特殊服裝或是臉部毛髮。肝斑這類小細節也可以手動添加。卡洛琳．維金森表示：「最難的是膚色、眼珠顏色、身材的胖瘦、有沒有皺紋。」

尋找失蹤人士的任務可能受到與年紀無關的外表變化阻撓，也會被留鬍子這類簡單的伎倆影響。前波士尼亞－塞爾維亞政治人物拉多萬．卡拉季奇（Radovan Karadžić）在一九九五年受前南斯拉夫國際刑事法庭起訴。在諸多惡行之中，他最殘暴的行為是下令執行一九九五年的斯雷布雷尼察大屠殺，導致八千名波士尼亞平民遇害。遭到起訴後，這名「波士尼亞屠夫」消失無蹤，剃掉頭髮、留起鬍鬚，披上神父長袍，在數個修道院之間遊蕩。

卡洛琳．維金森應邀繪製卡拉季奇的增齡頭像。她畫出的臉型很相近，只是低估了他的鬍鬚。他後來搬到貝爾格勒，將長髮綁成馬尾，戴上大大的方框眼鏡，整張臉埋在白花花的

「波士尼亞屠夫」。左起：前波士尼亞－塞爾維亞領導人拉多萬．卡拉季奇在一九九四年的照片；因身為戰犯遭到起訴時逃亡的照片；二〇〇八年七月，在海牙的前南斯拉夫國際刑事法庭時的照片。他被控犯下十一起種族屠殺、戰爭罪、危害人類罪。

大鬍子後頭。他自稱「精神探索家達比克」，裝扮成人類量子能源的專家，在替代療法診所工作，還公開發表演說。然而增齡影像為獵捕行動帶來新的動力。二〇〇八年，卡洛琳送出成果後的隔年，他遭到塞爾維亞維安部隊逮捕，引渡到海牙受審。審判至今仍在進行。

電腦也常幫助鑑識藝術人員辨認沒那麼罪大惡極的犯人。它們分析監視錄影機的影像，比對嫌犯身影，假如犯人看到那些模糊影像還是堅持不認罪的話——常有的事——檢方也難以依此定罪。就算影片品質夠好，以目測指認不熟悉的面孔的可信度也不高。數位化的臉部影像比對是更值得信賴的工具。其中一種方式是從影片裡截圖，重疊在嫌犯照片上，不過要是嫌犯沒有直視鏡頭（他們通常不會這麼做），比對結果不會太理想。過去十五年來，英國法庭上常出現另一招，稱為照片人體測量學，作法是比對兩張臉上標記點之間的距離和角度。不過這項技術稱不上完美。即使要嫌犯擺出跟影片中一樣的角度，還是存在許多複雜的變因，比方說與鏡頭的距離、角度，以及頭部位置等等。

我們已經見識到鑑識藝術人員是如何靠頭骨辨認死者，用照片找到失蹤者，憑藉錄影逮回通緝犯。他們的另一個重要任務是依照目擊證詞畫出犯人的樣貌。過去常有素描畫家將證人不太可靠的回想轉譯成嫌犯畫像，不過到了八〇年代，肯特大學的研究人員發明了替代方案，稱為Ｅ－ＦＩＴ（Electronic Facial Identification Technique，電子臉部辨識技術）。現在世界各地的警方都在使用Ｅ－ＦＩＴ，由它還原的影像也常常登上媒體版面。繪製Ｅ－

ＦＩＴ時，目擊者觀看一系列由電腦產生的人臉，點選他們認為最相像的結果。接著再讓他們看另一組特徵更明確的圖片，漸漸修正，直到得出相對接近目擊證人印象中的結果。

臉部重建的起源是讓我們面對自己的歷史——目標至今仍然不變。二〇一二年，萊徹斯特某處停車場地底下挖出了一組骨頭，研究人員懷疑是英格蘭金雀花王朝最後一任國王理查三世（Richard Ⅲ）的遺骨，他在一四八五年死於附近的博斯沃斯原野之役，葬在當地的教堂。

理查三世研究社組織了調查小組，科學家開始分析ＤＮＡ樣本，掃描頭骨的立體影像。他們將數位檔案寄給卡洛琳．維金森，由她來重塑國王的面容，期間得要避免看到現存的肖像畫，不讓科學程序受到影響。她跟團隊以立體光刻技術，用移動的雷射光束在碰到雷射光就變硬的液體聚合物上一層層建造肌肉與皮膚的模型。

等到ＤＮＡ檢驗結果出爐，與國王的後代相符，卡洛琳終於拿肖像來比對模型。鷹勾鼻、突出的下巴，相似度高得驚人。「完全不像暴君的面容。」理查三世研究社的菲莉帕．蘭格雷（Philippa Langley）表示：「抱歉，但真的不像。他長得很帥，感覺像是可以跟他說話，直接和他談一談。」

卡洛琳對於自己復原的理查三世相當得意。「我們的臉部重建技術曾用活人資料盲測許多次，大約七成的臉部表面誤差值不到兩公釐。」為了達到這麼高的準確率，卡洛琳站在過去許許多多臉部重建專家的肩膀上，從喬里歐．祖伯、威爾海姆．希斯到理查．涅維，不過是她自己的美感執念引領她觀察入微，獲得優越的成效。她自述：「跟我出門會覺得很煩，因為看電影時我一直嚷嚷：『喔，看看他的耳朵！他的鼻子！真是個好鼻子！』大家會說：『閉嘴！給我看電影！』搭地鐵的時候，我常常掏出手機偷拍照。我掏出 iPad，假裝在看什麼東西，其實是在偷拍，我超壞的。

「每次出國我也會收集許多肖像攝影集，主要是為了我的考古研究。我造訪的地方有很多這類書籍，上頭的照片在網路上都找不到。所以說，如果我去了埃及，我會想辦法買收錄埃及人臉部特寫之類的書。所以現在我有龐大的臉部資料庫，要做哪個方面的工作都有東西參考。」

現代的鑑識藝術人員有辦法接觸世界各地的面容，因此他們成為比達文西還要管用的藝術解剖學家。在藝術的世界裡應用科學技術，我們才能聽見死者訴說的下一個篇章。

第十堂 數位鑑識

「網路的降臨使得陰謀詭計更加複雜，因為無論是警探還是網路使用者都能獲得更多資訊。使用者無法長久忍受太過愚蠢、任何簡單的搜查——上網搜尋相關情報——都做不到的警探。」

——傑佛瑞・巴洛（Jeffrey Barlow），Berglund網路研究中心

安格斯・馬歇爾（Angus Marshall）和他太太都是鑑識科學人員。在晚宴上認識的新朋友都以為他們成天窩在停屍間裡解剖屍體。雪莉・馬歇爾（Shirley Marshall）的回應馬上令他們大失所望：她的ＤＮＡ檢驗幾乎都在實驗室裡進行。安格斯讓眾人加倍失望：「我只會在煮晚餐的時候碰到血肉，還有一次是修車出了意外。」

過去在學校，安格斯加入無線電研究社，接觸電子零件。數學老師有一天帶微電腦來班上給學生看。「電腦研究社就此誕生，我也就此與電腦難分難捨。自從一九八三年開始，我

就沒有好好晒過太陽了。」

畢業後，安格斯成為電腦科學家。他進入赫爾大學的網際網路計算機中心——對於駭客而言，這個單位的名稱實在充滿吸引力。有人因此潛入，切斷了主校區裡所有的網路連線，安格斯著手追蹤該名駭客，順著他的ＩＰ位址查出在阿姆斯特丹的住址。在今天看起來不怎麼樣的追蹤調查卻令安格斯得意洋洋，交了篇報告給英國鑑識科學協會，等到更嚴重、傷害更大的案子出現時，協會就知道能找誰幫忙。

三十一歲的珍·隆哈斯特（Jane Longhurst）家住布萊頓，擔任特教老師。大家都知道這位栗色頭髮垂肩的女士性情溫和開朗，特別是她在當地交響樂團的朋友（她是樂團的中提琴手）。二〇〇三年三月十四日星期五清早，珍和平時一樣，出門前親吻男友麥爾坎（Malcolm）道別。

麥爾坎當晚回到家時，發現她不見蹤影，立刻擔心起來。珍相當可靠，總是讓旁人知道她有什麼打算，不讓人掛記。那天深夜，他心煩意亂，打電話報警。一開始警方只當成普通的失蹤案件辦理，不過五天後，他們切換成謀殺案的調查模式。珍的銀行說從星期五開始，她的每一個帳號都沒被動過，而且她的電信業者表示手機已經關機，完全沒有連上任何一個基地臺。

經過一個月的搜索，動用七十名員警和無數的媒體力量，珍的屍體在四月十九日尋獲。她被棄置在西薩塞克斯郡的林地自然保護區，遭放火焚燒。路過民眾看到火光，通報消防隊。找到屍體的消防員注意到她脖子上緊緊纏繞一條絲襪。CSI人員地毯式搜索了那個區域，找到一根火柴與一個空汽油罐。

牙醫紀錄證實這具屍體就是珍，兩名負責驗屍的病理學家注意到那條褲襪陷入珍的頸子，咬破皮膚造成流血。幾天後，警方逮捕上門推銷清潔產品的業務員葛拉罕・考茲（Graham Coutts），指控他謀殺珍。他是珍摯友的男朋友，認識她有五年了。

面對驗屍報告和微物證據的檢驗結果時，考茲一開始什麼都沒說，但最後他承認殺害珍。他跟警方說原本計畫帶她去當地的休閒中心游泳，後來卻帶她到他的公寓喝茶。他在雙方同意的情況下拿褲襪勒住她的脖子，想要來一回窒息式性愛，他一邊打手槍一邊勒緊束縛。等到他高潮後，看著她的身軀，才「驚覺」她已經沒有生命跡象。然後他用紙箱裝好她的屍體，移到庭院裡的棚屋。

珍失蹤後過了十一天，警方上門拜訪。他們想問問每一個她認識的人，尋找線索。於是考茲決定把她的屍體送到附近的大黃出租倉庫，付錢租下隨時都能進出倉庫的鑰匙。接下來的三個星期內，他九度探望珍的屍體，等到腐臭味濃到無法忍耐，他再次移動屍體。四月十七日，他把珍送到自然保護區，點火燒掉她的屍體。

警方在倉庫裡找到珍的手機、皮包、外套、泳衣，還有一件考茲的衣服，上頭沾有她的血。他們也找到一只裝有他精液的保險套，外側驗出珍的DNA。警方搜查考茲的公寓，帶走兩臺電腦，安格斯・馬歇爾跟著打擊電腦犯罪單位一同前去協助，努力壓抑對於考茲犯下的惡行的情緒反應。

在法庭上，辯護律師主張考茲僅犯下殺人罪，請來法醫病理學家狄克・薛賀德當證人。他表明在窒息式性愛過程中，因為迷走神經受到壓抑，參與者可能在一、兩秒鐘內猝死。檢方的病理學家維斯娜・德約羅維克（Vesna Djurovic）反駁這個可能性，她認為勒頸至少要兩、三分鐘才會致命——足以讓考茲知道自己幹了什麼好事。

考茲的一名前女友作證說在交往五年間，他數度勒住她的脖子。珍的兩名前男友表示與她的性生活毫無特異之處。接受檢方交叉詢問時，考茲承認他對女性的脖子抱持著宗教般的崇拜，這是他跟珍第一次發生性關係。

安格斯認為這個案子在情緒與專業兩方面都相當棘手。他說自己「從相對無傷大雅的駭客案件踏入萬分醜惡的謀殺案，我永遠不會忘記那個案子」。他的職業生涯就此急轉彎，同時也獲得機會見識到人們以為自己能逍遙法外，卻又不斷測試法律的界線。他學到許多：「兩名律師對我交叉詢問，他們難以理解我想表達的概念，無法好好提問。於是法官介入了，因為他比那些律師還懂科技問題。」

法官問起了cookies的用途——儲存在電腦上的瑣碎資料，在重複造訪網頁時能派上用場。陪審團嚇壞了。「他們傳紙條給法官，想知道他們要如何將自己網路上的一舉一動瞞過配偶或其他家人。」等到法官下令眾人注意秩序，安格斯才能繼續作證。

他在考茲的兩臺電腦裡找到八百多張色情圖片，其中六百九十九張都是被勒住、悶住、吊起的女性。有一張的情境是聖誕老人勒住小女孩。除了這些圖片，安格斯還拼湊起考茲在網路上的動向。他瀏覽過幾個暴力色情網站，像是「腐屍寶貝」、「窒息而死」、「吊起婊子」等等。他造訪網站的頻率在珍死前幾個星期增加，還付錢加入「死亡俱樂部」、「野蠻的愛」這類網站的會員。他登入、下載的次數在珍死前一天以及她的遺體遭到焚燒前兩天達到高峰。

葛拉罕・考茲因謀殺罪被判終生監禁。安格斯回想法官評論考茲電腦上證據的重要性：「顯示了他平時的活動型態，以及犯下謀殺案當天完全偏離那種型態的對比。」從此以後，安格斯把時間軸證據當成調查的優先事項。

暴力罪犯常常在數位世界裡留下與他們心態雷同的扭曲足跡。是網路慫恿他們踏上那些道路嗎？網路上隨時都有大約十萬個「地下網站」，散播殺人、吃人、戀屍、強暴的影像或影片。英國與美國政府採取許多手段抵制這些網站——不過兩國都不如研擬完全禁止網路色情的冰島雷厲風行。

無論相關當局多麼警戒，就算關閉了某個網站，問題依舊存在——它通常會以不同的網域名稱瞬間復活。直搗問題根源、逮到暴力色情影像的製造者，這些都需要相當程度的組織與國際合作，到目前為止還無法達到這個目標。有人主張這些網站販售暴力色情產物只因為有人買帳。網站與需求之間的關聯尚未經過研究與證實，但我們幾乎可以肯定兩者的互惠性質。無論是這些網路影像引發極端行為，還是說它們僅只反映了早已存在的事物，暴力色情罪犯必定是利用那些資訊餵養自己的幻想。

二〇一三年五月二十六日晚間，二十三歲的詹米．雷諾斯（Jamie Reynolds）傳了一封簡訊：「我興奮了。別遲到。」他邀請十七歲的喬吉婭．威廉斯（Georgia Williams），一名警探的女兒，到他位於雪羅郡威林頓市的自宅擔任攝影企劃的服裝模特兒。雷諾斯沒向喬吉婭透露他為此籌備了好幾個月。

喬吉婭抵達時，雷諾斯拿高跟鞋、皮外套、皮短褲要她穿上，拍了幾張照片，又要求她站到放在樓梯口的紅色資源回收箱上，從閣樓門口垂下繩結，套住她的頸子。他拍下照片。根據事後看到照片的警官表示，這一刻的喬吉婭看起來「愉悅」又「順從」。接著，雷諾斯踢掉她腳下的箱子，病理學家在她後腰找到一塊瘀青，認為是他以膝蓋施壓令她更快窒息。之後他還對屍體性侵。

警方檢查雷諾斯的電腦，發現數十張合成照。他把臉書上找到的無辜女孩照片頭部裁下，接到激烈的色情照上。他們找到七十二支暴力色情片，將近一萬七千張影像，以及雷諾斯寫的四十篇幻想故事，其中一篇的標題是〈喬吉婭．威廉斯大吃一驚〉。雷諾斯也在襲擊死者前後拍攝照片。檢方律師要求這些證據不該當庭公布，只由法官審閱，因為內容太過聳動。雷諾斯被判終生監禁，喬吉婭的父親覺得他的罪行「駭人聽聞，完全無法理解」。

個人電腦和智慧型手機的持有率愈來愈高，使得葛拉罕．考茲、詹米．雷諾斯這種人更能沉溺於他們的變態幻想中。不過大部分的網際網路使用者相對來說還算行規蹈矩（儘管當安格斯在考茲審判庭上解釋cookies時，陪審團的反應有點可疑）。罪犯也會用網路做普通的事情，寫電子郵件給家人、上網買東西之類的。可是只要他們踏上不法途徑，就會留下各種連他們自己都不知道有多清晰的痕跡，讓像安格斯這樣的鑑識數位分析專家解讀。

今日的個人電子產品狂潮原本只是涓涓細流。八〇年代早期的鑑識數位分析專家主要是協助警方調查侵權行為——比如說小孩子拷貝雅達利掌機遊戲——和商業詐欺。當時的硬碟容量小到分析專家往往可以看完所有的檔案，找到用來定罪的證據。「一開始的電腦還挺笨的。」安格斯說：「現在看到的複雜互動都還不存在。」

到了九〇年代中期，撥接的「電子布告欄系統」將多臺電腦相互連接，人們利用這種全球資訊網的前身與其他電腦高手通訊，分享他們遇到的科技問題，或是為了手邊的遊戲留言求助。少數的不法之徒運用新到手的力量探索行惡的可能性，不過大部分的人只是對這項技術的未來潛力興奮不已。參與電子布告欄系統的人需要大量的科技知識，通常要自己組裝許多器材。

電腦的力量以等比級數增長，微軟發表Windows 95時，全球資訊網向一般民眾展開雙臂。這時警方開始認真看待數位鑑識，他們發覺「罪犯往往擅長適應新科技」。二〇〇一年，內政大臣傑克・史特勞（Jack Straw）成立了英國國家高科技犯罪偵查部門（British National Hi-Tech Crime Unit）。在成立典禮上，他說：「新技術為守法的使用者帶來龐大的益處，同時也給罪犯大好機會，從金融詐欺犯到戀童癖都有可能。」國家高科技犯罪偵查部門負責數位革命引發的新型犯罪，比如說駭客，還有變本加厲的跟蹤狂。

二〇〇六年，這個國家級單位融入各個區域。現在，負責犯罪現場的ＳＩＯ人員可以判斷是否需要局裡的高科技犯罪偵查部門來檢查數位證據。「跟ＤＮＡ一樣。」安格斯解釋：「如果目擊證人、指紋什麼的一應俱全，通常用不著做這些昂貴的分析。假如是跟蹤或是親近引誘孩童，那就成了高科技犯罪偵查部門的任務了。」要是該部門沒有分析數位證據的能力或專業人員，ＳＩＯ會聯絡安格斯這種獨立作業的專家。到了這個節骨眼，「常規作業通常都完成了，調查人員大多想立刻得到複雜問題的解答，所以我一邊工作，一邊即興研發新技術。」

他在最近的一起虐童案件中發揮了臨機應變的功力。被告男子——就叫他大衛吧——因為多次戀童犯行遭到起訴。他的辯護策略是破壞關鍵證人的可信度。他宣稱和十四歲繼女「莎拉」發生性關係的不是他，而是那些她在臉書上聊低級話題的男孩子。為了支持他的主張，大衛在莎拉的電腦裡安裝了「鍵盤側錄程式」，當庭提出資料。這個隱藏程式會默默記錄電腦使用者的一舉一動，每次莎拉打了什麼字或是點擊網頁上的什麼東西，程式就存下螢幕截圖。大衛定期下載這些截圖，在他提出的資料中，有一些顯示莎拉和一個十多歲的朋友「佛瑞德」在臉書上聊了許多不恰當的話題。然而兩個青少年都堅決否認那些聊天內容。

安格斯平常檢驗的多半是嫌犯的數位生活，受害者倒是比較少遇到。但這回證實或顛覆大衛證詞的最佳方法，就是檢查莎拉的電腦。他沒有找到她與佛瑞德聊天的證據，但這並不代表兩人沒有聊過。「近年來臉書通常不會在硬碟裡留下蹤跡。一切都發生在網頁瀏覽器上。」他確實找到安裝在電腦裡的鍵盤側錄程式，可是裡頭沒有被告宣稱的螢幕截圖。但這完全無法證明什麼，因為鍵盤側錄程式通常會在截圖累積到一個程度時自動刪除，不然硬碟會塞爆。

不過臉書會留下所有的聊天紀錄，就算是使用者將它們刪除。安格斯考慮向臉書公司索取莎拉跟佛瑞德的聊天紀錄，但這種作法很接近通訊監察和祕密監視，根據二〇〇〇年的調查權規範法，他需要得到授權才行。臉書公司處理起來一定是不疾不徐，安格斯得要花六個月以上的時間等待所需的資料。

於是他詢問莎拉的登入資料，登入她的帳號，沒有找到任何與佛瑞德的對話紀錄。當然也可能是她刪除了那些對話。但她無法完全刪除「朋友」名單上的任何一個人。在莎拉「目前的朋友」、「遭到刪除的朋友」、「提出申請的朋友」名單上根本沒有佛瑞德這個人。改用佛瑞德的帳號登入，安格斯也沒有找到絲毫跟莎拉的通訊紀錄或是來往的跡象。安格斯確實在莎拉的帳號裡找到她與其他男生的對話紀錄，內容溫和許多，大衛也提出了這些證據。看來大衛在真正的截圖裡參雜了造假的畫面。可是安格斯很清楚缺少證據並不代表沒有證據的原則。

到最後，安格斯寫報告給法官，說他無法確定究竟發生了什麼事。理論上莎拉跟佛瑞德確實有可能用和原本帳號雷同的分身帳號聊那些下流話題。同樣的，大衛這個優秀的業餘攝影師也有辦法偽造螢幕截圖。為了搞清楚來龍去脈，他需要看看大衛的電腦，確認他是否用影像編輯軟體合成那些螢幕截圖。

接下來就要由法官做決定了。他應該要繼續審理？還是延後聽證會，讓陪審團再等一個星期，讓安格斯檢查大衛的電腦？法官決定繼續進行。陪審團聽完受害者剩餘的證詞、安格斯提出的證據。儘管他的證據不具決定性——他也謹慎地告知陪審團這個狀況——卻點出了另一個可能性：大衛是個奸詐的騙徒。陪審團經過思考，認為他有罪。目前他還在牢裡服二十年徒刑。

鍵盤側錄程式的案例顯示，愈多人使用電子裝置上日趨豐富的功能，鑑識數位分析人員就愈難做事。某些領域的鑑識科學人員可以直接回答問題——「這些血是A先生還是B先生的？」——與安格斯同領域的專業人士則要判斷證據的可信度，建構起線上和線下的活動時間軸，評估不在場證明是否有效。如果想像力和警覺心出了問題，就難以成功。

安格斯熱愛這份工作帶來的智能挑戰。「我總能學到新的事物，不只是日復一日處理同樣的瑣事，而是真正在解決問題。」他最無法忍受調查毫無結果。「我不知道在這一行面對無解的任務時有誰會放棄。我們只能繼續挖、挖、挖，因為一定有答案，總是有結果在等著你。我們真的很難接受使盡渾身解數卻還是無法突破限制的感覺。」

在安格斯動手之前，他需要下手的目標，光是取得這些資料就讓人頭痛。「想收集對抗某個壞蛋的證據，我們可不能直闖辦公室、扣留每一位員工的電腦。必須交給適當的單位負責。」取得硬體設備是警方的任務，他們必須申請搜索令才能沒收嫌犯住家或是褲子口袋裡的數位裝置。

犯罪現場找到的電子產品通常沾滿指紋跟DNA，CSI用來採集指紋的磁力刷會散發電磁波，有可能摧毀裝置內的證據。因此，CSI知道要將裝置放進防靜電的塑膠袋，送去做數位分析。「偶爾還是會遇到證物送錯單位的狀況。」安格斯說：「我就看過手機被送到監視器的部門，因為警探想要裡面的照片。我也看過警官撿起傳統手機——現在已經很少見了，不過我有看過——自己亂按，看看裡頭有什麼資料。」

一件沒有受到汙染的電子產品順利抵達高科技犯罪偵查部門，接著，根據安格斯的說法，「除非是優先順序排在很前面的案子，比如說謀殺案或是尋找尚在人世的失蹤人口，不然這東西會在儲藏室放上六個月，因為我們事情太多了。」現在落入安格斯手中的電子產品幾乎不會是電話答錄機、印表機、傳真機。通常是電腦、智慧型手機、平板電腦。這些小東西是詳細（至少是某部分）的個人生活縮影。損害這些資料幾乎等於損害司法正義。「第一條規則一定是盡可能的保存。」不只是鑑識數位分析專家，如果CSI和老百姓未來想提出任何可供參考的證據，都得要遵守這項原則。實際上的作法多半是直接複製電子產品內的資料，好維持原件的完整。

「電腦鑑識」這個詞在一九九二年誕生時，它的目的是復原電腦上的資料，作為刑案調查的輔助。安格斯早年經手的案件中，一名公司主管控訴前主管詐欺，收集公司的主硬碟當成證據。他把硬碟送去修了兩個星期，放在家裡一個星期，最後才交給電腦鑑識公司檢查。安格斯向法官報告這個證物監管鏈不夠完善，無法確認該名主管沒有在硬碟錯綜複雜的旅程中增添、修改、複寫檔案。當時安格斯搭火車前往里茲刑事法院參加聽證會，車子快到約克站時接到電話，通知他法官同意他的報告，撤銷了這個案子。他在約克站下車，走到對面月臺，搭車回達靈頓。

「有時候我不得不打破第一條規則。」安格斯說：「最新潮的 iPhone 跟黑莓機完全無法複製，我得要安裝軟體來幫助裡面的資料『越獄』。這時就要看第二條規則了：如果無法複製資料而想要改變電子產品設定，那你必須知道自己在做什麼，並且能向旁人解釋。隨時做紀錄是你的護身符。」假如哪個粗心大意的調查人員打開檔案，這個時間會記錄在檔案上頭。這會干擾時間軸的建立，跟你打對臺的律師最喜歡在庭上提及這一點：你從基礎上改變了那個檔案。

取得硬碟的完美複本後，安格斯用特別編寫的軟體來檢查現存和刪除的檔案。他幾乎可以從電腦和智慧型手機硬碟中恢復所有遭到刪除的照片、影片、訊息，就像是老派警探復原信件上被擦掉的鉛筆線條。

至於手機資料呢，安格斯會先看簡訊、通話紀錄、未接來電。簡訊對話有時能顯示幾名罪犯在犯罪期間的通訊內容。私人簡訊也可以提供關鍵線索。二〇〇一年六月十八日，十五歲的丹妮兒・瓊斯（Danielle Jones）在艾塞克斯郡東提爾伯里村的住處附近失蹤，眾人馬上就懷疑她的舅舅史都華・坎貝爾（Stuart Campbell），他遭到逮捕，調查人員在他家閣樓找到一個綠色帆布袋，裝有染上他跟丹妮兒血跡的白色褲襪。

坎貝爾宣稱丹妮兒失蹤時，他人在半小時車程外雷萊的手工材料行。警方檢查他的手機，找到當天早上丹妮兒傳給他的簡訊：

HI STU THANKZ 4
BEIN SO NICE UR THE
BEST UNCLE EVER!
TELL MUM I'M SO
SORRY LUVYA LOADZ
DAN XXX

嗨，史都，謝謝，你是最棒的舅舅！跟媽說聲抱歉，愛你們

丹　親親

警方向電信業者申請通訊紀錄，他們發現坎貝爾收到簡訊時，他跟丹妮兒的手機位置很近，在同一個基地臺的訊號範圍內。

語言學專家麥爾坎·柯薩德（Malcolm Coulthard）在法庭上說明丹妮兒習慣用小寫字母發簡訊。他也注意到坎貝爾手機上稍晚發出的另一封簡訊中，「what」這個字簡寫成「wot」，丹妮兒都是打成「wat」。顯然這封簡訊是坎貝爾捏造的成果，他提出的證據完全站不住腳。儘管艾塞克斯警方進行了成本高達一百七十萬鎊的搜索行動，依舊找不到丹妮兒的屍體，不過她舅舅要在牢裡度過餘生。

準確鎖定案發當時受害者和嫌犯的位置對於調查人員是一大利多。現代的iPhone和安卓系統手機預設記錄持有者的動向，警方可以依照紀錄描繪出某人的手機走過哪些地方——那人應該也是如此。追蹤地點的功能可以透過智慧型手機的設定關閉，但是很多人不知道這點。iPhone 5S內建特殊晶片，不靠手機電池供電也能運作。使用者回報他們的iPhone在沒電自動關機後，持續記錄了四天他們的動向。蘋果公司主張地點資訊是為了增進地圖應用程式的效能，給予使用者量身打造的周遭地區建議。不消說，警方也對這些資料很有興趣。

就算使用者關閉追蹤動向的功能，調查人員還是可以向電信公司申請紀錄，得知某個特定時段內的持有者活動區域。原理是手機要不斷搜尋附近的基地臺，尋找訊號。這些基地臺通常會覆蓋到小區域，確認史都華·坎貝爾人在東提爾伯里村——在二〇一〇年蘇格蘭一樁引起大眾關注的案子裡也派上了用場。

五月四日早上，三十八歲的簿記蘇珊．皮雷（Suzanne Pilley）出門前往愛丁堡中區西斯特街的金融公司。上午八點五十一分，監視攝影機拍到她買完午餐踏出森寶利超市。這是最後一次有人看到她的身影——除了她的同事大衛．吉羅（David Gilroy）。四十九歲的吉羅已婚，有小孩，大約一年前跟蘇珊搞外遇。最近她受夠了吉羅的控制欲和醋罈子個性，決定結束這段關係。

蘇珊失蹤前一個月，吉羅用四百多封簡訊和無數的語音留言轟炸她，拚命想挽回這段關係，完全無法接受她的拒絕。其中兩天，他發出了超過五十封哀求她回心轉意的簡訊。在她消失前一天，吉羅留下爆量簡訊以及一通語音留言：「我很擔心妳。」

蘇珊失蹤前一晚跟新的對象馬克．布魯克斯（Mark Brooks）過夜，把吉羅逼到絕境。他在公司地下室殺害蘇珊，將屍體藏在樓梯井，向同事編藉口早退——事後他們描述他「看起來滿身大汗，脖子跟臉上都有抓痕」——搭公車回家取車。半路上，監視攝影機拍下他從藥妝店買了四瓶空氣清淨噴霧。吉羅回到辦公室，更改約好的公務，隔天得要開兩百公里的車到阿蓋爾鄉間，幫一間委託他們公司管帳的學校核對帳目。接著他包好蘇珊的屍體，放進車子後車廂。

那天晚上，他去其中一個孩子的學校音樂會看表演，還跟家人一起吃飯。與此同時，蘇珊的父母心急如焚，通報她失蹤。

五月六日，警方訊問了吉羅，他們注意到他額頭上的傷痕，胸口浮現隱約的瘀青，雙手、手腕、前臂都有深深的抓痕。吉羅說他整理庭院時抓傷自己。法醫病理學家南森尼爾·卡瑞（Nathaniel Cary）稍後檢視了那些傷痕的照片，在法庭上表明可能是與旁人扭打間遭到對方指甲抓傷，他曾在勒死人的凶手身上看過這類痕跡。他補充說他無法確定，因為吉羅用膚色化妝品蓋住傷口。在交叉詢問時，他讓步承認吉羅提供的理由並非不可能。

當時，警方的疑心已經足以扣留吉羅的手機和車輛。鑑識科學人員卡絲緹·麥塔克（Kirsty McTurk）打開後車廂時，她聞到像是剛噴過「空氣清淨噴霧」或「清潔劑」的氣味。她在後車廂和西斯特街的辦公室地下室樓梯井尋找線索，沒找到蘇珊的ＤＮＡ。然而受過特別訓練的尋屍犬聞過後車廂和樓梯井，表現出偵測到人類屍體或血液的「正面跡象」。其中一條名叫巴斯特的史賓格獵犬曾經找到將近三公尺深水中的屍體。

警方也在吉羅車底下找到一些植物和損壞的避震器。路旁的攝影機拍得不夠明確，但警探認為他在回家前繞去了知名觀光路線Ａ83休閒公路。

鑑識數位分析專家負責處理吉羅的手機。「手機關機時，它會記錄最後一次連線的基地臺位置。」安格斯解釋：「等它重新開機就能迅速找到訊號。」往阿蓋爾那間學校路上，吉羅在史塔林和因弗瑞里之間關掉手機。警方懷疑他是想在密林區域尋找棄屍地點時避開追蹤。接著他依約到學校查帳。回程途中，吉羅又在史塔林和因弗瑞里之間關閉手機電源，警方相信他就是在此時棄屍。

吉羅受審期間，警方的搜索隊伍還是沒找到蘇珊的屍體。二〇一二年三月十五日，法院判決大衛·吉羅犯下謀殺和妨礙司法公正罪。法官布拉卡戴爾勳爵（Lord Bracadale）同意讓電視臺攝影機進入法庭，使得吉羅成為第一個判決過程登上英國新聞節目的殺人凶手。「你以令人膽寒的冷靜與算計進行棄屍，地點顯然是阿蓋爾的某處。」布拉卡戴爾說道：「假如

警方在蘇格蘭阿羅夏村附近搜索蘇珊·皮雷的屍體。她的遺體從未尋獲，不過大衛·吉羅在二〇一二年被判犯下謀殺罪。

沒有洛錫安與邊境警局的優秀調查行動，或許你真能逃過法網。」他宣判吉羅至少要服十八年徒刑。吉羅在愛丁堡監獄受到獄友數度威脅，之後移監至蕭茲監獄，第一天就被獄友打斷下巴。

能將吉羅定罪得要歸功於調查人員對他的數位足跡相當敏銳。假如沒有分析手機與監視攝影機的證據，說不定他今天可以逍遙法外。在缺少死者屍體的狀況下，通常難以將殺人凶手定罪。史都華・坎貝爾一案能成立的部分原因是在他家閣樓找到沾有丹妮兒血跡的褲襪；利物浦藥頭落網完全是靠死者屍體上找到的蛹殼（見七五頁）。吉羅的案子裡沒有ＤＮＡ。他手臂上的抓痕也不夠。他會認栽是因為不尋常的手機動態、監視攝影機影片，以及路旁攝影機的影像。

要靠安格斯・馬歇爾這樣的專家才能逮到大衛・吉羅這類罪犯。他的工作偶爾需要神來之筆，不過大多都得依循固定手法；建構數位足跡可能很費工夫。安格斯自製了各種工具。「我是個怪胎，不用任何符合工業標準的工具；它們只會得出跟其他人一樣的結果。我寫的程式多半不會很大、很複雜，都是簡單的、可以自動執行的玩意兒，讓我有時候可以偷閒睡一下。」有一次他靠自己寫的程式復原了手邊硬碟裡所有的照片跟影片，另一支程式將這些資料與警方虐童資料庫比對，依照情節輕重歸納等級（總共五個等級，從相對輕微的裸露到真正的一逞獸慾）。「可惜總會搜出資料庫裡沒有的新圖，得要有人手動分類登記。」安格斯和善的表情蒙上陰影。

資料庫儲存了每一張影像的來源（如果知道的話）。這代表調查人員可以將非法媒體的消費者連結到製造者，二〇〇五年就是靠這招攻破蘇格蘭最大的戀童癖圈（見二一五頁）。這種任務會讓人心生陰影，不過像安格斯這樣獨立行事的專家——其實通常是警官——必須非常仔細地審視色情照片和影片，找出拍攝地點的線索。「可能是非常不起眼的細節，像是插座的形狀、電視的聲音，或是影片裡使用的語言。」安格斯說明道：「可以從太陽的角度來估測時間。如果有受虐者，可以估測他們的年紀，依照長相在失蹤人口資料庫裡交叉比對。」

還有元資料——埋在數位相機、智慧型手機拍攝的影像和影片檔案裡的資訊。元資料能夠顯示很有用的資訊，從電子產品的廠牌、型號到拍攝的日期時間——如果拍攝者有設定時間。雖然修圖軟體和檔案分享網站有時會抹去元資料，通常還是找得到，透過恰當的軟體挖出內容。

現代的電子產品甚至會在元資料裡結合ＧＰＳ定位功能，告訴我們攝影者當時身在何處。這代表數位鑑識科學人員可以向電信業者申請紀錄，找出特定區域、特定時間點內，有哪些手機正在運作。結合ＧＰＳ定位的元資料協助警方鎖定逃犯，比如說約翰·麥克菲（John McAfee）這個高度敏感的案子。

麥克菲這位電腦天才際遇奇特，住在貝里斯的叢林裡。他母親是英國人，愛上了二戰期間駐紮在英國的美國士兵。麥克菲小時候跟雙親搬到維吉尼亞州，十五歲那年，酗酒又暴力的父親舉槍自盡。之後他沉迷藥物，但維持對電腦程式的熱愛，努力得到ＮＡＳＡ這類專業機構的工作。最後他自行開業，創造出防毒軟體麥克菲，那是第一個商業化的防毒軟體。一九九六年，他以數百萬美金賣掉股權，那個時候，麥克菲自己也察覺到外人把他視為「疑神疑鬼、精神分裂的矽谷野孩子」。

二〇〇八年，六十三歲的麥克菲從加州往南移居到貝里斯，希望利用叢林裡的植物來研發新的抗生素，期盼這種新藥可以「阻斷細菌的通訊能力」。二〇一二年，警方突襲他的研究機構，宣稱那是安毒工廠。可是事後所有的控訴都撤銷了。

不過麥克菲跟他的美國籍鄰居葛瑞戈里．法爾（Gregory Faull）的情誼惡劣到無法挽回的程度。法爾是奧蘭多一間運動酒吧的老闆，格外痛恨麥克菲養的狗，曾經寄抱怨信給相關局處，部分內容是：「這些畜生不受拘束，成群亂跑。已經有三名居民被咬，三名觀光客遭攻擊。」麥克菲後來發現他的十一條狗兒裡有四條被人下毒，不得不開槍結束牠們的痛苦。

二〇一二年十一月十一日，管家發現法爾仰躺在自家門廊，腦袋中了一槍。警方前來訊問麥克菲時，他躲在箱子下，接著偽裝成衣衫破舊的推銷員溜走。但他持續更新部落格，接受線上專訪。他寫道：「我大幅更動了外表，可惜看起來仍像個殺人凶手。」當他非法越過國境、進入瓜地馬拉時，《VICE》雜誌總編決定追蹤他的逃亡生活，還找來攝影師隨行。

十二月三日，《VICE》官方網站貼出麥克菲在一片棕櫚樹前的照片，下方的標題是：

上圖：約翰·麥克菲遭到瓜地馬拉警方拘留後被媒體包圍。
下圖：麥克菲在貝里斯的住處。

「我們正跟約翰・麥克菲在一起，遜咖。」但這張照片同時附帶了元資料，提示麥克菲所在地點的經緯度。攝影師發覺這件事後，立刻在臉書上表示他捏造了這些資訊。謊言很快就被拆穿，瓜地馬拉警方循線拘留麥克菲。他假裝心臟病發，替律師爭取時間。他們聯手阻擋瓜地馬拉當局把麥克菲趕回貝里斯的企圖。於是他被送去邁阿密，在該處獲得釋放，接著他移動到加拿大蒙特婁。貝里斯警方仍舊將麥克菲列為葛瑞戈里・法爾謀殺案的關係人，但並非頭號嫌犯。

麥克菲現在回到矽谷，研發出只要一百美金的小裝置「D-Central」。他保證這東西一接上電腦、智慧型手機、平板電腦，就能讓你在網路上隱形。「如果看不見，就駭不進去，無法檢視，也無法偷窺裝置內發生的一切。」這個想法對於愛德華・史諾登（Edward Snowden）洩密案的相關人士來說相當有吸引力，麥克菲本人曾經嘗過資料過度暴露的苦果，說不定更需要這個發明。

D-Central是維持通訊隱私的極端裝置，擅長科技產品的罪犯和守法人士都能使用。「年輕世代確實格外留意他們的足跡。」安格斯說：「近年來，我對許多年輕人提過這種事，他們察覺到有多少人正在四處窺探、有多少個人資料遭到利用。許多人採用相當簡單的手法來確保旁人無法取得他們的資料：撒謊。申請假帳號，留下假的足跡。有人不希望未來的老闆看到他們上空喝醉的模樣；有人不想讓政府官員看見他們的資料；也有人是想掩飾自己的非法行徑。」

安格斯不喜歡美國國家安全局（National Security Agency, NSA）無孔不入的窺視；他最討厭透過危害個人隱私來維護公共安全的概念。「我們以為東歐很惡劣。其實我們的盟友正在迎頭趕上。」像NSA這樣的機構會利用自動程式尋找關鍵字，窺視google電子信箱或臉書。假如說你寄信給情人，跟他說「你是炸彈」，安格斯表示：「他們會瞄一眼，笑幾聲，存下來當成聖誕派對的消遣。可是如果你聊起打造核彈頭，他們會仔細調查。」當然了，許多罪大惡極的傢伙會與Gmail和臉書之類的通訊供應者劃清界線。

有些人也清楚，只要使用智慧型手機或平板上的臉書應用程式通訊，就會留下安格斯能追查的蹤跡。「假如是行動裝置的網路瀏覽器，那就不會有半點痕跡。如此一來我們得要詢問臉書公司，他們會給我們一些資料。基本上，推特什麼都不會透露。」

許多加州的大公司鼓吹眾人把個人資料放到「雲端」，說來也真是諷刺，那是美國的一間遠端儲存機構。雲端讓使用者能夠在各個數位裝置間即時更新個人資料，使得那些公司能夠輕鬆挖掘利用。矛盾的是，使用者跟企業取得資料愈方便，像安格斯這樣調查人員就愈難以下手。

安格斯說：「未來的重點是線上雲端。各種裝置把愈來愈多的資料推上雲端，使用者到哪裡都能取得。因為不是儲存在機器裡，我們難以從裝置挖出資料。我們得先確認是否有從雲端抽取資料的技術，還要確定有沒有權限這麼做。」雲端技術出爐後，跨國偵查的難度居高不下，可是需求比以往還大。

安格斯回想近期的案子中，法官寫信給社群媒體公司，詢問兩個關於用戶資料登錄的問題。「該公司的律師團給了非常簡單的回覆。首先是：『你們問錯部門了。別寫信到美國分部，問在都柏林的我們就好。』接著是：『根據英國與美國之間的協約，我們不需要回答你的問題。』」

雲端技術也為鑑識科學人員帶來其他難題。Dropbox之類的跨裝置同步軟體幫助使用者在世界各處的不同裝置上複寫、修改檔案。安格斯認為：「這對下游用戶相當有利，不過從調查的角度來看，如果某人從本國一角的家用電腦修改檔案，而放在另一處的筆電還開著，那麼Dropbox會改變筆電上的資料內容。也就是說，我無法分辨那個人究竟在哪裡。」

假如這類行為是刻意而為，那就稱為「反鑑識」，其形式高達數十種。簡單舉個例子：規畫好一切的罪犯在犯罪前幾天買好手機預付卡，接著在犯案後馬上丟棄。還有更多更複雜的反鑑識技巧。某些程式能修改檔案的元資料，讓檔案看起來像是在一九一二年建立，最後一次開啟時間是二〇五〇年。也有程式能讓鑑識程式覺得目標檔案是完全不同的東西，如此一來，鑑識科學人員會以為兒童受虐的影像是mp3音樂檔。要看破這些手腳，就得仰賴鑑識數位分析專家的智慧與經驗了。心理側寫員必須對罪犯產生移情，才能理解他們的動機、預測下一步行動。數位分析專家也一樣，他們站在這個領域的最前端，努力參透那些高科技罪犯在打什麼主意。

有時候專家也會使用反鑑識手法。安格斯解釋：「有幾個同事在世界各處工作，手邊不帶任何裝置，每到一個國家就買新筆電跟新手機，離開前丟掉。」這種措施是因應某些國家的機場人員會定期檢查，確保旅客沒把他們國內發生的事情真相偷偷運出國外，或是輸入色情檔案、製造炸彈的說明書。檢查所需時間非常短。「機場人員只要把你拖進小房間，派一個戴橡膠手套的人員絆住你大約半小時。」只要這點時間，他們就能複製你的整顆硬碟。

在駭客這類網路犯罪案例中，鑑識數位分析專家有時得要追趕罪犯。俗話說得好：道高一尺，魔高一丈。指紋讓竊賊戴上手套。監視攝影機讓小鬼拉上兜帽。有時候老技術是最佳的反鑑識工具。類比相機不會在照片裡置入元資料。架設過時的電子布告欄就能完全避過雷達。「這些系統很簡單。」安格斯透露。「舊軟體都還能用，現在也都弄得到硬體設備。老實說用不了多少工夫，就能操作幾乎無法追蹤的預付手機。」

絕大多數的案件關鍵仍是物證。「我對付過的案子沒有一件是單靠電腦證據解決。」安格斯坦承：「電腦證據一定要配合別的東西。它可能產生極大的效果，但很少是唯一的證據。就算完全找不到，我之前也提過，缺少證據並不代表沒有證據。」

第十一堂 法庭心理學

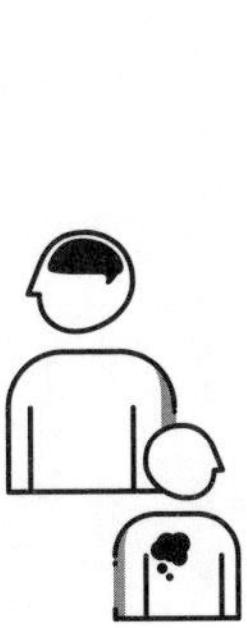

「每個賊都擁有獨特的風格或是犯罪手法，很少偏離。他無法完全擺脫。有時候，強烈的特徵就連新手也能一眼識破，然而……唯有實際體驗、腦袋清晰、滿腹熱情的觀察者才能分辨那些特質之間細膩的相似處，給予竊案性格，從中汲取重要的結論。」

——《犯罪調查：實務教科書》（*Criminal Investigation: A Practical Textbook*）
漢斯．葛洛斯（Hans Gross），一九三四

犯罪不只是單純的犯法。通常罪犯要有犯案的欲望。除了少數的特例，缺乏犯罪心態的犯行——也就是「犯意」——無法受到懲罰。換句話說，如果犯法者不知道他們在做什麼——因為他們瘋了，或是受到控制精神的藥物影響——他們會獲得治療，而非懲罰。

儘管動機往往是犯罪小說和戲劇的核心，在真正的謀殺案調查過程中，它通常是最不受

注意的環節。穩固的鑑識證據、犯案手法、機會才是關注焦點。不過有時候動機能指引調查人員往正確的方向找出實際證據。比如說，發現失蹤兒童曾主張自己遭到性侵，這足以讓偵辦方向從逃家轉往更重大的行動。陪審團也愛透了動機，因為他們可以藉此搞清楚那些遠遠超出自身體驗的事件。

如果罪犯傷害了身旁小圈子之外的數名被害者——也稱為「陌生人」襲擊——追查動機就困難多了。連續殺人犯的動機可能捉摸不定、千絲萬縷，可能以一生的時間建構，也可能在一瞬間閃現。

心理學家一般同意，許多無法掌控的因素，像是養育背景、遺傳等，能對那些殺人凶手成年後的行為產生重大影響。研究人員依循幾種動機理論，試著解釋為什麼某些人長大後成為連續殺人犯。有時候他們會找到令人不寒而慄的答案。

美國神經科學家詹姆斯·法隆（James Fallon）研究過幾名連續殺人犯的大腦，發覺許多人的額葉中，與移情、道德、自制相關的區域活動力低於平均值。為了將他們與一般民眾之間的差異量化，法隆把那些大腦掃描圖像鋪在桌上，混入他替家人做的腦部掃描。高聲吶喊「精神變態！」的掃描圖竟然是來自他自己的大腦。他原本想過忽視這個讓人不安的結果，最後決定秉持科學精神，持續調查，檢驗自己的DNA。結果更是不得了：「我擁有每一個攻擊性、暴力傾向、欠缺同情心的高風險對偶基因。」

他認真地擔心起來，繼續挖掘自己的祖譜。在家族的支系中找到七名據說是殺人凶手的前人，還醞釀出那首駭人聽聞的歌謠：

莉姿．波頓拿著斧頭，
砍了母親四十下。
當她看見自己的傑作，
又賞了父親一斧。

法隆尋找自己為何沒有犯罪的原因，判斷是母親的愛帶走了他的暴力傾向，由衷地感謝她的教養。二〇一三年，他寫下《體內的精神變態》（*The Psychopath Inside*）一書，在書中寫道：「生物學不是死刑宣判，但它會給予你做某些事情的高度潛力。基因給槍上了膛，讓某些人夠容易成為精神變態。」

首批涉入刑案審判的科學家跟法隆一樣，想要歸納異常心理的特性。他們受過醫學訓練，對於罪犯的心智能力深感興趣，同時也想診斷出「心理疾病」。受控犯案的人什麼時候起了犯意？他從什麼時候開始無法為自己的行為負責？

當警方遇上無法理解的詭異案件時，他們開始向與心理生病的患者相處過的精神科醫師和心理學家求助。他們往往假設犯下異常罪行的罪犯「瘋了」。今日在審判時用來檢測罪犯精神正常與否的關鍵指標，是在一八四三年依照丹尼爾．麥納頓（Daniel M'Naghten）的案子建立的。在他射殺首相的私人祕書愛德華・德魯蒙（Edward Drummond）之後，因為精神失常而獲判無罪開釋。那些規則可以總歸成兩個問題：犯人知道他做了什麼嗎？如果知道，他知道自己犯錯了嗎？

有時候，犯行沒有多少質疑的空間。一九二九年，人稱「杜賽朵夫吸血鬼」的彼得・克頓（Peter Kürten），以鐵鎚、刀刃或是徒手殺害至少九名德國兒童。克頓等待處決期間，知名心理學家卡爾・博格（Karl Berg）獲得他的信任，讓他公開談論自己的罪行。「性衝動在我體內強烈發展。」克頓說：「特別是最近幾年，那些罪行本身更是刺激我的性慾。因此我總是受到驅使，尋找下一個受害者。有時候甚至在掐住受害者脖子時，我達到高潮；有時候沒有，而是在我拿刀捅受害者的時候高潮。我無意透過正常的性交獲得滿足，只能依靠殺人。」克頓選擇的武器是一把剪刀，看到鮮血漸漸成為他達到高潮的必要條件。他甚至滿懷期盼地問博格，在斷頭臺大刀斬斷他的脖子後，是否能聽到血液從體內湧出的聲音。

或許杜賽朵夫居民最害怕的，是侵犯他們住處的「吸血鬼」外表一點都不像瘋子。根據報導，「他身材削瘦，長得還不錯，濃密的黃色頭髮總是整齊地梳成旁分，藍色雙眼看起來很聰明。」受審頭一天，他抵達法院時，「身穿乾乾淨淨的西裝……看起來像是拘謹體面的生意人。」從克頓的外表或是行為舉止，完全看不出他充滿暴力的惡夢童年，曾經犯下婚姻強暴與亂倫。接受博格數次訪問時，以及在人生中的許多時刻，他似乎完完全全抽離現實。

左圖：「杜賽朵夫吸血鬼」彼得．克頓。
下圖：警方搜索杜賽朵夫帕潘岱爾農場，尋找被克頓殺害的孩童屍體。

如果不是如此，他根本無法與那麼多受害者交朋友。儘管他的罪行看似因瘋狂所致，我們難以在這個人身旁劃下清晰的界線。

十九世紀時，切薩雷．龍布羅梭嘗試為犯罪者的心理狀態給予狹隘的單一定義，此舉可說是徒勞無功，不過到了彼得．克頓的年代，漢斯．葛洛斯這類的犯罪學家了解有許多種犯罪心理狀態，可以從現場的線索中窺見。連續犯案者的日常行為，通常會與他們的犯行在某些層面相似。比方說，如果性侵殺人犯曾經有過伴侶，他們往往會虐待自己的另一半（像是克頓和他的妻子）。法庭心理學家用這種「相似原則」來建構連續犯案者的心理側寫，協助警方調整調查方向。

第一份「犯罪者側寫」很可能是在一八八八年出爐，也就是倫敦東區白教堂血案如火如荼進行的時期。八月三十一日星期五清晨三點四十分，一名車夫走在屯貨區路上，陰暗中浮現斜倚在人行道上的女子，她的裙襬往上拉到腹部。車夫走上前，發現她雙手冰冷，街燈在遠處街口，他不確定她是醉了還是死了，幫她拉好裙子遮住私處，前去找警察協助。

巡警約翰．尼爾（John Neil）抵達現場，發現鮮血從女子喉嚨滲出——那裡有一道連接兩邊耳朵的刀傷，傷及脊椎。女子屍體送至「停屍間」，督察長約翰．史布拉特林（John Spratling）掀起她的衣物：凶手一刀從她的腹部切到胸骨下，腸子從傷口冒出。《雷諾茲報》記者寫道：「她就像屠夫手上的小牛一般遭到開膛剖肚。」病理學家發現女子外陰有兩處刀傷，認為凶手「必定擁有粗略的解剖知識，因為他每刀都切中要害」。她的身分很快就證實了：四十三歲的妓女瑪莉・安・尼可斯（Mary Ann Nichols）。她大部分的財產都在身上——一條白色手帕、一把梳子和一面鏡子。

接下來的兩個半月內，又有三名妓女的屍體在白教堂附近的暗巷裡尋獲。到了十一月九日，第五名受害者瑪莉・珍・凱利（Mary Jane Kelly）在租屋處床上遭到殘殺，依舊對多了

「開膛手傑克」引起媒體騷動：當時的雜誌封面畫出巡警尼爾發現瑪莉・安・尼可斯屍體的情景。

「開膛手傑克」稱號的凶手身分一籌莫展。絕望之下，警方找來西敏分局的外科醫師湯瑪士．龐德（Thomas Bond）評估凶手的外科技術。瑪莉．凱利的死亡現場令龐德噁心反胃。他在她的胸腔裡沒有找到心臟。被開膛手傑克帶走了。

稍後，龐德回到辦公室，深呼吸，冷靜下來努力思考自己看到的一切。他先回應警方提出的核心問題：與一開始那位病理學家的結論相反，他判斷凶手「連屠夫或是殺馬人的技術都沒有，也絕非習慣切開動物死屍的人士」。但是龐德想深入研究，而不只是說開膛手傑克不是哪種人。他想給警方正面的指示，告訴他們開膛手傑克是哪種人。他細看過去七個月來，白教堂地區十多起妓女凶殺案的警方報告以及驗屍報告，判定其中五起確實是同一人所為。開膛手傑克在子夜到清晨六點之間出手，凶器是長刀，活動範圍是白教堂周圍方圓一公里半的區域。

過度殺戮的行為——也稱為「特徵」——和其他基本細節令龐德相當感興趣。開膛手傑克讓他的受害者以張開雙腿的屈辱姿勢仰臥，內臟露出或是失蹤，喉嚨割開。他的殘暴程度愈來愈高：自信帶來暴力程度提升的典型例子。四名受害者棄置街頭，可是最後一人，瑪莉．凱利是在室內遇害，讓他有更多時間和隱密空間來慢慢毀壞屍體。龐德描述開膛手是「因對於凶殺和情慾的狂熱，定期出手襲擊」，提出在今日聲名大噪的側寫：

> 肉體強健，相當冷靜大膽的男性……凶手很可能具備安靜而不具侵略性的外表，大

概是中年人，衣著整齊高尚。我認為他一定習慣穿斗篷或大衣，不然作案後滿手滿身血跡絕對會引起注意……他或許獨自享有怪異的興趣……可能多與高尚人士來往，他們稍微意識到他的性格與習慣，大概曾懷疑有時候他不太對勁。

這份側寫有些地方缺乏證據——為何「大概是中年人」？——也忽略了其他要素，像是案發現場沒有精液殘留。不過呢，這份報告大大影響了參與調查行動的資深警官和政府人士。當然了，警方沒有逮到開膛手傑克，我們無從得知龐德的側寫有多正確，但他的評估相當謹慎，其中許多重點用字至今依舊保留，像是「可能」、「或許」、「大概」等等，同時提及許多重要議題，比如說凶手是如何避人耳目逃離現場。

現代的「犯罪者側寫」歷史從四〇年代開始，美國戰略情報局商請精神科專家華特・隆格（Walter Langer）為阿道夫・希特勒（Adolf Hitler）做一份側寫。二次世界大戰後，為英國皇家空軍服務（之後進入蘇瑞大學）的心理學家里歐諾・哈沃（Lionel Haward）列出納粹高層戰犯可能擁有的人格；到了五〇年代，這項技術也受到紐約市精神衛生局副局長詹姆斯・布魯塞爾博士（James Brussel）沿用。布魯塞爾個性開朗，住在紐約市西村，抽著菸斗埋首於佛洛伊德學說。他的著作之一是《三秒心理醫師：輕鬆成為精神科專家的十堂課》（*Instant Shrink: How to Become an Expert Psychiatrist in Ten Easy Lessons*），最著名的鑑識工作是替活躍了十六年的「紐約瘋狂炸彈客」製作側寫。

一九四〇年十一月十六日，一名工人在紐約聯合愛迪生電力公司辦公室窗臺上找到塞滿火藥的菸斗型小炸彈，外層包了一張手寫紙條：「惡棍愛迪生——獻給你們」。這只是一枚啞彈。十個月後，類似的裝置在聯合愛迪生電力公司總部五條街外的路旁出現，同樣附上紙條，也是個啞彈。

一九四一年十二月，日本襲擊珍珠港之後，紐約市警局收到一封信：「戰爭期間，我不會製作任何炸彈——愛國情操讓我做出這個決定。之後，我要聯合愛迪生公司還我公道，他們將為過去的卑鄙行為付出代價。」

沒錯，在一九五一年之前，紐約未曾受到菸斗炸彈侵擾。接著，瘋狂炸彈客又展開新一波的攻勢。他在五年內布置了至少三十一枚炸彈，大多是放在公共建築內，包括戲院、電影院、圖書館、火車站、公共廁所。每枚炸彈都是菸斗裡填滿火藥，再用毛料襪子包裹，接上用手電筒電池和懷錶改裝的定時器。有時候警方會接到警告電話；有時候炸彈沒有爆炸；有時候附上紙條反覆聲明，這個行動將持續到聯合愛迪生公司還他公道為止。

第一個菸斗炸彈在一九五一年三月爆炸，地點是大中央車站的牡蠣酒吧附近。一九五二年十二月，萊辛頓大道的勞斯戲院，瘋狂炸彈客的「傑作」首度讓人受傷。一九五四年十一月，一枚塞在無線電城音樂廳座椅裡的炸彈在觀眾看《白色聖誕節》的時候炸開，導致四人受傷。一九五六年十二月，布魯克林區派拉蒙電影院的炸彈又傷到六個人，當時有一千五百人正在看《戰爭與和平》。市內群情激憤。紐約市警局執行了史上最大的獵捕行動。他們相信目標是怨恨聯合愛迪生公司的前員工，可是指紋鑑識人員、筆跡鑑定人員、炸彈調查單位都無法把範圍縮得更小。

紐約市警局請布魯塞爾協助。他研究每一起案件的紀錄，檢查現場狀況和炸彈客的手法，彙整出他稱為「肖像」的報告：「研究此人的行為，我推測他或許是什麼樣的人。」布魯塞爾認為，瘋狂炸彈客擅長機械、是斯拉夫民族後裔、身為天主教徒、住在康乃狄克州、超過四十歲、乾淨整潔、鬍子刮個精光、未婚、可能沒有性經驗。準備報告時，布魯塞爾注意到炸彈客的手寫信件中，把「w」寫得像是兩個連在一起的「u」，看似一對乳房——認定他的心理發展尚未度過戀母情節階段，可能與象徵母親的人士住在一起，比如說女性長輩之類的。布魯塞爾認為炸彈客受偏執性格所苦，做出相當精準的預測：當警方逮捕他時，他會穿著雙排釦西裝，釦子全都扣上。

聽從布魯塞爾的要求，這份側寫刊登在一九五六年聖誕節當天的《紐約時報》上。或許這是他對於逮到炸彈客最大的貢獻。聖誕節隔天，《紐約美國日報》刊出一封公開信，承諾只要炸彈客自首，一定會讓他受到公平審判。他回絕了這項訴求，列出他對聯合愛迪生公司的諸多怨言：「我在工作時受傷。治療跟照料花去我數千美金……我這輩子的悲苦完全沒有換到半毛錢。」

炸彈客的回應使得聯合愛迪生公司職員愛麗絲・凱利（Alice Kelly）回顧四〇年代以前

的雇用紀錄——過去公司向警方表示這些資料都銷毀了。凱利找到喬治・梅特斯基（George Metesky）的資料，他在一九二九至一九三一年間擔任聯合愛迪生公司的發電機清潔工，在稱為「地獄門」的發電廠發生事故時受傷。梅特斯基吸入噴發的氣體，他宣稱他的肺因此受損，導致肺炎和肺結核。他遭到解雇，沒有獲得任何賠償，因此他寫了九百封信給市長、警察局長、各家報社。事後他表示：「連一張明信片回覆都沒有。」回顧梅特斯基的抱怨信，凱利發覺有幾封提及「卑鄙行為」，瘋狂炸彈客也曾使用這個詞。

一九五七年一月二十一日，警方來到梅特斯基位於康乃狄克州威斯徹斯特郡的住處門口。他身穿睡衣開門，才剛準備好與兩個姊姊度過晚間時光。他的姊姊向警方表示他是個完美無缺的整潔男士，還會定期參加彌撒。等他換好衣服回到樓下，梅特斯基身穿雙排釦西裝，釦子扣得整整齊齊。他跟警察說他無意傷害任何人，炸彈也都經過設計。一名醫師宣布梅特斯基精神失常，無法受審，他以精神病患身分進入馬特文州立醫院。他在一九七三年出院，二十年後以九十歲高齡過世。

雖說布魯塞爾的側寫神準無比，孜孜不倦找出鎖定梅特斯基抱怨信中線索的大功臣是愛麗絲・凱利。然而布魯塞爾的側寫被捧成天才之作，因為這份報告正確描寫出炸彈客是個偏執的天主教徒，住在康乃狄克州的斯拉夫裔中年男性，穿著特定款式的西裝。他的推論很有邏輯，並非無中生有：炸彈是與偏執心理有關的犯行；戰後時期以炸彈表達抗議在東歐是常見的行為；大部分的斯拉夫後裔是天主教徒；許多斯拉夫後裔住在康乃狄克州；五〇年代的男性流行穿雙排釦西裝，釦子全部扣上。

本案最讓人吃驚的事實是，紐約市警局花了十六年追捕瘋狂炸彈客，即使他在紙條裡提供了大量的線索：「我很不好。因此我要讓聯合愛迪生公司後悔。」麥爾坎．葛拉德威（Malcolm Gladwell）在二〇〇七年《紐約客》的報導中總結：「布魯塞爾並沒有真正理解

警察帶領「紐約瘋狂炸彈客」喬治．梅特斯基離開。他身穿雙排釦西裝，正如提供心理側寫的詹姆斯．布魯塞爾博士的預測。

瘋狂炸彈客的心態。他似乎只知道如果提供大量的預測，大家很快就會忘記錯誤的部分。找出凶手並非鑑識分析的勝利。那只是派對上的把戲。」不過當時沒有這種指責的聲音，民眾只是鬆了一口氣。布魯塞爾的側寫意義重大，鼓勵警方在之後的案子裡請心理學家和精神科專家提供側寫，引導重大案件的偵辦方向。

一九七七年，ＦＢＩ在維吉尼亞州的匡堤科學院開設側寫訓練課程。為這些課程投注心血的霍華．泰頓（Howard Teton）認為，詹姆斯．布魯塞爾真的是「這個領域的先驅」，深受布魯塞爾的成功影響。一組ＦＢＩ探員週末到各所監獄，訪問三十六名連續殺人犯和連續強暴犯。他們希望未來的側寫能依照經驗證據撰寫，而非以直覺和傳聞為準。他們的研究歸納出兩種連續殺人犯的類型：缺乏組織的隨機殺手完全不在乎受害者是誰，過程草率，留下鑑識線索；另一型是有組織的凶手，他們會尋找滿足個人幻想的特定類型，好整以暇地玩弄被害人，很少留下鑑識線索。

將連續殺人犯用這種二分法分類是個相當吸引人——而且也沿用許久——的概念，若以光譜分布來界定類型是更為精確的方式。有些人總是缺乏組織能力，有些人則是愈來愈有條理。比如說開膛手傑克在隱密的租屋處殺害瑪莉．凱利（第五位，或許也是他的最後一名受害者），切割的手法就更加純熟了。凶手也不見得隨被害者數量增加而進步，如果他們對於暴力和鮮血的需求增加，他們的攻擊就會變得愈來愈混亂粗糙。好萊塢電影讓我們習慣連續殺人犯都是高深莫測、聰明絕頂、中產階級白人。從某個角度來看，這個刻板印象能以數據來解釋：根據統計，這些犯罪者的智商往往略高於平均值、單身白人，中產階級或是藍領階級（也有一些重大的例外）。

鑑識科學人員布倫特・特維（Brent Turvey）指出：「有個強暴犯在公園裡襲擊女性，把她的上衣拉起來蓋住臉，為什麼？這代表什麼？少說有十種不同的解釋。有可能是他不想看到她。有可能是他想看著她的胸部、想要幻想她是別人、想要纏住她的手臂——這些都有可能。不能單看一個行為。」

許多人或許沒有意識到他們第一次接觸的罪犯心理側寫。一九九一年改編自湯瑪士・哈里斯（Thomas Harris）聳動小說作品的電影《沉默的羔羊》（*The Silence of the Lambs*）之中，我們認識了茱蒂・佛斯特（Jodie Foster）飾演的ＦＢＩ探員克拉萊絲・史塔林。實習探員克拉萊絲獲選加入連續殺人犯任務小組，因為她的上司相信她有能力取得漢尼拔・雷克特的協助，這位睿智的精神科專家正因為一系列的食人謀殺案入監服刑。電影和小說都編織出錯綜複雜的謎題、誘餌，濃縮了為連續殺人犯側寫的難度。

湯瑪士・哈里斯筆下的漢尼拔・雷克特系列是最早運用罪犯側寫的作品，之後成為犯罪小說家的沃土，我自己也不例外。對小說家而言，理解角色動機是核心議題；鑑識精神專家提供了最完美的虛構角色——以分析和同理的目光觀察旁人，同時也是作品裡的英雄人物。

受到罪犯心理側寫刺激的不只是我們這些作家。八〇年代中期，世界各地的警方已經對

FBI正在訓練的「罪犯側寫專家」深深著迷。他們給予進入死胡同的案子嶄新的希望。

倫敦警察廳花了四年時間，努力追蹤一名在倫敦各處暴力襲擊女性的強暴犯。案件從一九八二年開始，一名頭戴面罩的男子在漢普斯泰德荒野地鐵站附近強暴女性。倫敦北區發生了更多情境類似的強暴案。一九八五年十二月二十九日，「地鐵強暴犯」成為「地鐵殺手」，他把十九歲的艾莉森．戴依（Alison Day）拖下車，塞住她的嘴巴，將她綁起來強暴後，用細繩勒斃。

到了此時，警方已經把四十起強暴案連結到同一人身上（有時還有同夥）。接著，十五歲荷蘭女孩瑪蒂．湯博瑟（Maartje Tamboezer），在蘇瑞的地鐵站附近騎腳踏車穿過樹林時遭到襲擊。兩名男子拖著她走了八百公尺，之後強暴她，拿她的皮帶勒死她，還放火焚燒她的屍體。才過了一個月，當地電視臺播報員安妮．洛克（Anne Locke）在哈特佛郡的布魯克曼公園站下車時被人綁架謀殺。嫌犯名單延伸到無法管理的程度，警方需要不同的切入點。

一九八六年，倫敦警察廳聯繫蘇瑞大學的環境心理學家大衛．坎特（David Canter）。他們提出一個問題：「你能在這個人再度出手前幫我們抓到他嗎？」

所有的襲擊都發生在晚上，地鐵站內或附近，被害人通常是十多歲的少女，她們遭到強暴，其中三人還被勒斃。坎特觀察案發的日期和細節，在地圖上標出地點。他推測強暴犯一開始只是隨機犯案，之後愈來愈有規畫，認為犯人先只在離家近的熟悉地區下手，接著往沒有人認得他的區域移動。根據目擊證詞和警方報告，坎特建構起面罩犯人的人格與生活方式側寫。他猜測凶手已婚，但是沒有小孩（因為他在出擊前曾與部分受害者閒聊）；他擁有需要技術性的工作（根據他籌畫後期犯行的能力）；年約二十幾歲（源自目擊者通報）；「可能有對女性施暴的紀錄，個性惡劣，或許旁人也知道這點」。

依照坎特的側寫，警方開始追蹤約翰．杜菲（John Duffy），他是一名木匠，曾為英國國家鐵路公司工作一陣子，住處離最早的三起案發地點吉本很近。杜菲在警方的嫌疑名單上，因為他曾經持刀強暴了分居的妻子，但他的優先順序比較低，某些警官相信他「只敢對付自己人」。坎特認為地鐵強暴犯有這類暴力前科，於是杜菲的排序一飛沖天。當他在公園裡跟蹤女性時，警方將他逮捕，強力的鑑識證據證明他跟兩起謀殺案和四起強暴案有關。他在一九八八年二月宣判有罪。

坎特的側寫報告中列出十七項特點，有十三項與杜菲相符。他說杜菲應當身材矮小（一百六十公分）；覺得自己缺乏魅力（滿臉面皰）；對武術有興趣（花了不少時間參加武術社團、收集中國武器）；收集犯行的戰利品（三十三把受害者的家門鑰匙）。杜菲認罪之後，英國警方遇到重大刑案時常會請精神科專家提供犯人側寫。

雖然成功讓杜菲認罪，唯一的問題是他的同夥依舊逍遙法外。將近十年來，杜菲拒絕提起那個人，不過法庭心理學家珍妮．柯特勒（Jenny Cutler）終於套出情報。有消息指出：「杜菲喜歡上珍妮。在充滿敵意的純男性環境裡，他無法適應。他在某方面受到她的吸引。」杜菲終於透露同夥的姓名——童年好友大衛．穆卡希（David Mulcahy）。兩人都是愛爾蘭裔，藍領階級，在學校遭遇過霸凌，只能依賴彼此。十三歲時，穆卡希遭到停學處分，原因是他在操場上拿棍子打死刺蝟。老師發現穆卡希身上沾滿血跡，杜菲就在他身旁，兩人哈哈大笑。他們在二十二歲那年聯手犯下第一起強暴案。穆卡希受審時，杜菲解釋道：「我們通常開車到處跑，稱之為『狩獵』。我們花一些心力尋找獵物，跟蹤她。大衛有一捲麥可．傑克森（Michael Jackson）的《顫慄》專輯錄音帶，他習慣播放音樂，跟著一起唱，營造氣氛……有點像在開玩笑，有點像在玩。這樣會更興奮……陷入犯案的模式——很難停下來。」加上犯案當時還無法分析的LCN DNA證據，穆卡希毫無辯駁的餘地。一九九九年，穆卡希確認犯下三起謀殺案、七起強暴案，杜菲身上則又多了十七起強暴案。

大衛．坎特的側寫裡立下大功的是預測罪犯的居住區域。在逮到杜菲之前，坎特是一名環境心理學家，本案之後，他把頭銜改成「調查心理學家」，投注心力研究地緣關係側寫。奉公守法的老百姓習慣到同一條街上購物，大部分的罪犯也是如此，他們喜歡在同樣的區域犯案，在熟悉的地方覺得比較安全。大衛．坎特提出了圓形假說：如果把兩個距離最遠的犯罪現場用一個圓串連，犯人的住處可能很接近圓心。研究結果顯示，在犯案超過五次的犯人身上，這個假說大致無誤。坎特發現，連續殺人犯的住處往往位於頭三起案件地點構成的三角形內，杜菲正是如此。他研發出稱作「拖網」的電腦程式，能夠找出「熱點」。這個程式的目的並非直接標出凶手住處，而是圈出他可能的居住區域，以顏色標記可能性最高到最低的地點。

我也曾使用過這類追蹤連續罪犯的電腦程式，這要感謝溫哥華警局的警探金姆·羅斯莫（Kim Rossmo）提供機會。他是加拿大第一位取得犯罪學博士學位的警官，寫論文期間的研究促使他研發出預測連續罪犯所在地的程式。我們碰面時，他的系統正由竊案調查人員做確認測試，結果把他們嚇呆了。見識到的成效令我大感佩服，於是我以它為藍本，寫出驚悚小說《殺影》（*Killing the Shadows*），在二〇〇〇年出版，當時地域側寫的概念才剛萌芽。幾年後，在一次全美巡迴宣傳行程中，某天早上我打開電視，看到金姆·羅斯莫在追捕華盛頓狙擊手期間的專訪。短短幾年間，這項新銳技術已經成為偵辦主流。

創作《殺影》之前，我已經出版了兩本以臨床心理學家兼犯罪側寫專家東尼·希爾博士為主角的小說。構思他首度出場的作品《人魚之歌》（*The Mermaids Singing*）時，我知道我需要幫助。英國的作法跟ＦＢＩ和加拿大皇家騎警不同，不會拿行為科學來訓練警察，而是找來臨床和學術界專家，配合有經驗的警探辦案。我發覺我根本不懂實際上的合作模式，也不知道犯罪側寫專家到底都在做什麼。於是我向麥克·貝瑞博士（Mike Berry）求救。雖然我吸收了他的手法，但我得聲明，他的個性跟東尼·希爾博士一點都不像！

麥克·貝瑞跟大衛·坎特同為心理學家，在英國警方認真看待這個領域後，開始參與犯罪側寫。他擁有多年臨床經驗，在安穩的精神科醫院裡治療患者，之後改變跑道，到曼徹斯特大都會大學教授法庭心理學。目前他以都柏林的皇家外科學院為工作據點。

「我接受臨床訓練，進入臨床部門治療成年人、學習障礙者、孩童，也接觸神經心理學，接著到布洛德摩爾選修六個月的課程，與湯尼・布雷克（Tony Black）等人一起工作。」布洛德摩爾是位於貝克郡的高度戒備精神科醫院，一八六三年啟用，收容過全英國最危險的罪犯，包括查爾斯・布隆森（Charles Bronson）、羅尼・克雷（Ronnie Kray）、彼得・蘇特克利夫（Peter Sutcliffe），也就是約克郡開膛手。幾年後，麥克換到莫西塞德郡的艾許沃斯醫院，治療一些行為極端的患者。

他和大衛・坎特的起跑點相同，認為坎特早期的鑑識成效不只將兩名殺人犯繩之以法，也替地域側寫做了良好的宣傳。但他也看見缺點：「效果太好了。發展得太快。媒體看中它的威力，於是警方承受極大的壓力。媒體會說：『都過了七天，你們沒有找到半個人？什麼時候要找專家來幫忙？』民眾預期只要敲敲心理學家的門，兩個小時就能破案。」

這時出現了嚴重破壞民眾對犯罪側寫信心的案件。一九九二年七月二十八日，倫敦警察廳找上側寫專家保羅・布利頓（Paul Britton），他們需要盡快逮到兩個星期前在倫敦西南區溫布頓公地犯下驚人罪行的凶手。二十三歲的模特兒瑞秋・尼凱爾（Rachel Nickell）帶著狗兒跟兩歲兒子艾力克斯（Alex）出門晨間散步。經過一片種了幾棵樹的區域時，一名男子跳出來狠狠捅了她四十九刀。在保羅・布利頓的自傳《拼圖人》（*The Jigsaw Man*，一九九八）裡頭，他描述瑞秋被人尋獲時，「被凶手擺出最屈辱的姿勢，臀部高高翹起……

喉嚨被砍了太多刀，頭幾乎落下。」艾力克斯滿身泥巴，不過毫髮無傷。接著，經過林子的人遇到艾力克斯，發現他哭喊：「媽咪，快醒來。」

ＣＳＩ在瑞秋屍體附近找到一枚鞋印，可是沒有凶手的精液、唾液、毛髮。目擊證人報告他們看見身材中等、相貌普通、年約二、三十歲的男子，在凶案之後到附近的溪邊洗手。媒體對這個案子興致高昂，某個當地女性團體捐出四十萬鎊協助警方調查——不過他們沒有接受。

警方請布利頓提供凶手的側寫。他相信凶手不是當地人，因為不怕被艾力克斯認出。他認為凶手「有過失敗或是不滿意的感情關係（如果有的話）……可能擁有某種形式的性功能不足，比如說勃起困難、早洩……」。因為瘋狂、失控的犯案風格，同時毫無隱藏屍體的意圖，「他的智能和教育程度低於平均。如果他有工作，也會是不需要專業技術的勞動職業。他單身，生活型態相對孤立，與雙親之一住在家裡，或是獨居於公寓或小套房。他擁有自己的嗜好興趣，都是不太尋常的活動，稍有可能是武術或攝影。」在報告末尾，布利頓留下一段警告：「就我看來，犯人未來再次殺害年輕女性是難以避免的結果，原因如同上面的敘述，他擁有強烈的異常侵略性幻想衝動。」從許多層面來看，這是一份相當籠統的側寫，許多男性都符合其中敘述。

謀殺案之後的一個月內，警方收到超過兩千五百通來自民眾的報案電話，被這個案子的大量文書作業給淹沒。他們利用布利頓的側寫縮小嫌犯名單。ＢＢＣ《犯罪監察》節目重建案發現場，包括經過剪輯的側寫內容、三名不同的民眾都提出柯林・史塔格（Colin Stagg）這個名字。二十三歲的史塔格獨居，住處離溫布頓公地不到一公里半。他曾經跟鄰居說自己在瑞秋遇害前十分鐘走過那片林地。

到了九月，警方到史塔格的公寓要帶他到局裡問話，發現他家門上貼了一張標語——「天主教徒遠離，此處是異教徒居所」。屋裡放了許多色情雜誌和神祕學書籍。他們花了三天偵訊史塔格，問起他在案發當天穿哪雙鞋子，他說他在遭到逮捕的兩天前丟了那雙鞋。他跟幾名女性交往過，但「就是硬不起來」。瑞秋遇害後幾天，他跟警察說當時他全裸躺在溫布頓公地路旁，只戴著太陽眼鏡，張開雙腿，對路過的女性微笑。史塔格不斷否認殺害尼凱爾，也不承認自己就是在附近小溪洗手的男子。

史塔格相當符合布利頓的側寫，因此成為警方的頭號嫌犯，但他們手邊證據不足。警方再次找上布利頓，看他是否能提供偵辦方向的建議。新的策略是利用迷人的臥底女警使出美人計。

布利頓數次一對一訓練該名員警。化名為「莉姿・詹姆斯（Lizzie James）」的女警要讓史塔格知道她比其他人開放，給他空間暢所欲言。最後她應該要向他透露自己在青春期曾經被拉進神祕學團體，遭到虐待，被逼迫目睹成員性侵並殺害一名年輕女子和孩童。脫離團體後，她完全無法與男性好好交往，因為沒有人擁有足夠的魄力實現她的夢想。

莉姿寫信給史塔格，馬上收到回信。她寄出自己的照片，兩人的書信往來愈來愈頻繁，這時莉姿鼓勵史塔格結合兩人的幻想：

你要我解釋收到你那些特別的信件時，心裡有什麼感覺。嗯，首先，那些信讓我極度興奮，但我忍不住覺得，你表現得相當克制。你明明像是要爆炸了，卻控制住情緒。我要你炸開，我要你感受自己的強大，讓我完完全全臣服於你，毫無防備、飽受羞辱。

史塔格回覆：

妳需要讓真正的男人好好操一下，那個人就是我……全世界只有我能讓妳爽翻天。我要讓妳被我上到尖叫。我要摧毀妳的自尊，妳將永遠不敢正眼看人……

四月二十九日，兩人第二次通電話，史塔格說出他的幻想：他從背後進入莉姿體內，用皮帶把她的頭往後扯。隔天他寄信承認自己是尼凱爾謀殺案的嫌犯，曾經因此遭到逮捕。「我不是殺人凶手。」他補充道：「我相信所有的生命，從最小的蟲子到植物、從動物到人類，全都是神聖而獨特的。」

書信往來五個月以後，史塔格跟莉姿首度見面，地點是海德公園。她完整敘述自己的異色經驗；史塔格給了她一個棕色信封，裡頭裝滿生動的幻想，故事中有史塔格、另一名男子、莉姿、小溪、林地、痛苦，以及滴血的刀子。文末，史塔格解釋他寫下這個故事是因為他認為莉姿一定會「很投入」。這個發展令警方士氣高昂，布利頓表示：「這個人擁有相當罕見的性癖。在瑞秋遇害時，有兩個如此異常的男性出現在溫布頓公地的機率非常小。」

一九九三年八月，警方逮捕柯林．史塔格。一年後，這個案子終於進入審理階段，法官歐納爾（Ognall）研究七百頁相關資料，對於警方和布利頓設下的圈套感到相當不樂觀。「這種行為不只大幅越界，同時也是以相當嚴重的欺騙手段來引人入罪。檢方試圖說服我被告有意躲避調查，或是脫離涉案嫌疑。但我必須說，這樣的敘述非常不誠實。」歐納爾判定信件和錄下的對話無法列為證據，史塔格恢復自由。

一九九八年，才三十三歲的莉姿．詹姆斯提早退休，在那個案件之後，她飽受創傷後壓力之苦。二〇〇二年，保羅．布利頓面臨英國心理學學會的公開懲戒聽證會，因為他提供給警方的調查手段沒有科學實務背書，還誇大這個手法的效果。不過兩天後，委員會撤銷本案，認為八年的空檔讓布利頓無法獲得公平的聽證。在這兩天內，委員會也聽說倫敦警察廳的最高層認可布利頓的美人計，而且他的策略也接受過維吉尼亞州匡堤科學院FBI側寫部門確認。

同年，警方組織懸案重審小組，回顧瑞秋．尼凱爾謀殺案。科學家重新檢驗瑞秋的衣物，靠著更加敏銳的新技術（見一七八頁）取得DNA鑑定。這組DNA不屬於柯林．史塔格，它的主人是羅伯特．納帕（Robert Napper）——一名妄想型精神分裂症患者，在倫敦各處強暴過八十六名女性，之後關入布洛德摩爾醫院。一九九三年十一月，瑞秋．尼凱爾遇害後過了十六個月，納帕在莎曼莎．比塞特（Samantha Bisset）和她四歲女兒雅絲敏（Jazmine）位於普蘭斯泰德區的公寓，殘殺了這對母女。二〇〇八年十二月，法院判定納帕也殺害了瑞秋。

法醫病理學家狄克．薛賀德替瑞秋和比塞特母女驗屍。他說，在解剖比塞特母女時，自己察覺到：「『這傢伙曾經來過。無論是誰，都不是他第一次犯案，你們要找的是凶惡的殺手——會不會是殺了尼凱爾的人？看起來那傢伙更上一層樓了。』大家都說：『喔，可是我們已經逮到史塔格了，每天二十四小時盯著他。』」當警方詢問保羅．布利頓這兩起案件是否有關，他表示「兩案情節完全不同」。

警方曾在一九九四年五月搜查過納帕的住處，發現一雙稀有的愛迪達phantom運動鞋。直到十年後，他們才發覺這雙鞋與瑞秋．尼凱爾屍體旁的鞋印相符。二〇〇八年十二月，《泰晤士報》的社論提出結論：「不願把納帕當成尼凱爾謀殺案的嫌犯調查，唯一的原因就是警方、保羅．布利頓、皇家檢控署的律師團擁有強烈的信念，相信他們已經逮到凶手。在他們眼中，柯林．史塔格就是犯人，於是他們完完全全忽視了納帕。」史塔格不過是個寂寞的青年，急著想在美女身上破處。他寫的那些露骨性愛故事與瑞秋的謀殺案極度相似，或許是因為他認為莉姿．詹姆斯熱愛暴力性愛，隨手拿本地謀殺案的情節作為靈感。

除了讓尼凱爾和比塞特兩家陷入悲慘境地，拙劣的調查行動也成了倫敦警察廳昂貴的汙點。整體開銷中最大的一筆就是支付給柯林．史塔格的七十萬六千鎊賠償金（部分原因是他的聲譽一敗塗地，再也找不到工作）。今日的鑑識科學人員被稱為行為科學調查顧問（Behavioural Investigative Adviser, BIA），必須獲得當局認證。坎特市警局的ＢＩＡ第一條規則就是：「知道自己專業知識與這個領域的界線在哪裡，絕不越界。」

與大衛．坎特替地鐵殺手做的側寫相反，布利頓的側寫報告中最無益的部分，是凶手「住在溫布頓公地的步行範圍內，相當熟悉這個區域」。事實上，羅伯特．納帕是在警方對他平時尋找獵物的普蘭斯泰德區提高戒備後，才不得不轉移陣地。

麥克．貝瑞認為，在案發同時段重訪犯罪現場有其必要，他相信這能協助他判斷犯人的地緣關係。他說：「我記得幾年前到某個小鎮公園的案發現場探訪。計程車司機給我手電筒，對我說：『我不能讓你自己進去，你絕對出不來的。』當時是深夜，公園裡一片漆黑，這對我的側寫影響極大。我說：『喔，沒關係，我知道這點就夠了。』屍體是在公園中央的池塘尋獲，顯然殺害該名女子的人必定相當熟悉當地環境，才能帶她到那裡。白天拍攝的照片無法告訴我半夜的公園有多暗。」

收集簡單的情報是周全的犯罪者側寫的堅實素材。假如鑑識證據不多，對於案發地點的了解就更加重要了。「我記得某個案子。」麥克說：「我們找當地巡警談過，他說如果要從附近市區裡的夜間俱樂部回家，年輕人會搭計程車到樹林的一端，沿著小徑來到林間空地，喝點酒、抽根菸，接著再走回居住的村莊。他說，搭計程車繞過樹林要花上兩倍車資，所以被害的十六歲少女完全不會害怕跟某人一起穿過樹林，因為他們平常都這麼做。巡警不知道他這番話有多重要，為我解釋了這個反常行為的緣由。被害者穿著牛仔褲加襯衫，身上沒有性行為的跡象，暗示她拒絕對方求歡，凶手勃然大怒，掐住她的脖子將她勒斃，然後獨自走回家。」搭配其他因素，代表這起未經計畫的衝動殺人案，很可能是由居住或是暫住在村莊裡的年輕男性犯下。有一點非常重要：警方召集偵辦小組時，成員對於案發區域一無所知，因此與當地巡警談話可以獲得許多情報。警方在幾個小時內就從村裡揪出嫌犯，他完全符合側寫，之後也認罪了。

打從第一次見面開始，麥克口中的側寫手法總讓我聽得嘖嘖稱奇。我賦予東尼・希爾的側寫技術全都有其根據。麥克辦公室的書架上塞滿了法庭心理學書籍，包括側寫專家描寫過往經驗的回憶錄。麥克對於某些同業落入的陷阱相當敏銳。「隨時都必須說嫌犯的特質可能是如何如何，而不是直接說這就是凶手的特質。心理學家不該試圖指認特定對象就是凶手。」

麥克的側寫是以他對犯罪者的研究，以及多年來治療和調查犯罪者的經驗為基礎。因此他擁有豐富的側寫背景素材，正如一八八八年的湯瑪士・龐德博士，除非能百分之百確定，否則他一定會使用「可能」、「或許」、「大概」等字眼。

親自看過犯罪現場之後，麥克會研究照片和警方報告、目擊者證詞、驗屍報告與照片，還有其他能入手的相關資訊。到了這個階段，警方最好別透露嫌犯細節，不讓側寫專家受到調查人員先入為主概念的影響。最有價值的側寫必須避開一切偏見。

下一個階段發生在麥克的腦海中。「我坐在空白螢幕前思考，發展初步的假說，建構成我的側寫。我出門散步，在腦海裡反覆思考，有時候如果身旁有能夠信任的同事，我也會徵詢他們的想法。接著進入否決模式。好，可以假設犯人是男性嗎？當然了，現今的女性凶手愈來愈多了……我列出一切可能性，看可以否決哪一些……如果是性侵案件，我的嫌犯年齡層會是十歲到六十歲，但比較可能比有過初體驗的青少年大上一些。如果用了保險套，你會問：『為什麼？』因為他有犯罪知識、犯罪經驗，他不想留下證據……我設定一個模組，努力挑它毛病，捫心自問：『這有證據嗎？』有可能已經花上幾個小時設定某個細節，突然來了個證據說『不是這樣的』，於是你只能捨棄這部分。我認為有時候警察跟側寫專家會犯錯，就是因為他們太執著於自己的直覺。我們必須學習如何放手。如果證據無法支持假說，那就把它丟了吧，改從B計畫開始，一路檢討到Z計畫。」側寫報告會聚焦在幾個特質上，像是性別、年齡、種族、職業、情感關係、車款、興趣、與女性的關係、與被害人的關係、選擇被害人的理由、社經教育程度、前科、是否曾遭到訊問等等。

看過所有的案件資訊後，某些側寫專家會預設一些疑問。大衛．坎特問自己：案件的細節有沒有暗示凶手的智能、知識水準、技術程度？他是衝動行事還是有條有理？他如何與被害人互動，這能反映出他與旁人互動的方式嗎？凶手看起來習慣犯罪，還是習慣這個環境？

側寫專家的目標不是找到某個人（比如說柯林・史塔格），而是交報告給ＳＩＯ，使得嫌犯的數量更好控管。舉個例子好了，約克郡開膛手一案的調查期間，調查人員列出二十六萬八千名嫌犯，執行兩萬七千次家訪。麥克・貝瑞表示：「如果是性侵謀殺，那我們有三千萬男性。如果扣掉年紀太大或太小的，那大概是兩千萬人……」側寫專家降低這個數字的能力對警方而言相當寶貴。麥克說：「某些人對側寫仍舊抱持錯誤的幻想。他們以為側寫專家會直接說出凶手是左撇子、淺黃色頭髮、一百七十公分高、支持曼城隊。不過現在很多人認清這是警探工具包裡的工具，跟ＤＮＡ和病理學類似。與其說是主要情報來源，側寫應當是一種工具，我覺得這種想法很正確。」詹姆斯・布魯塞爾跟克拉萊絲・史塔林締造的輝煌與刺激還能持續嗎？「這是重大的挑戰，同時也相當耗神，因為有時候要面對的是非常駭人聽聞的案件。沒錯，剛開始做側寫的時候，我不斷想著如果沒有引導警方逮到真正的犯人，那都是我的錯，但是經過一陣子，我發覺我能做的只是說『可能有這些特質』，收集情報、逮到犯人還是警方的工作。現在有許多ＳＩＯ直接聯繫布蘭希爾警察學院，警界本身的資源愈來愈豐富，傾向動用自己人。現在很少會公開雇用心理學家做這種事了。」

是的，法庭心理學家的工作不只是幫忙抓凶手，他們大多要協助治療收容在機構裡的犯罪者和病患，只有部分人接下刑事和民事法庭的工作。麥克・貝瑞估計他跟同事每年出庭不超過五次（雖然要寫一百份左右的報告，其中只有五份具爭議性，導致他們要出庭辯護）。在法院之外，法庭心理學家要到監獄跟精神科醫院面對罪犯，有時候是協助他們準備適應外界生活，有時候必須從他們口中套出更多情報以便終結其他案件，就像是珍妮．柯特勒對約翰．杜菲付出的努力。麥克說：「我為犯罪者和受害者服務。這是極大的挑戰。你要努力拆解他們的說詞、努力找出其中的道理……有時候就算花上好幾個月，甚至是好幾年，也無法獲得完整的案情。」

麥克．貝瑞很中意學術派心理學家的作風。「學術派往往會問：『證據在哪？』他們進行許多領域的研究，比如說分析強暴犯的言詞、連續犯罪者的動向、訪談——全都非常有用，我們在側寫時可以從中抽取許多可發揮的點。」大衛．坎特（貝瑞說他是「這個領域的主力」）相信與犯罪者、受害人、目擊證人談話，取得完整的證詞是心理學家對犯罪調查最大的貢獻。訪談的重點是要求對方回想事物，也是充滿陷阱、容易出錯的行為。心理學家鑽研訪談的技術，提出讓警探遵循的重點：他們必須與訪談對象營造出開放的氣氛，重現回想內容的脈絡，提出無法用是或否回答的開放式問題，避免打斷話題，對於訪談者提出的一切論點都表現出興致，即使看似完全無關。雖然每個人手法不同，想鼓勵受訪者說出真相，往往要依靠信賴與尊重這類抽象的特質。提高嫌犯坦承機率的技巧之一，是確保他們完全理解目前有多少針對他們的證據。不過呢，跟電影裡的效果完全相反，壓迫式的審訊可能導致受訪者閉嘴不談或是做出偽證。而且現在的訊問都有錄影，任何脅迫的意圖都將成為法院上的證據。

法庭心理學家接觸「心理解剖」的機會也愈來愈高，警方希望由他們來挖掘受害者死前的心理狀態。病理學家透過實際解剖確定死因，但他們不一定知道是自殺、謀殺還是意外。心理學家閱讀日記、電子郵件、網路活動、死者家人的精神病史，或許還會訪問死者身邊的親友。

二〇〇八年，麥克・貝瑞替天空電視臺評論西約克郡迪斯伯里的小學生夏濃・馬修（Shannon Mathews）離奇失蹤案。他憑藉心理解剖必備的對表情、行為的敏感度，分析一連串事件。「我注意到她母親凱倫（Karen）在自家沙發上受訪時，身旁坐著她年輕的情人，她的小孩想爬上她的大腿，不斷被她推開。我認為如果妳剛失去一個孩子，緊緊擁抱身邊的孩子才是合理的反應，但她沒有。接著她說『如果找到她，大家會很開心』，而不是『我會很開心。我會開心到發瘋』。」後來發現凱倫拿安眠藥對九歲的女兒下藥，把她交給住在附近的共犯，關在他家裡一個月。他們的計畫是讓凱倫的男友「找到」夏濃，跟凱倫平分賞金。不過警方接獲密告，在共犯家中找到這個小女孩被塞在躺椅下的大抽屜裡。

更正規的心理解剖發生在一九七六年。脾氣古怪的美國企業家霍華・休斯（Howard Hughes）十八歲繼承父親在德州休斯頓的家族企業。六十歲時，他成為全世界最有錢的人，但他開始恐懼傳染病，搬到墨西哥，自己注射可待因，不穿衣服、不修頭髮跟指甲，從不洗澡刷牙，常常在馬桶上一坐就是二十小時。他晚年隱士般的怪異行徑使得他的遺囑遭到質疑，於是美國心理協會主席雷蒙・佛勒博士（Raymond Fowler）提出報告判斷他是否精神異常導致與現實脫節。佛勒的結論是：儘管休斯精神狀況不穩定、脾氣極度古怪，他一直都很清楚自己在做什麼，並非精神病患。他的遺囑得到後人接受。

湯瑪士・德・昆西（Thomas de Quincey）在一八二七年的散文〈論謀殺為一種精緻藝術〉（On Murder Considered as One of the Fine Arts）中，開玩笑地建議應當從美學角度來審視謀殺，而非把它當成單純的違法行為。這正是法庭心理學家的任務。她（百分之八十五的法庭心理學家是女性）試著畫出一幅圖，從中理解某人腦袋裡的世界。那幅圖或許稱不上美麗，但是對於衍生出那些想法的人蘊含深意。我們愈能理解這些其他人類居住的奇特宇宙，就愈能在他們帶來一連串毀滅之前導回正途。

第十二堂　法庭

「為了打贏官司，檢方必須證明此案成立，
辯方只要提出各種質疑即可。」

——提姆・派察德（Tim Pritchard），《觀察家週報》，二〇〇一年二月三日

菲歐娜・萊特（Fiona Raitt）當了十三年律師，把科學證據視為「程序之一」。不過等她回到鄧迪大學，她開始找科學家和心理學家討論「如何從犯罪現場收集證據、如何儲存、如何運用，最後如何在法庭上呈現」。現在她身為證據與社會正義學教授，寫出每一個證據程序中緊張的氣氛：「每個人都對科學的用途抱持不同的想法，從最早的蒐證階段到最後的法庭呈現。」警方或許會特別看重他們認為可以定案的證據。檢方律師會忽略讓被告顯得無辜的事實，同時被告方律師則是忽略足以定罪的事實，試圖說服法官排除重要證人。法院拉鋸戰的核心就是證據，鑑識科學人員必須使出所有的專業知識解讀證據。如果符合律師的論點，他們會先深入探討科學家的證詞，以及他們的良好名聲。

比如說這裡有件典型的證物：謀殺案嫌犯的外套。CSI會在最短的時間內用膠帶黏起任何可疑的纖維或毛髮，送去分析，接著把外套裝進塑膠證物袋，送交實驗室科學家尋找血跡之類的細節。經過恰當的檢測，科學家重新打包外套，妥善收起，留待未來上法院的機會。如果科學家找不到任何派得上用場的證據，外套會收進倉庫，等待下一次的科學突破，看能不能得出進一步的證據，比如說更靈敏的DNA檢測。

一九九三年在倫敦東南區的無故種族歧視攻擊中，謀殺十八歲學生史蒂芬・勞倫斯（Stephen Lawrence）的幫派人士就穿了這麼一件外套。史蒂芬正在準備考試，夢想成為建築師。他跟朋友晚間外出，站在艾爾瑟姆的公車站牌旁準備回家，這時一群年輕人逼他趴在地上，持刀捅死他。一名幫派成員蓋瑞・道博森（Gary Dobson）穿著灰色飛行員外套，他跟同伴始終否認犯案，雖然他們假造的不在場證明後來被警方拆穿。其他間接證據也對他們不利，像是警方裝在道博森家中隱藏式攝影機的錄影內容。儘管這群混混從未談起動手殺人，道博森確實稱呼拿走他鴨舌帽的同事「黑鬼」。該名同事往道博森腿後一拍，道博森說自己掏出美工刀，威脅對方說：「白痴黑鬼，你再拍一下，我他媽的就捅下去。」

道博森在一九九六年受審，卻因為缺少直接證據而無罪開釋。不過隨著鑑識檢驗的靈敏度不斷提升，以及二〇〇五年撤銷雙重危險法（代表若是出現第一次開庭時無法得知的證據，可以讓同一個人因為同一個案子再次受審），到了二〇〇六年，警方準備好重新開啟懸案調查的證據。他們將裝有那件飛行員外套的證物袋交給LGC鑑識公司。這回科學家採集到新的顯微證據——足以供警方再次起訴道博森。

二〇一一年十一月開庭時，檢方律師馬克・艾利森（Mark Ellison）在陪審團面前播放道博森的種族歧視辱罵影片，還有同一個鏡頭錄下另一名幫派成員說：「聽好了，我要去凱

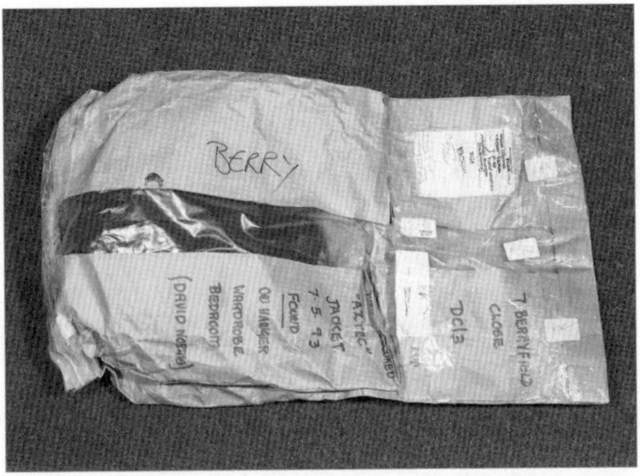

裝有蓋瑞・道博森飛行員外套的棕色紙袋，後來發現上頭沾到史蒂芬・勞倫斯的血。

特佛德那種鳥地方，帶兩把機關槍，對，我要抓個黑鬼，活活剝了他的皮，折磨他，在他身上點火……我要轟掉他們的手腳，跟他們說：『去啊，你們現在可以游泳回家了。』」艾利森找來目擊證人，對陪審團敘述謀殺當時的情景。不過關鍵絕招還是ＬＧＣ鑑識公司的愛德華・傑曼（Edward Jarman）在那件飛行員外套上找到的小東西。

傑曼花了兩天用顯微鏡細細檢查外套，在領口縐摺裡找到一個小小的血跡，直徑只有半公分。他告訴陪審團，經過ＤＮＡ檢驗，那滴血屬於史蒂芬以外的人的機率小於十億分之一。血跡來自新鮮溼潤的血液，源頭不是史蒂芬的傷口就是凶刀。傑曼也在證物袋底部找到幾點屬於史蒂芬的乾涸血沫，以及史蒂芬遇害當晚穿的外套和polo衫纖維。重新檢驗用來黏貼道博森外套上的膠帶後，他找到更多屬於史蒂芬衣物的纖維。

實際證據從犯罪現場移動到法院裡，這段旅程不會獲得多少媒體版面。然而審判是鑑識證據的最後一關：假如沒有妥善記錄，證物在法庭上就站不住腳。如果這個證據失敗了，所有鑑識科學人員——數位分析專家、病理學家、昆蟲學家、指紋專家、毒物學家——的心血也全都化為烏有。道博森的辯護律師提姆・羅伯茲（Tim Roberts）大力質疑那件外套的來歷。他對陪審團開宗明義地說道：「針對蓋瑞・道博森的起訴是建構在不可靠的證據之上。當史蒂芬・勞倫斯遭到攻擊時，蓋瑞・道博森人在老家。他完全無辜。這個案件的紙本文件厚達好幾冊，但是支持指控的實際證據，那些纖維和碎片，連一只茶匙都裝不滿。」

十八年來，那件外套一直靜靜窩在紙袋裡，袋口用膠帶封死。羅伯茲指出九○年代早期，嫌犯與被害人的證物多半存放在同一個房間裡。這些年來，許多科學家在英國各地的實驗室檢驗過史蒂芬．勞倫斯身上的物品，並不是每個人都身穿全罩式防護衣。羅伯茲主張外套領子上的血跡並非來自鮮血。他說乾燥的血沫是從史蒂芬的證物上隨著某個粗心大意的科學家進入證物袋。他認為血跡是在科學家執行唾液檢驗時，將其中一片血沫融化，沾上衣領。這項檢驗必須要沾溼夾克，在上面施壓。愛德華．傑曼提出反駁，說他曾用控制組的血沫來測試這個理論，它們全都融化成「凝膠狀」，黏稠到無法被纖維吸收。他的論點既全面又詳細。一名緊追道博森六週審判每一刻的記者表示：「十一月底，證物可信度的辯論持續不斷——雙方律師長篇大論地爭執棕色證物袋的安全性——陪審員面露無聊神色。」

羅伯茲也拚了命地想讓法官阻止接下來的證人蘿莎琳．哈曼（Rosalind Hammon）作證。LGC鑑識公司將檢查外套的證物監管鏈任務交給她。他主張因為她是LGC的員工，不能信任她的論點。法官否決他的提議，讓哈曼發言。她表明雖然外套經歷一番波折，「沒有實際可能性」能證明血跡和纖維是來自汙染所致。二〇一二年一月三日，法院認定蓋瑞．道博森犯下謀殺罪，判他至少要服刑十五年。他已經逍遙法外十八年又兩百五十六天——比史蒂芬．勞倫斯在世的日子還多出三十五天。判決結果出來後，作家布萊恩．凱斯卡特（Brain Cathcart）表示：「我們曾經以為讓犯人認罪是遙不可及的夢想。能夠回歸證據，找到足以定罪的顯微粒子，實在是太了不起了。」另一名幫派成員大衛．諾里斯（David Norris）也在同一場審判中俯首認罪，主因是在案發當晚他穿的牛仔褲上找到史蒂芬的一縷頭髮。目擊證人指出另外還有三、四個人涉入謀殺案，但無法查出他們的名字，也沒有鑑識線索能將他們與現場相連。

史蒂芬．勞倫斯的案子裡，檢方不辭辛勞，提出為兩名凶狠的種族歧視謀殺凶手定罪的證據。「連一只茶匙都裝不滿」的證據將蓋瑞．道博森扯入深淵，監視攝影機的影片拖著他一路下沉。但是證據也可能成為雙刃劍，有時候律師會想辦法讓它背離正義公理。

陪審員熱愛監視攝影機，因為許多呈堂證據有不同的解釋空間，影片證據則是一翻兩瞪眼，如實呈現事發經過。然而公正不阿的特性代表它記錄發生的一切不只有檢方想看到的影

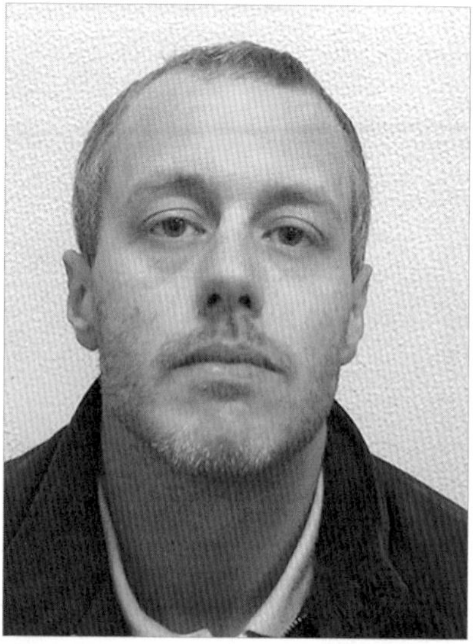

蓋瑞．道博森和大衛．諾里斯，法院在二〇一二年判決兩人謀殺史蒂芬．勞倫斯。

像。在刑事律師艾力克斯．麥布萊德（Alex McBride）二〇一〇年出版的著作《有罪的定義》（*Defending the Guilty*）中，他提到自己靠著監視攝影機證據的妙用讓某人逃過一劫。案主「吉爾斯」（Giles）被高解析監視攝影機逮到他往一名男性的臉猛揍。吉爾斯裸著上身，觀眾可以從他的嘴脣看出他揍人之後丟下一句：「你他媽的要我再賞你一拳嗎？」

麥布萊德準備辯護策略時，看著影片，心都沉到谷底了。他垂頭喪氣地看到最後，直到畫面變黑，突然又冒出影像。麥布萊德震驚地看著一名員警將吉爾斯的被告同伴「戴夫」（Dave）按在牆上，揪著他的上衣，把他往地上摔。戴夫的女朋友想要插手，員警一巴掌打倒她。她想起身卻被員警踩著。

麥布萊德拿這段影片給戴夫的辯護律師看，兩人一同擬定計畫，要求撤銷一切對他們客戶的指控，否則就要控訴警察不當逮捕與攻擊。結果如他們所願，檢方答應放戴夫和吉爾斯一馬。為了幫助客戶解套，麥布萊德必須從這個清清楚楚的定罪影片中擷取其他鏡頭。他寫道：「辯護的黃金原則是證據愈少愈好——除非它牴觸了檢方證人發誓屬實的證詞。」

英國皇家檢控署是國家機構，與警方一起提出控告，但它也必須跟被告方分享所有的發現。分享證據的原則是基於法律上的「力量平等」（equality of arms）概念，同樣的資源必須任由檢方和被告方取用。缺少力量平等原則就無法達成公平審判的目標。

力量平等代表雙方理論上都能與自己的專家證人接觸，請他們詮釋證據的意義。不過現在的法官漸漸傾向鼓勵雙方專家分析完證據後，在開庭前的會面中討論他們的發現。這也是力量平等的實踐方式，可以節省時間和金錢——在最近英國法務系統經費減縮的狀況下，兩者都不太充足。省下的錢可以拿去請更多的專家。這種作法不只與力量平等有關，一名法庭心理學家解釋道：「我提出報告，對方也提出報告。如果差異極大，我們一起喝杯咖啡，一一剔除我們的相異處，得出正面的結果。這樣我們都不用花三天出庭，害完全不懂理論差異的陪審員無聊到想上吊。」

法醫人類學家蘇．布雷克也有同感。「預先會面是很重要的一環，我們列出雙方同意或不同意的論點，省去法庭上大量的比手畫腳。」在近期的案子裡，蘇擔任被告方的專家證人，沒有開庭前的會面，最後的結果是「檢方專家從頭到尾簡直像是撞車的火車」。其間法官詢問雙方專家可否一起談談，可是雙方律師都認為共識太少，沒有必要另外見面。檢方一敗塗地，「對任何人都沒有好處」。

專家不一定要親自出庭作證，由一名或多名專家撰寫的紙本報告往往就夠了。血跡專家薇兒．湯林森說：「我經手過的案子比真正出庭的數量還要多上許多……其實我每年只會登上證人席兩、三次。」出庭的經驗會勾起各種情緒——興奮、驕傲、滿足、恐懼、焦躁、屈辱。其中成分要依照案件的本質而定——以及專家本身的個性。

最優秀的實驗室科學家不一定能在證人席上展現出自制與自信。病理學家狄克．薛賀德說：「能找到證據的科學家比比皆是，可是在法庭上向毫無知識基礎的陪審員呈現證據，是相當獨特的技能。」在這個階段，法庭可能會化為戲院——優秀的表演者，比如說知名的病理學大師貝納德·史皮斯貝里，往往能讓陪審團留下最好的印象。

專家只能回答律師提出的問題，同時給予自己的意見。他們的職責是尋找、詮釋真相，而不是反覆提起已知事實。當然了，事實與意見之間的差異一向耐人尋味，專家證人背負重大責任，不能說出誤導陪審團的話。假如專家表示一枚相當模糊的指紋屬於某個人，這是事實還是意見？如果血液噴濺專家說鮮血滴落的方式顯示被害者遭受致命一擊時，必定是躺在地上，陪審團要如何評估這項證據？

此外，科學本身就擁有不確定性：只要出現新的證據，各種理論都能駁回或修改。菲歐娜·萊特說：「許多專家的證詞都觸及了科學發展的核心，不斷有新發現，不斷改進。昨天所知的一切可能與今天知道的事情相差甚遠。」

專家證詞意味著超出社會大眾平均的認知。無論專家證人有多麼篤定，他們都必須把是否有罪的「最終解答」留給陪審團。其中蘊含若干措辭問題。薇兒·湯林森（見一八一頁）不能說：「DNA證據證明是里德兄弟幹的。」但她可以說（也真的這麼說了）：「我認為最能解釋這個DNA檢測結果的情境是，泰瑞·里德和大衛·里德各自攜帶凶刀到被害者家，刀柄斷裂時，他們正握著那些刀。」

一九七五年，在泰倫斯·通納（Terence Turner）受審後，確立了「超出大眾認知」的原則。通納跟女友溫蒂（Wendy）坐在他的車上，他以為她懷了他的孩子。兩人起了爭執，她一氣之下說在他坐牢期間，她跟其他男人睡過。孩子的爸爸是別人不是他。通納怒火攻心，抓起駕駛座旁的鐵鎚往溫蒂的頭臉猛敲十五下。接著他下車，走到附近一處農舍，跟屋裡的人說他殺了女友。在法庭上，他說他不知道當時自己在做什麼，只是剛好握住鐵鎚，「我絕對沒想過要傷害她」。

通納的辯解簡直是火上加油。假如陪審團信了這番說詞，罪名會改成殺人罪。但陪審員認為他犯下謀殺罪。他提出上訴，主張法官不讓陪審團聽精神科專家的報告。那名專家在報告中表示通納沒有精神疾病，但是對於旁人的感受相當敏感。他的「人格結構」使得他易受憤怒影響，而他與被害人的關係使得他的憤怒變得理所當然。如果她的表白出乎他的意料，他很有可能「爆發性地釋放盲目的怒氣」，因而殺了她。

他的律師主張，要是陪審團聽了那份報告內容，他們就更能理解通納的行為。法官洛頓勳爵（Lord Lawton）提醒上訴法院：「陪審員不需要精神科專家來告訴他們，沒有精神疾病的普通人遇上壓力和困境會有何種反應。」若是任何案件都找精神科專家跟心理學家來證明被告說的是真話，那麼「陪審團的位置會被精神科專家取代」。通納的上訴遭到否決。菲歐娜．萊特解釋：「專家必須展現他們的研究領域值得稱為『專業』——筆跡明顯算得上，對於爆炸物的了解也是——然而遇到人類行為的領域，法官總是含糊帶過。」

在絕大多數的案例中，鑑識科學人員給予陪審團重要的考量情報，協助他們了解資訊內容。少數出問題的審判給予法官和菲歐娜這類學術界人士思考的議題。這些案例無論怎麼看都令人痛苦萬分，但同時也為了下一次類似的審判有更好的結果鋪路。著作無數、名字後面掛了一堆頭銜的專家在法庭上背負著最沉重的期待。陪審團會格外看重他們的意見，特別是當他們擁有出眾魅力時。

近期的例子是羅伊・密朵（Roy Meadow），這位兒科醫師的豐功偉業是提出代理型孟喬森症候群這種疾病，患病的家長會傷害他們的孩子，以便吸引醫師的注意。不過在英國，密朵的名號是與嬰兒猝死症劃上等號——看來相當健康的孩子在沒有明顯徵兆的情況下突然死亡。根據密朵的說法，「假如沒有其他原因，一個嬰兒猝死是悲劇，兩個是可疑，三個就是謀殺了。」英國社工和兒童保護人員將「密朵法則」銘記於心，卻因此導致許多家庭的毀滅性崩壞。

一九九六年的柴郡，一個十一週大的男嬰突然死在育嬰籃裡。兩年後，他的弟弟哈利也在類似的情況下死去，當時才八週大。病理學家在兩個寶寶身上找到傷痕。他們的母親莎莉・克拉克（Sally Clark）身為警察之女，遭到逮捕，被控犯下兩起謀殺案。

一九九九年十一月，莎莉出庭受審。幾名小兒科醫師作證表示孩子應該是自然死亡，相信他們身上的傷痕是心肺復甦術的痕跡。可是檢方律師把莎莉描述為「寂寞的酒鬼」，搞丟薪水優渥的律師工作，怨恨孩子把她困在家裡。檢方的專家（包括羅伊・密朵爵士在內）一開始都以為嬰兒是被搖晃致死，不過後來有人認為他們是遭到悶死。密朵提出在富足家庭裡發生兩起嬰兒猝死的機率是七千三百萬分之一。他用了生動的比喻加深陪審團的印象：「這就像是在國家賽馬大會時，把錢壓在賠率高達八十的爛馬上頭，還能每場都贏。」聽到剛封爵的醫師使用如此親民的例子，大多數的陪審員都認為莎莉・克拉克犯下謀殺罪，在十二人裡頭只有兩人覺得她無罪。

在皇家統計學會表示密朵的七千三百萬分之一是「嚴重的數據錯誤」後，莎莉提出上訴。密朵只是把富足、無人抽菸的家庭中嬰兒猝死的機率八千五百分之一開了平方，沒有考量到猝死嬰兒的手足擁有類似的基因與環境，因此比其他嬰兒的猝死率還要高出許多。嬰兒死亡研究基金會表示，在同一個英國家庭裡發生第二起嬰兒猝死的案例「每年大約出現一次」。可是在二〇〇〇年十月，莎莉的上訴遭到撤銷，法官宣稱密朵的數據只是「旁枝末節」，不會影響陪審團的決定。

接著，馬格斯菲特醫院提出新證據：另一名出庭的專家證人，病理學家愛倫・威廉斯（Alan Williams）沒有透露他做的一份血液檢驗報告。其中一名嬰兒有可能是死於金黃色葡萄球菌感染，而不是被搖死或悶死。莎莉再次上訴，這次，在二〇〇三年一月，法院撤銷她的罪名，將她釋放。受理上訴的法官評論密朵的數據錯得離譜，而馬格斯菲特醫院的發現——由免費服務的律師提出——使得案情逆轉。他們痛批愛倫・威廉斯對於沒有提出檢驗報告的理由——他認定男嬰並非自然死亡，而檢驗結果與此牴觸——「完全僭越了界線」。

莎莉獲釋的消息促使各界重新審視搖晃嬰兒致死的案件。另外兩名婦女，唐娜・安東尼

（Donna Anthony）和安琪拉・坎寧斯（Angela Cannings）的謀殺罪名因此撤銷，獲釋出獄。坎寧斯的三個寶寶都在二十週之前死亡，她發現祖母曾有兩個孩子在襁褓中猝死，曾祖母也失去過一個孩子，於是提出上訴。杜普蒂・派托（Trupti Patel）被控謀殺三個孩子，她也在二〇〇三年六月無罪釋放。上述三起案件中，羅伊・密朵爵士都為一個家庭中出現多次嬰兒猝死事件提出證詞：「基本上，無法預測的突然死亡不會在家族中流傳。」

羅伊・密朵來到醫學總會，面對專業操守委員會檢討他在幾起嬰兒死亡案件中提出的證據。

羅伊．密朵和愛倫．威廉斯隨後遭到醫學總會除名，原因是「嚴重違反專業操守」。密朵在二〇〇六年重新加入總會，理由是他出自好意提供數據卻引用錯誤。不過他跟貝納德．史皮斯貝里不同，畢生難以挽回名聲。二〇〇九年，他主動申請脫離醫學總會，代表他無法繼續在英國行醫或是擔任專家證人。英國法院不再依靠單一專家證人提出的證據就起訴猝死嬰兒的雙親。

莎莉．克拉克沒有撐過這場折磨。她不但失去兩名幼子，還被媒體描寫成嬰兒殺手，在牢裡待了三年，獄友都把她當成萬惡淵藪。四十二歲的她在二〇〇七年死於酒精中毒，身後留下第三個兒子。

科學家喜歡宣揚他們的理論。在刑案中成功運用自己的研究成果能夠提升他們在學界的地位。蘇．布雷克認為這才是需要留神的地方。「某次出庭作證，雙方都同意無論我如何報告，他們都會順著我的話行事。這並不是好事，因為在某些狀況下，完全依賴你的專家證人會是很危險的事情。」關於有時會發生的微妙錯誤，菲歐娜．萊特常常思考：「能夠收買專家到什麼程度？你希望不會有這種事情發生，但這個世界總是相當殘酷。」

光靠表面印象就接受專家的說詞，這當然一點都不妙。然而過猶不及，假如法院完全不採信最先進的科學理論，覺得太新潮的事物不可信任，這樣也很危險。在理想的情境下，法官和律師對證人席上的科學家施壓，測試某項技術的極限，給予他們回研究室探索的新方向。蘇・布雷克首度想以手臂血管紋路來指認兒童性侵犯時，被告律師譴責她使用前所未見的技術。這項技術成為被告脫罪的藉口，她在焦慮之下認定血管紋路分析還需要更多資料的支持（見二一三頁）。最後，她藉由這項技術，讓拍下自己對小女生施虐照片的戀童癖犯人得到法律制裁。

獲釋的莎莉・克拉克在高等法院外。

這是透過交叉詢問、對專家證人施壓，增進鑑識技術的好例子。如果證據本身就夠牢靠，陪審員看到專家提出的理論愈來愈完備，他們會更加信任這項證據。但現實並非一向如此順利。長久以來，人們不斷質疑審判體系中追求真相的價值。法國律師兼哲學家米歇爾・德・蒙田在一五九二年過世前寫下：「我們先是憎恨對方的論點，進而憎恨對方本人……雙方辯駁競爭的結果便是真相的毀滅。」換句話說，如果律師無法攻擊證據，他們就會轉而攻擊提供證據的人。一名鑑識科學人員相當享受這個過程。「我熱愛遭到律師交叉詢問的挑戰——起初會是：『年輕人，在你有限的經驗中……』現在律師的擾亂戰術常常帶給我極大的娛樂。」羅伯特・佛瑞斯特對此則是抱持冷靜嚴苛的態度：「怕熱就不要進廚房。」

我訪問過的一名刑事律師相信，如果專家證人不需要面對交叉詢問的白熱戰況，「那會是極大的恥辱」。「質疑專家證人的資格是非常合理的作法。不過風險很大，可能會引起陪審團反感，要是失去陪審團支持，這場官司就完蛋了。我建議律師不要直接踏入專家的領域，而是質疑他們憑什麼如此分析，攻擊他們無法篤定的地方。專家確實有可能犯錯，所以他們必須要格外留意報告中的每一個細節。」

一名病理學家留意到這幾年來，律師愈來愈想揪住他的小辮子，認為這個風氣或許有點太過火了。「回顧過往，以前法庭上的眾人更能了解專家證人是來提供所有的知識，現在我們得要舉出各種佐證。不能只說：『聽好了，我見識過二十個類似案例，我覺得本案也是如此。』因為對方會回答：『喔，你有出版論文嗎？你的同儕評論期刊文章呢？說不定之前二十次都搞錯了，對吧？』假如我說：『我在這一行幹了三十年，看過兩萬五千次檢驗，從來沒有看過這樣的結果。』他們會說：『那只是個案。』」

為了撰寫本書，我訪談過的專家都是資深的法院證人。薇兒．湯林森已經數不清在三十年職業生涯中出庭多少次——「可能有好幾百次吧。有時候讓我覺得飽受威脅。還記得某個案子是小夥子被一群年輕人踢打致死，另一個小夥子運動鞋上沾滿血跡，不過實在看不太出來，因為上面浸混了大量的蘋果氣泡酒。顯然律師最喜歡的說詞是：『我的客戶身上沒有血跡，所以他沒有犯案。』因此我問起那雙運動鞋，提出上頭確實有沾到血。走下證人席時，我覺得自己陳述得不錯。這時律師對我說：『喔，湯林森女士，妳剛才提到那雙鞋，我原本想請妳展示給陪審團看，但我不想中途打斷。妳介意現在展示出來嗎？』於是我拿起運動鞋，站到陪審團面前，開始說：『你們沒辦法看清楚血跡，不過就在這裡。』排在我後頭的律師這時爆發了，說我明明已經說明完證據，應該要退席了，根本不該對陪審團說話。背後傳來一陣騷動，我望向法官，他說：『湯林森女士，請展示給他們看。』於是我站在陪審團前方，稍稍挑眉，納悶背後究竟出了什麼事。離開法庭，我坐在車上，心裡不斷想著：剛才到底是怎麼一回事？我背後的猴戲實在是太荒謬了。顯然律師原本期待我因此呆站在法庭上，而陪審團只會說：『嗯，我們什麼都沒看到。』」

刑事昆蟲學家馬丁．哈爾認為交叉詢問「總是讓我緊張。心跳稍微加速。專業意見遭到質疑……受到極度嚴苛的審視」。指紋專家凱薩琳．崔蒂最痛恨「沒有人提出正確的問題，無法討論證據。你必須坐在原處等待提問，不准深入任何議題——有時候可以，但大多不行。顯然對方使出渾身解數阻止你這麼做，因為他們不希望你提出意見……他們可能完全搞錯重點，或者乾脆視而不見，即使你知道事關重大。你無法控制陪審團會看到什麼」。

我們的病理學家花了點時間才看清法庭的真貌。「我終於恍然大悟，出庭解釋證據的時候，雙方律師只顧著打官司，完全不想追求真相。你發誓要說出事實，完整的事實，除了事實其他什麼都不能說。他們的目的是營造自己的論點，假如你的言論稍微牴觸那個論點，他們不是攻擊你，就是直接聽而不聞。」

被問到任何問題時，證人只能回答「完整的事實」。如果他們想說出更多的事實，麻煩就大了。一名科學家表示：「身為專家證人，我很難直接說：『抱歉，你忘記一些事情了。』我曾經做過幾次，法官跟律師的眼神並不是——『喔，幹得好，老兄，太好了，該死，我們還真的忘了！』法官會說：『喔，我想我們得要來仔細瞧瞧了，對吧？』心裡卻想：『這傢伙幹嘛在我的法庭上惹麻煩？大家都做得很好，每個人照譜演奏，這個白痴卻給我放槍。』然後你會遭到眾人攻擊四十五分鐘，最後只能舉白旗撤退。」

蘇·布雷克認為法院可能是「非常有益」的地方，但整體而言，她覺得，「出庭是這份工作中最不好玩的部分，因為不是照著我們的規矩玩。不是我們的主場。許多專家選擇離開專業崗位，因為在這個位置，我們有的只是學術聲望，而我們的法律體系不時試圖奪走這個聲望。可能會傷害到專家本人。可能會非常激烈。離開法院時，或許你還是專家，或許你成了全世界最笨的笨蛋，我兩種狀況都遇過……

「最近有個案子，我年輕的同僚起身提供證據，他被問到：『你跟布雷克教授有什麼關係？』他說：『她是我部門的主任。』被告律師又問：『喔，我想應該不只如此吧？』事後他告訴我律師的語氣讓他耳朵都紅了。太低級了。他對律師說：『我不懂你的意思。』律師應道：『喔，我猜她是你的博士論文指導教授。』他說：『是的。』律師繼續說：『我猜，教授她以偉大的自我，眺望自己的王國，看到她最愛的小博士生，勾勾手指，說：「今天就別待在停屍間了吧？」是這樣的吧？』天啊，他轉過身大喊：『不對，天殺的不是這樣！』

「當事情演變成這種人身攻擊，唯一受害的只有司法正義，因為專家會說：『我無法忍受這種問題。』今年我開始思考，為什麼我要做這種事？為什麼我要不斷承受？」

人身攻擊的目標不只是蘇．布雷克這樣的資深專家，或是像她同事那樣老實的年輕專家。優秀的律師總是在尋找案件中最脆弱的環節——有時候正是受害者本人。一名加拿大辯護律師曾經對同僚提出殘忍的建議：「只要摧毀原告……就等於摧毀了案件的核心。砍下這個核心，這個案子必死無疑。」

菲歐娜．萊特與反性暴力組織「強暴危機」合作，協助強暴案或性侵案被害人提告。因為力量平等原則，必須讓強暴犯的被告律師和檢方律師一樣取得被害人的醫療紀錄。「發現這件事的被害人嚇壞了。」菲歐娜解釋。「她們心想：『他們怎麼弄得到這些資料？』辯護律師會說：『案發當時妳是否長期服藥？我們看看，喔，是鎮靜劑，因為心理問題，妳吃了三年的藥？』你還沒回過神來，他們已經為被害人營造出不可信任的形象，讓大家認為她可能不是記得很清楚，說不定還在吃藥。從各種層面來看，最脆弱的證人就是有長期就醫紀錄的人，辯護律師可以為所欲為。被害人確實有權拒絕提供這些紀錄，但她們通常不會，因為她們不懂洩漏這些情報會有多大的影響。」

二〇一三年一月，小提琴手法蘭西絲・安卓德（Frances Andrade）控告她過去的音樂老師麥可・布瑞維（Michael Brewer）對她強暴和猥褻。在原告席上，她不斷被斥為騙子，交叉詢問時還崩潰落淚。在傳給朋友的簡訊裡，她寫下提供證據的經驗就像是「又被強暴了一次」。出庭後不到一個星期，審理尚未結束，她在薩里郡基爾福的家中自殺身亡。布瑞維被判犯下五起猥褻罪。

里茲大學法律系教授路易絲・艾利森（Louise Ellison）找來四十名當地民眾組成假陪審團，請了演員跟律師在他們面前重演強暴案審判過程。她發現陪審員會受到被害人當庭的表現影響——無論是情緒化還是冷靜以待——另一個影響因素是被害人在受到侵犯後過了多久才通報。不過呢，如果法官或專家解釋非自願性行為後每個人的反應都不一樣，就算被害者神態平靜，或是隔了許久才報警，陪審團判斷無罪的可能性就降低了。

法官的預設立場是維持沉默。菲歐娜解釋：「即使證人落淚，哭倒在證人席上，法官往往不會介入。他們會說：『我們休息一下，有人能幫她倒杯水嗎？』他們試著不去偏袒任何一方。他們要非常小心。只是……我認為他們有辦法更加保護證人。」法官對於自己的介入相當謹慎，因為只要旁人稍稍覺得他們有了立場，判決結果就可能在上訴法庭遭到推翻。

讓陪審團自行決定是任何控訴式司法體系的基礎，但至今仍沒有受過妥善測試。菲歐娜・萊特和路易絲・艾利森等學界人士不得研究真正的陪審員，看他們對於呈堂的證據跟主張有什麼反應。艾利森的研究引發疑問：比起隨機挑選的平民陪審團，擁有協助強暴被害人經驗的法官是否能做出更好的判決？

陪審團在法庭上遭遇的困境不只如此。沒有人研究過在可能長達數週的審判期間，他們是否有能力消化複雜的鑑識證據。菲歐娜記得有一回甚至「不准陪審員帶筆記本出席，因為他們應當只能一直觀看」。遇到科學家教導的新觀念、律師又試圖拆解那些觀念、其他科學家再提出矛盾的陳述，某些陪審員一定會陷入混亂。陪審員不一定能正確理解，他們確實會給予某些證據錯誤的關注。二〇一四年密西根州和賓州的法律專家與統計學者聯手研究，發現全美有百分之四點一的死刑犯其實是無辜的。

有人覺得交叉詢問的程序毫無益處，希望可以跳過。與英美的控訴式體系相反，許多國家（比如說法國跟義大利）使用的是陪審團與糾問式混合的系統，不是靠律師提出相對的論點，而是讓法官調查案件事實。法官在開庭前訊問證人和被告（或他們的律師），除非找到足以證明報告有罪的證據，否則他不會開庭。開庭前，他把所有收集的證據交給檢方和被告律師。在法庭上他會再次詢問證人，闡明他們先前的證詞。雙方律師不許交叉詢問證人，不過可以對陪審團提出各自論點的摘要。

兩種體系各有優劣。讓陪審團做出判決的方式源自古希臘羅馬時代，從一二一九年的英格蘭開始使用。陪審團的權力漸漸增強，被視為社會的支柱：一群跟你一樣的老百姓能判你入獄，但是司法機構派來的法官卻沒有這等分量。到了十八世紀，法律界承認陪審團的存在是為了限制國家的能力，讓政府無法隨意處罰他們不喜歡的人士。

一九七三年，北愛爾蘭的迪普洛克法庭曾經在暴力衝突期間嘗試取消陪審團，目的是防止陪審員受到騷擾。有人認為迪普洛克法官獨立作業，判決正確率提高，甚至比陪審團還優秀。根據菲歐娜的說法，迪普洛克模式「很迅速，快多了」——想到每天開庭要花的數千鎊經費，這點真的很重要。但是米歇爾．德．蒙田又來了，他對這個訴訟制度提出中肯的看法：「法官出門時可能受到痛風所苦，或是心懷忌妒，或是氣惱手腳不乾淨的男僕：他的靈魂沾染色彩，被怒氣浸透：我們無法否認他的判斷會因憤怒而有所偏頗。」

一名律師為控訴式體系辯護：「控訴式的美感在於雙方不斷競爭，從中消除所有的疑慮，在法庭上妥善地闡述。被告律師要秉持著無畏、正當的精神為自己的案子奮戰。」從科學家的觀點來看，糾問式制度可以中止他們痛恨的「見風轉舵」、激進的人身攻擊。不過也有人反對如此劇烈的改變。我們可以記住彼得．阿諾德在本書開頭的發言：「我看出控訴式體系的重要性。我遭受挑戰，最後讓我們的立場更加穩固，因為證據顯然沒有任何問題。我們可不想在十年後被人質疑證物受到汙染。我寧可現在就說清楚、講明白，要挑戰就現在來吧，我們一起面對大眾的檢視。」

其他科學家認為律師加諸在他們身上的嚴苛檢視應該要放對方向。某位科學家說：「有個被告律師到我辦公室，開口就是：『嗯，這傢伙確實有罪，這點你我都很清楚，只是我們的工作就是逮到你的小辮子。』這是最讓我火大的想法。不對，他們的工作不是挑我們的錯。他們的工作是好好看著證據。」

一名火場鑑識人員根據他的經驗表示：「法院程序是律師跟專家之間的遊戲。律師可以誤讀你放在他們面前的精美科學證據，向陪審團傳達完全錯誤的訊息。」菲歐娜・萊特也遇過對於堅持控訴式體系和堅持真相的齟齬。「我不認為捍衛控訴式程序的人相信那是獲得真相的最佳途徑……那其實是在扭曲真相。政府完全不想探討陪審團到底做了什麼。或許他們很怕會發現陪審員實際上充滿了偏見。許多偏見是在他們思考判決時冒出來的。基本上只有最強勢的陪審團是贏家，其他人全都輸得一場糊塗。」

英國人將控訴式審判和陪審團體系輸出到帝國各處，目前還有美國、加拿大、歐洲、紐西蘭維持這種司法系統。美國的控訴式制度最為有名，部分原因是法官常會允許攝影機進入法庭拍攝。在美國，有能力的律師和專家身價不凡，最佳的案例就是一九九五年O. J.辛普森（Simpson）雇用的天王級辯護團隊，他被控持刀刺死妻子妮可・布朗・辛普森（Nicole

Brown Simpson）和另一名男子羅納德·高德曼（Ronald Goldman）。

在這場烏煙瘴氣的審判上，領頭的辯護律師強尼·柯克倫（Johnnie Cochran）靠著高檔西裝、犀利的交叉詢問、耀眼的個人魅力搏得陪審團歡心。法庭上，檢方要求辛普森戴上從他家找到的手套，根據他們的說法，這只手套沾滿死者的血液跟辛普森自己的DNA。辛普森在現場難以戴上手套，柯克倫向陪審團歪歪腦袋，說：「如果不合你的手，那你一定是無罪！」檢方認為手套在DNA檢測期間曾經冷凍又解凍好幾次，一定是縮水了。他們提出謀殺案前幾個月辛普森戴著手套的照片。無論是手套還是其他證據，都無法阻止O. J.辛普森走出法庭，儘管後來在布朗和高德曼兩家提起的民事訴訟庭上，陪審團認為他可能有罪。

被告通常不是有錢的運動明星。雇用律師跟專家時，大部分民眾得要先掂掂自己的荷包。公民權益倡議人士克里夫·史塔福－史密斯（Clive Stafford-Smith）的作品《不公不義》（*Injustice*，二〇一三）描述了一起特殊案件，一九八六年被控在邁阿密飯店房間裡謀殺兩人的英國商人克里斯納·馬哈拉吉（Krishna Maharaj，暱稱克里斯）。陪審團認為克里斯確實殺害了他的牙買加籍生意夥伴德瑞克·莫·楊（Derrick Moo Young）和他的兒子杜涅·莫·楊（Daune Moo Young）。現年七十五歲的克里斯已經為了本案在佛羅里達的監獄裡待了二十七年。

在法庭上，檢方律師約翰·卡斯特納克斯（John Kastrenakes）向陪審團提出有力的開場白：「你們將會聽到各種科學證據，像是指紋、彈道證據、商務紀錄……這些全都指明凶手正是被告，沒有其他人。」案發現場採集到克里斯的指紋——克里斯說因為他那天稍早到該處參加了商務會議。卡斯特納克斯傳喚一群目擊證人和專家，包括作證說幾個月前他賣了一把九公釐史密斯威森手槍給克里斯的警官。卡斯特納克斯把案情說得活靈活現，點綴著「計畫周全」、「行為殘忍」、「鐵證如山」等字眼。

輪到辯護律師艾力克·韓頓（Eric Hendon）傳喚證人時，他的舉動震驚全場。他只說了一句「辯護完畢」。韓頓找來願意證明案發當時與克里斯待在旅館六十五公里外某處的六個人，然而陪審團從未聽到他們的證詞。沒有人知道韓頓為什麼要完全搞砸質疑卡斯特納克斯的機會。

陪審團思考了一會，判定克里斯犯下一級謀殺罪，使得他當場昏倒在椅子上。稍後，同一組陪審團回到法庭判他死刑。

無辜的謀殺案嫌犯遭到韓頓這類律師扯後腿的事件在美國層出不窮。沒有犯過罪的小老百姓不太可能知道打個官司要花多少錢：他們以為只要自己清白無辜就沒事了。為了洗刷冤屈，他們匆忙投入審判程序，卻沒有召集能與檢方抗衡的辯護團隊。克里斯總共只付了基本費兩萬美金。（相較之下，O. J. 辛普森給了他的辯護團隊大約一千萬美金的酬勞，攤下來每個專家的日薪是一萬六千美金。）史塔福－史密斯表示：「死刑（capital punishment）的意思是沒有資金（capital）的人要受刑。」

至於專家的部分，克里斯沒有出這筆錢。為何要反駁不可能存在的證據呢？即使他靠著輸入加勒比海水果到英國賺了點錢，克里斯最後還是為了上訴而搞到自己和長年受苦的妻子瑪莉塔（Marita）破產。

韓頓如此缺乏幹勁的表現，或許不只是因為欠缺物質激勵，陪他替克里斯辯護的調查人員說他開庭前幾個星期接到威脅電話，對方警告如果他太努力幫克里斯脫罪，他的兒子就會出事。

檢方不只領了合理的薪水，除了約翰・卡斯特納克斯充滿活力的領導，證人也表現良好，特別是彈道專家湯瑪士・奎克（Thomas Quirk）。陪審團最掛念的就是警方永遠沒有找到的凶槍。奎克認定在莫・楊父子屍體上找到的子彈是從九公釐半自動手槍射出。有六個可能的槍枝廠牌，他在實驗室裡全都試射過，發現子彈上的痕跡——來自槍管內螺旋狀的「膛線」——與致命子彈相符。

奎克接著提起CSI在飯店房間裡找到的彈殼。「根據我在實驗室裡的試射結果，唯一符合現場彈殼形狀的是史密斯威森M39手槍。」先前的警官已經說過，克里斯在案發前幾個月買下這種槍，這番證詞可說是定了克里斯生死。

最後，奎克向陪審團展示一把銀色史密斯威森手槍的照片，補上缺席凶槍的空缺，印入陪審員腦海。韓頓抗議奎克展示槍枝照片，說這與事實無關，但法官狠狠打斷：「他只是在說明！」讓奎克繼續說下去。韓頓與奎克交叉詢問時，他讓奎克承認從五〇年代起，全美製造了二十七萬把史密斯威森手槍，子彈可能是從其中任何一把射出。然而陪審團已經認定這就是凶槍了。

奎克的鑑識技術有效嗎？他真的能把子彈來源縮小到史密斯威森M39嗎？還是說莫．楊父子死於一九八六年在美國各地流竄的六千五百萬把手槍之一？彈道專家比對子彈和槍枝的能力——「彈道指紋」——從十九世紀開始發展後，一直沒有受到重大挑戰。跟指紋鑑識人員和毛髮鑑識人員一樣，彈道專家不願質疑他們賴以維生的技術基礎。直到二〇〇八年，紐約的聯邦法官潔德．拉寇夫（Jed Rakoff）才首度舉辦聽證會，檢視彈道證據的可信度。他認為在每個人自行灌模做子彈的年代，這項證據確實很牢靠，但是到了這個大量製造的時代，情勢可就大不相同了。他說：「無論要如何稱呼彈道測試，它都算不上是『科學』。」

審判之後，眾人發現奎克不時以完全篤定的語氣來作證。比如一九八七年十月，迪耶特．里奇曼（Dieter Riechmann）被控在邁阿密海灘上殺害坐在租來車子前座的女友，奎克聲明致命子彈可能由三種槍枝射出，而里奇曼持有其中兩種。陪審團認定里奇曼有罪，判他死刑。十年後的上訴聽證會中，奎克坦承他只拿邁阿密警局資料庫來比對子彈細節，而不是使用還有上千種可能性的ＦＢＩ資料庫。

史塔福－史密斯透過他成立的慈善團體「緩刑」調查莫．楊父子的謀殺案整整十年，從警方檔案和涉案人士身上找出大量的新證據。

莫．楊父子遇害的飯店房間裡，放置了他們為麥德林（Medellín）這個惡名昭彰的哥倫比亞毒品組織洗錢的文件。他們想從五億美金的龐大款項中撈個百分之一的好處，很可能因此惹惱了組織。更重要的一點是，原本的陪審團完全不知道莫・楊父子房間對面住的是誰——一名遭到調查的哥倫比亞人士，他的行李箱裡藏了四千萬美金，準備要去瑞士。案發當天，飯店那層樓沒有其他住客。

二〇〇二年，克里斯的刑度減為終身監禁，在他一百零三歲時或許可以假釋。二〇一四年四月，在新證據的支持之下，一名邁阿密法官答應幫克里斯召開證據聽證會。根據「緩刑」的說法，「這代表克里斯自從一九八七年被判有罪之後，朝著無罪開釋的目標邁出的一大步。」

在控訴式體系中，力量平等原則使得公平審判有機會達成。至少克里斯・馬哈拉吉應該要有個好律師和彈道專家。如果有任何值得信賴的論點——無論是證明他有罪或是其他結果——都需要接受有能力的局外人仔細檢視評論。科學方法必須如此。

缺少法庭上的檢視，鑑識科學人員的科學技術毫無意義。鑑識科學的任務是從犯罪現場到法庭上一路支持司法系統，但是一切都必須仰賴謹慎且公平的最終階段來判定。不只是為了科學著想，也是為了每一個人著想。

結論

本書列出了過去兩百年來鑑識科學的種種驚人躍進。要是讓法拉第或是帕拉賽爾蘇斯看到今日法庭上理所當然的科學證據，那些嚴謹的科學家一定會覺得全都是魔法。科學的進步與司法正義的進步總是並肩而行。

一八八八年，巡警約翰·尼爾抵達開膛手傑克的第一個作案現場時，他面對諸多無法超越的難關。在那個八月的夜晚，白教堂地區錯綜複雜的街道巷弄間沒有人目睹案發經過。瑪莉·尼可斯的屍體留下凶器的線索，也提示了凶手的力道和他扭曲的心境。但這些都無法構成確實的偵辦方向。

假如尼爾跟他的同僚擁有現代鑑識調查人員的技術，檢視現場後，他們應當就能像循著福爾摩斯口中的血色絲線般，從無情的現場找到在深夜裡殺害白教堂地區女子的凶手。缺乏最基本的科學資源，警方只能在黑暗中摸索。這點他們很清楚，社會大眾也很清楚：當時有張知名的漫畫，畫中蒙住眼睛的警官無望地踉蹌而行，身旁街道滿是譏笑煽動他的開膛手。

開膛手傑克已知的五名受害者是瑪莉·安·尼可斯、安妮·查普曼、伊莉莎白·史翠德、凱薩琳·艾杜斯、瑪莉·珍·凱利。她們代表遭到逍遙法外的凶手殘害的男女老幼，就因為當時無法分析複雜的謀殺現場。不過警方和鑑識人員從過去的失敗中學到教訓，最後得以保護其他人。就連十九世紀初「毒物學之父」馬希優．歐菲拉以藥品慢慢毒死的數千條狗兒，也在這個領域占了一席之地。

收集寫作資料期間，我深受諸位鑑識科學人員的正直、機智與慷慨性情震撼。他們深入自己負責的案子，自願每天與人類行為中最黑暗、最恐怖的面向攪和。像是妮亞．尼克．戴依德，她願意花幾個小時泡在致命大火後溼答答的建築物殘骸裡；像是馬丁．哈爾，他願意從死了好幾天的屍體上採集蛆蟲；像是卡洛琳．維金森，她願意替與自己女兒同樣歲數的幼兒屍體重建臉龐。他們犧牲奉獻，讓我們清楚知道要是自己成了受害者，凶手必定逃不了法律制裁。他們不是貪婪地守著自己的知識，而是盡可能地分享出去，期望能成為某個同行繼續躍進的跳板。

面對棘手的鑑識難題，責任感使得他們充滿創新精神。鑑識工具的進化令兩百年來的犯罪調查人員驚奇連連。雖然不盡完美，幾乎每一種工具都能鞏固刑事執法系統。我們聽說過早期DNA分析被冠上「大碗公科學」的稱號，現在薇兒．湯林森或是吉兒．圖立這類科學家，只要取得百萬分之一鹽粒大小的血跡，就能找出血跡的主人，同時發現他的親人是否可能在多年前犯過罪。看到性侵現場的錄影沒有錄到犯人長相，蘇．布雷克率先利用手臂上獨特的血管紋路和斑點辨識身分。犯罪調查過程中的挑戰——以及極度嚴謹的需求——沒有侷限科學家的能力，反而激發他們的想像力。

兩百多年來，如果不需要通過法庭上對於可信度的嚴格檢視，今日的犯罪現場證據不會運用到如此淋漓盡致。科學家面對的第一波壓力來自同儕，逼迫他們要不放棄自己的理論，要不就是面對挑戰，讓理論更站得住腳。接著，在法庭上，律師竭盡所能地觸發陪審團的疑心。證人席上沒有多少能夠掌控的事物，律師可能會選擇忽視那些科學方法，改為質疑科學家的人格。無論鑑識科學人員作證時面對多大的個人壓力，法庭依舊是放置科學證據的鐵砧。準備周全的律師揮下鐵鎚，鑑識技術不是增強就是斷折。

當然了，書中也看到許多案例，顯示鑑識調查並非機械齒輪一般的規律運作。不過在大多數的狀況下，靈感的火花飛舞，撞擊出嶄新的創意，讓暴力罪犯稍稍退縮，給予科學家更大的活動空間。

科學與司法正義有許多共通之處。雙方都希望在抽象混沌中點亮燈火。雙方的核心目標也是一樣的，超越假設，證明事實，抵達真相。然而，鑑識科學是諸多人性堆疊而成——罪犯、目擊證人、警官、ＣＳＩ人員、科學家、律師、法官、陪審員——無法避免偶爾錯失或誤解真相。生命與自由——代價一直都很高昂。希望本書呈現出各種領域的鑑識科學人員是如何發揮想像力，以開闊的心胸投入，真誠地為了眾人的司法正義付出。寫作的過程中，我一再確信早就知道的事情——這份工作非常了不起，投身其中的人們呢，真的值得敬佩。

致謝

我有幸能在蘇格蘭受教育，此處的體系允許學生同時學習藝術和科學，直到大學程度。我熱愛兩者，至今仍對新銳科技發展津津有味。

基本上我是個小說家，儘管秉持著內容道地的原則，遇到瓶頸時還是會捏造一些情節。因此，在書寫非小說作品時，我需要許多幫助，幸好身邊不缺貴人。

首先，我虧欠接受取材的各界專家天大人情。他們的工作往往充滿挑戰和苦難，能夠觸及他們的熱情、親切、精闢見解，這是我莫大的榮幸。有些人已經被我剝削數年；有人才剛遭到我的毒手。如果沒有他們慷慨貢獻時間與專業，這本書連開頭都寫不出來。感謝彼得·阿諾德、麥克·貝瑞、蘇·布雷克、妮亞·尼克·戴依德、羅伯特·佛瑞斯特、馬丁·哈爾、安格斯·馬歇爾、菲歐娜·萊特、狄克·薛賀德、薇兒·湯林森、吉兒·圖立、凱薩琳·崔蒂、卡洛琳·維金森。

打從這個計畫初期開始，我獲得Kirty Topiwala以及惠康基金會同仁的強力支持與協助，他們從各個角度為我撐腰——從貝納德·史皮斯貝里的手寫筆記到我可以喝的咖啡！

一路上，有兩位頂級研究者提供我需要的一切。Anne Baker 和 Ned Pennant Rea 都是深具耐性與能力。若是少了他們的幫忙，我根本寫不了這本書。不過書中的一切錯誤我都得負起全責。

我最感謝的是Profile出版社發行人Andrew Franklin，是他最先提出這個瘋狂的主意。還有我的編輯Cecily Gayford，她替我多跑的路都比得上倫敦馬拉松了。真不敢相信妳竟然沒有吼過我。換作是我，我一定會發飆的。

最後，感謝我精力充沛的經紀人Jane Gregory，她總是在我背後支持。還要感謝我的家人，當我需要的時候，他們一直都在。

部分參考書目

Arthur Appleton, *Mary Ann Cotton: Her Story and Trial* (London: Michael Joseph, 1973)

Bill Bass, *Death's Acre: Inside the Legendary 'Body Farm'* (London: Time Warner, 2004)

Colin Beavan, *Fingerprints: The Origins of Crime Detection and the Murder Case that Launched Forensic Science* (New York: Hyperion, 2002)

Carl Berg, *The Sadist: An Account of the Crimes of Peter Kürten* (London: William Heinemann, 1945)

Sue Black & Eilidh Ferguson, eds., *Forensic Anthropology: 2000 to 2010* (London: Taylor & Francis, 2011)

Paul Britton, *The Jigsaw Man: The Remarkable Career of Britain's Foremost Criminal Psychologist* (London: Bantam Press, 1997)

David Canter, *Criminal Shadows: Inside the Mind of the Serial Killer* (London: HarperCollins, 1994)

David Canter, *Forensic Psychology: A Very Short Introduction* (Oxford: Oxford University Press, 2010)

David Canter, *Forensic Psychology for Dummies* (Chichester: John Wiley, 2012)

David Canter, *Mapping Murder: The Secrets of Geographical Profiling* (London: Virgin Books, 2007)

David Canter & Donna Youngs, *Investigative Psychology: Offender Profiling and the Analysis of Criminal Action* (Chichester: John Wiley, 2009)

Paul Chambers, *Body 115: The Mystery of the Last Victim of the King's Cross Fire* (Chichester: John Wiley, 2007)

Dominick Dunne, *Justice: Crimes, Trials and Punishments* (London: Time Warner, 2001)

Zakaria Erzinçlioğlu, *Forensics: Crime Scene Investigations from Murder to Global Terrorism* (London: Carlton Books, 2006)

Zakaria Erzinçlioğlu, *Maggots, Murder and Men: Memories and Reflections of a Forensic Entomologist* (Colchester: Harley Books, 2000)

Colin Evans, *The Father of Forensics: How Sir Bernard Spilsbury Invented Modern CSI* (Thriplow: Icon Books, 2008)

Stewart Evans & Donald Rumbelow, *Jack the Ripper: Scotland Yard Investigates* (Stroud: History Press, 2010)

Nicholas Faith, *Blaze: The Forensics of Fire* (London: Channel 4, 1999)

James Fallon, *The Psychopath Inside: A Neuroscientist's Personal Journey into the Dark Side of the Brain* (London: Current, 2013)

Roxana Ferllini, *Silent Witness: How Forensic Anthropology is Used to Solve the World's Toughest Crimes*

(Willowdale, Ont.: Firefly Books, 2002)

Neil Fetherstonhaugh & Tony McCullagh, *They Never Came Home: The Stardust Story* (Dublin: Merlin, 2001)

Patricia Frank & Alice Ottoboni, *The Dose Makes the Poison: A Plain- language Guide to Toxicology* (Oxford: Wiley-Blackwell, 2011)

Jim Fraser, *Forensic Science: A Very Short Introduction* (Oxford: Oxford University Press, 2010)

Jim Fraser & Robin Williams, eds., *The Handbook of Forensic Science* (Cullompton: Willan, 2009)

Ngaire Genge, *The Forensic Casebook: The Science of Crime Scene Investigation* (London: Ebury Press, 2004)

Hans Gross, *Criminal Investigation: A Practical Handbook for Magistrates, Police Officers, and Lawyers* (London: Sweet & Maxwell, 5th edition, 1962)

Neil Hanson, *The Dreadful Judgement: The True Story of the Great Fire of London, 1666* (London: Doubleday & Co., 2001)

Lorraine Hopping, *Crime Scene Science: Autopsies & Bone Detectives* (Tunbridge Wells: Ticktock, 2007)

David Icove & John DeHaan, *Forensic Fire Scene Reconstruction* (London: Prentice Hall, 2nd edition, 2009)

Frank James, *Michael Faraday: A Very Short Introduction* (Oxford: Oxford University Press, 2010)

Gerald Lambourne, *The Fingerprint Story* (London: Harrap, 1984)

John Lentini, *Scientific Protocols for Fire Investigation* (Boca Raton: CRC Press, 2013)

Douglas P. Lyle, *Forensics for Dummies* (Chichester: John Wiley, 2004)

Michael Lynch, *Truth Machine: The Contentious History of DNA Fingerprinting* (Chicago, London: University of Chicago Press, 2008)

Mary Manhein, *The Bone Lady: Life as a Forensic Anthropologist* (Baton Rouge: Louisiana State University Press, 1999)

Mary Manhein, *Bone Remains: Cold Cases in Forensic Anthropology* (Baton Rouge: Louisiana State University Press, 2013)

Mary Manhein, *Trial of Bones: More Cases from the Files of a Forensic Anthropologist* (Baton Rouge: Louisiana State University Press, 2005)

Alex McBride, *Defending the Guilty: Truth and Lies in the Criminal Courtroom* (London: Viking, 2010)

William Murray, *Serial Killers* (Eastbourne: Canary Press, 2009)

Niamh Nic Daéid, ed., *Fifty Years of Forensic Science: a commentary* (Oxford: Wiley-Blackwell, 2010)

Niamh Nic Daéid, ed., *Fire Investigation* (New York: Taylor & Francis, 2004)

Roy Porter, *The Greatest Benefit to Mankind: A Medical History of Humanity from Antiquity to the Present* (London: HarperCollins, 1997)

John Prag & Richard Neave, *Making Faces: Using Forensic and Archaeological Evidence* (London: British Museum Press, 1997)

Fiona Raitt, *Evidence: Principles, Policy and Practice* (Edinburgh: Thomson W. Green, 2008)

Kalipatnapu Rao, *Forensic Toxicology: Medico-legal Case Studies* (Boca Raton: CRC Press, 2012)

Mike Redmayne, *Expert Evidence and Criminal Justice* (Oxford: Oxford University Press, 2001)

Mary Roach, *Stiff: The Curious Lives of Human Cadavers* (London: Viking, 2003)

Jane Robins, *The Magnificent Spilsbury and the Case of the Brides in the Bath* (London: John Murray, 2010)

Andrew Rose, *Lethal Witness: Sir Bernard Spilsbury, Honorary Pathologist* (Stroud: Sutton, 2007)

Edith Saunders, *The Mystery of Marie Lafarge* (London: Clerke & Cockeran, 1951)

Keith Simpson, *Forty Years of Murder* (London: Panther, 1980)

Kenneth Smith, *A Manual of Forensic Entomology* (London: Trustees of the British Museum (Natural History), 1986)

Clive Stafford-Smith, *Injustice: Life and Death in the Courtrooms of America* (London: Harvill Secker, 2012)

Maria Teresa Tersigni-Tarrant and Natalie Shirley, eds, *Forensic Anthropology: An Introduction* (Boca Raton: CRC Press, 2013)

Brent E. Turvey, *Criminal Profiling: An Introduction to Behavioral Science* (Amsterdam; Oxford: Academic Press, 2012)

Francis Wellman, *The Art of Cross-examination: With the Cross-examinations of Important Witnesses in Some Celebrated Cases* (New York: Touchstone Press, 1997)

P. C. White, ed., *Crime Scene to Court: The Essentials of Forensic Science* (Cambridge: Royal Society of Chemistry, 2004)

James Whorton, *The Arsenic Century: How Victorian Britain was Poisoned at Home, Work and Play* (Oxford: Oxford University Press, 2010)

Caroline Wilkinson, *Forensic Facial Reconstruction* (Cambridge: Cambridge University Press, 2008)

Caroline Wilkinson & Christopher Rynn, *Craniofacial Identification* (Cambridge: Cambridge University Press, 2012)

George Wilton, *Fingerprints: Scotland Yard and Henry Faulds* (Edinburgh: W. Green & Son, 1951)

插圖版權

While every effort has been made to contact copyright-holders of illustrations, the author and publishers would be grateful for information about any illustrations where they have been unable to trace them, and would be glad to make amendments in further editions.

1 犯罪現場

17 Police Officer Sharon Beshinevsky. Photo: Getty Images

19 Doctor Edmond Locard, Founder of Police Sientific Laboratory of Lyon. Photo: Maurice Jarnoux/*Paris Match* via Getty Images

31 SIOs combing the area around Sharon Beshinevsky's murder scene for evidence. Photo: Getty Images

2 火場調查

37 Michael Faraday, whose 1861 book *The Chemical History of a Candle* paved the way for modern fire scene investigators. Photo: Wellcome Library, London

41 Fire scene investigators at the scene of the Stardust Disco Fire, in which 48 people died and more than 240 were injured. Photo © *The Irish Times*

48 The fossilised remains of a diatom, a single-celled organism – viewed under a microscope. Photo: Spike Walker/Wellcome Images

3 昆蟲學

62 A page from a nineteenth-century version of *The Washing Away of Wrongs*, a thirteenth-century Chinese textbook on forensic medicine. Photo: Wellcome Library, London

69 This image, which superimposes a photograph of Isabelle Ruxton's face onto the skull found in the stream, helped seal Buck Ruxton's conviction. Courtesy of the University of Glasgow

79 David Westerfield in the dock, San Diego, California. Photo: Getty Images

4 病理學

87 Dr Hawley Crippen and his lover, Ethel le Neve, in the dock at the Old Bailey. Crippen would be convicted of murder and sentenced to death, while le Neve walked free. Photo: Pictorial Press/Alamy

89 A series of slides produced by Spilsbury showing sections of the scar found on the torso buried in the cellar. Photo © The Royal London Hospital Archives and Museum

91 George Smith and Bessie Munday on their wedding day. She would later become his first victim. Photo: TopFoto

94 Bernard Spilsbury. Photo: TopFoto

5 毒物學

115 Marie Lafarge, who was convicted of murdering her husband Charles with eggnog laced with arsenic. Photo: Wellcome Library, London

120 A contemporary advert for a radium-based facial cream, 'made to the formula of Dr Alfred

Curie'. Photo: Science Photo Library

122 Nine of the 'Radium Girls', whose jobs painting watch-faces with glow-in-the-dark paint gave them fatal radiation poisoning. Photo: PA Photos

131 Serial killer Harold Shipman, and (inset) a letter accompanying the forged will of his final victim, Kathleen Grundy. Photo: PA Photos

136 Aconite, also known as monkshood and wolfsbane. Symptoms of aconite poisoning include nausea, vomiting, burning and tingling in the limbs, and difficulty in breathing. If untreated, death can occur within two to six hours. Photo: Wellcome Library, London

6 指紋

142 The Bertillionage record of twenty-one-year-old George Girolami, arrested for fraud. Photo: adoc-photos/Corbis

147 A CID assistant checks a new set of prints against Scotland Yard's fingerprinting records in 1946. Photo: Getty Images

150 Buck Ruxton's fingerprints, taken in Liverpool Prison, 1936. University of Glasgow Archive

Services, Department of Forensic Medicine & Science Collection, GB0248 GUAFM2A/25

159 Spanish forensic experts search wreckage after the Madrid train bombings. Photo: Pierre-Philippe Marcou/AFP/Getty Images

7 血液噴濺與DNA

166 From top left: Samuel Sheppard after the alleged attack, his wife Marilyn Reese Sheppard and Sheppard testifying at his trial in a neck brace. Photo: Bettmann/Corbis

168 Dr Paul Kirk examines blood spatter on Marilyn Sheppard's pillow. Photo: Bettmann/Corbis

177 Colin Pitchfork, the first person in the UK to be convicted on the basis of DNA evidence. Photo: Rex Features

8 人類學

196 Forensic anthropologists excavating a mass grave in Kosovo. Photo: AP/PA Photos

199 Clyde Snow testifies at the 1986 trial of nine former Argentinean military junta. Photo: Daniel Muzio/AFP/Getty Images

201 Members of the Argentine Forensic Anthropology Team excavate a common grave. Photo: EAAF/AFP/Getty Images

9 臉部重建

224 A collection of 'criminal faces' compiled by Cesare Lombroso. Photo: Mary Evans Picture
233 Library
A photograph of Alexander Fallon, a victim of the King's Cross fire, compared with the facial
236 reconstruction created using his remains. Photo: PA Photos
The 'Butcher of Bosnia', Radovan Karadžić. Photo: AFP/Getty Images

10 數位鑑識

257 Police searching for Suzanne Pilley's body near Arrochar, Scotland. Her remains were never found, though David Gilroy was found guilty of her murder in 2012. Photo: Mirrorpix

261 John McAfee surrounded by the media after his arrest in Guatemala. Photo: Rex Features

261 McAfee's house in Belize. Photo: Henry Romero/Reuters/Corbis

11 法庭心理學

271 Peter Kürten, the 'Vampire of Dusseldorf'. Photo: Imagno/Austrian Archives/TopFoto

271 Police searching the Pappendell Farm, Dusseldorf, for the bodies of Kürten's victims. Photo: Rex Features/Associated Newspapers

273 'Jack the Ripper' was a media sensation: here, a contemporary magazine cover depicts Constable Neil's discovery of Mary Anne Nichols's body. Photo: Interfoto Agentur/Mary Evans Picture Library

279 Police lead away George Metesky, the 'Mad Bomber of New York'. Photo: Rex Features/CSU Archives/Everett Collection

12 法庭

301 The brown paper bag used to store Gary Dobson's bomber jacket, which was found to be stained with Stephen Lawrence's blood. Photo: Rex Features

304 Gary Dobson and David Norris, who were both convicted of the murder of Stephen Lawrence in 2012. Photo: CPS

311 Roy Meadow arrives at the General Medical Council to face a professional conduct committee over evidence he gave in several baby death cases. Photo: Rex Features

313 Sally Clark outside the High Court after her release. Photo: Rex Features

彩頁插圖

1 Crime scene notes taken by John Glaister Junior. University of Glasgow Archive Services, Department of Forensic Medicine & Science Collection, GB0248 GUAFM2A/1

2, 3 Police officers comb the area where the remains of Isabella Ruxton and her maid, Mary Rogerson, were found. University of Glasgow Archive Services, Department of Forensic Medicine & Science Collection, GB0248 GUAFM2A/73 and 109

4 A maggot's head under a microscope. Photo: Science Photo Library/ Getty

5 A blowfly feeding on decaying meat. Photo: Wikimedia Commons

6 An illustration from Eduard Piotrowski's seminal work on bloodstains

7 A body in situ at the 'Body Farm', Tennessee. © Sally Mann. Courtesy of the Gagosian Gallery

8, 9, 10 Graham Coutts, who was convicted of Jane Longhurst's murder, caught on CCTV moving her body from the storage facility where he kept it in the weeks after her death. Photos: Rex Features

11, 12, 13 Death of a Court Lady, from a series of Japanese watercolour paintings, *c.* 18th century. Wellcome Library, London

14, 15 Betty P. Gatliff works on a facial reconstruction. Photo: PA Photos

16 Sections of a brain, showing bullet path and bullet. Image courtesy of Bart's Pathology Museum, Queen Mary University of London

17 Section of liver, showing knife wound and knife. Image courtesy of Bart's Pathology Museum, Queen Mary University of London

18 One of Frances Glessner Lee's 'Nutshell Studies of Unexplained Death'. Courtesy of Bethlehem Heritage Society/The Rocks Estate/ SPNHF, Bethlehem, New Hampshire

19 A model of old man's head in wax, created by the seventeeth-century sculptor Giulio Zumbo. Bridgeman Art

MI1021

比小說還離奇的12堂犯罪解剖課

Forensics: The Anatomy of Crime

作　　者❖薇兒・麥克德米（Val McDermid）
譯　　者❖楊佳蓉
內文審訂❖陳用佛
美術設計❖蔡佳豪
內頁插圖❖蔡佳豪
內頁排版❖T　祝
總　編　輯❖郭寶秀
責任編輯❖許鈺祥
行銷業務❖李怡萱

發　行　人❖凃玉雲
出　　版❖馬可孛羅文化
10483臺北市中山區民生東路二段141號5樓
電話：(886)2-25007696
發　　行❖英屬蓋曼群島商家庭傳媒股份有限公司城邦分公司
10483臺北市中山區民生東路二段141號11樓
客服服務專線：(886)2-25007718；25007719
24小時傳真專線：(886)2-25001990；25001991
服務時間：週一至週五9:00～12:00；13:00～17:00
劃撥帳號：19863813　戶名：書虫股份有限公司
讀者服務信箱：service@readingclub.com.tw
香港發行所❖城邦（香港）出版集團有限公司
香港灣仔駱克道193號東超商業中心1樓
電話：(852)25086231　傳真：(852)25789337
E-mail：hkcite@biznetvigator.com
馬新發行所❖城邦（馬新）出版集團
Cite (M) Sdn. Bhd.(458372U)
41, Jalan Radin Anum, Bandar Baru Seri Petaling,
57000 Kuala Lumpur, Malaysia
電話：(603)90578822　傳真：(603)90576622
E-mail：services@cite.com.my
輸出印刷❖前進彩藝有限公司
初版一刷❖2017年9月
初版十一刷❖2022年5月
定　　價❖400元

ISBN：978-986-95103-3-2

城邦讀書花園
www.cite.com.tw

國家圖書館出版品預行編目資料

比小說還離奇的12堂犯罪解剖課／薇兒・麥克德米（Val McDermid）著；楊佳蓉譯. -- 初版. -- 臺北市：馬可孛羅文化出版：家庭傳媒城邦分公司發行, 2017.09
　面；　公分. --（不歸類；21）
譯自：Forensics : the anatomy of crime
ISBN 978-986-95103-3-2（平裝）

1.法醫學　2.刑事偵察　3.通俗作品

586.66　　106012781